The Economic Function of Futures Markets

期货市场的经济功能

[美]杰弗里·威廉姆斯（Jeffrey Williams）◎著

北京大商所期货与期权研究中心有限公司◎译

中国金融出版社

责任编辑：刘红卫
责任校对：张志文
责任印制：丁淮宾

北京版权合同登记图字01-2020-4943
《期货市场的经济功能》一书中文简体字版专有出版权属中国金融出版社所有。

图书在版编目（CIP）数据

期货市场的经济功能/（美）杰弗里·威廉姆斯著；北京大商所期货与期权研究中心有限公司译.—北京：中国金融出版社，2020.11
ISBN 978 - 7 - 5220 - 0835 - 6

Ⅰ.①期…　Ⅱ.①杰…　②北…　Ⅲ.①期货市场—研究　Ⅳ.①F830.9

中国版本图书馆CIP数据核字（2020）第210958号

期货市场的经济功能
QIHUO SHICHANG DE JINGJI GONGNENG
出版
发行　**中国金融出版社**
社址　北京市丰台区益泽路2号
市场开发部　（010）66024766，63805472，63439533（传真）
网上书店　http://www.chinafph.com
　　　　　　（010）66024766，63372837（传真）
读者服务部　（010）66070833，62568380
邮编　100071
经销　新华书店
印刷　保利达印务有限公司
尺寸　169毫米×239毫米
印张　14.25
字数　230千
版次　2020年12月第1版
印次　2020年12月第1次印刷
定价　58.00元
ISBN 978 - 7 - 5220 - 0835 - 6
如出现印装错误本社负责调换　联系电话（010）63263947

译 者 序

2020年是非同寻常的一年，新冠肺炎疫情的蔓延正在并将持续对世界政治、经济和金融格局产生深刻影响。在此背景下，我国衍生品市场急企业之所急、想市场之所想，通过及时开市、降低交易成本、定向支持疫区企业发展、适时恢复夜盘交易、有序增加场内场外产品供给等系列"组合拳"，有力地支持了实体企业应对外部风险，体现了衍生品市场"三十而立"的责任担当。今年以来的经验再次证明，期货及衍生品市场是我国社会主义市场经济体系不可或缺的重要组成部分。

2020年是我国全面建成小康社会的决胜之年、实施"十三五"规划的收官之年、脱贫攻坚决战之年。大商所始终牢记习近平总书记的殷切嘱托，在中国证监会的关心指导下，坚持面向实体经济、面向国际市场，同时更加注重市场运行质量、产品工具创新、产业企业服务和技术竞争力培育，致力于将大商所建成期货与现货连通、境内与境外连通的多元化、多层次、开放型的国际一流衍生品交易所，推动期货市场更好地服务中国经济高质量发展。

为厘清衍生品市场与实体经济的关系，加深对衍生品市场发展规律和经济运行规律的理解，大商所研究中心组织翻译了《期货市场的经济功能》（*The Economic Function of Futures Markets*）。本书作者为耶鲁大学杰弗里·威廉姆斯（Jeffrey Williams）。本书运用一般经济学原理就期货市场价格形态和交易模式进行了分析，认为期货市场与货币市场存在一定的共性，并据此提供了一个关于期货市场功能的新解释，从经济学角度论证了期货市场存在的必要性，是为数不多的关于期货市场基础理论分析的专著。

展望2021年，正值我国"十四五"规划的开局之年，也是大商所建成多元开放、国际一流衍生品交易所的关键之年。我们将与各方一道，坚持服务实体经济的"初心"和"使命"，为构建国内、国际"双循环"新发展格局的重点领域和重要环节提供支持，也希望本书的出版能够为我国衍生品市场发展尽一份微薄之力。

北京大商所期货与期权研究中心有限公司

2020年10月

前　言

　　最近期货交易的繁荣反过来又引发了期货合约投机、商品价格历史模式和期货交易机制等书籍的激增。我希望这本书能带来一些不同的东西。我没有试图建立一个可以预测不同交货日期和地点的价格体系，而是重点解释它们之间的模式。我是通过将这些模式与一般的经济原理联系起来，而不是采取实证方法来做到这一点的。因此，读者不应期望看到对加工商和商品交易商的采访，也不应期望看到对他们利用期货市场方式的调查。尽管如此，我还是希望这些商品的持有者，而不是投机者或经纪人，是我的研究重点，因为他们对价格模式和期货市场的存在具有最大的影响。

　　这本书对期货市场的功能提供了一种新的解释：交易商将期货交易作为一种隐性的商品借贷方式。我的观点反驳了迄今公认的看法，即商品交易商利用期货市场来为其库存投保，以抵御价格波动风险。期货市场被很多人认为是与保险市场关系最密切的市场，但我认为对其更恰当的类比应该是货币市场。不同交割日期的期货价格可以表示为商品利率的期限结构，这与货币市场对货币的作用大致相同。

　　在经济中，期货市场经常被孤立于其他市场进行研究。这种对期货市场特殊性的强调，虽然很适合把握期货交易的机制，但也显得目光短浅，会无意中歪曲期货市场的经济功能。通过研究期货市场与其他市场的共同之处，可以更好地理解基础问题。本书通过交易商所应用的在其他经济学领域长期使用的商品模型，来展示复杂交易（无论它们的名字是什么）的经济影响以及商品市场本身的多样性，并在它们之间建立起了许多相似的联系。

　　一些读者可能会抵触商品贷款和利率的概念。正是因为放弃价格保险的观点十分痛苦，本书用了一整章来阐释流行理论的内部矛盾。本书还对比了几个有争议的特殊话题，如为什么期货市场是为特定商品而不是为其他商品存在的。

有的读者会注意到，我的观点并不完全新颖，它与经济学家霍尔布鲁克·沃金（Holbrook Working）的早期观点具有一定的联系。事实上，我尝试提出一个综合性的理论，以将沃金的仓储供应概念与他观察到的公司用期货合约临时代替特定商品合约联系起来。

人们可能会问，这对更好地理解期货市场的功能有什么实质性的意义。事实上，无论经济学家怎么说，市场的运作方式都大同小异。但对于那些交易不活跃，甚至当非商业性交易商的影响更为显著时，期货交易者的动机从来就是不清楚的。因此，有必要向银行家、监管者，最重要的是，向那些希望禁止期货交易的人，阐明期货市场更强大的功能。对期货市场的经济贡献有一个更清晰的认识，会改变许多研究期货市场经济学家的努力方向。我相信，认识到商品市场和货币市场的基本相似之处，我们可以从中学到很多东西。

本书是由我在耶鲁大学的博士论文发展而来的。因此，我要感谢我的答辩委员会，威廉·帕克（William Parker）、马丁·舒比克（Martin Shubik）和布莱恩·赖特（Brian Wright），他们听取了这里所提观点的最初构想。我要特别感谢布莱恩·赖特，他对期货市场的洞见呈现在我对商品储存那部分的研究中。我的论文涉及诸多复杂的词汇和惯例，特别感谢坚持对我的论文和此版本进行多次修改的人：我的编辑凯瑟琳·班克斯（Katherine Banks）、我的同事罗伯特·卢里（Robert Lurie）、斯蒂芬·迪卡尼奥（Stephen DeCanio），尤其是维克多·戈德堡（Victor Goldberg）和我的妻子戴安娜·斯特拉兹（Diana Strazdes）。每个人都有强烈的理由成为共同作者。

目 录

第一章　期货市场介绍

喧嚣的期货市场为经济学家提供了一个"秩序源于混乱"的最好例子。期货交易所的机制，如保证金规则、清算以及晦涩难懂的术语，都源于复杂机制的意外演变。与之类似，期货的价格也是经纪人、投机者、做市商相互作用的结果，没有一家厂商或个人能够操控价格。这些形成机制和特点呈现令人信服的逻辑，期货价格也显示出惊人的一致性。由于期货市场是典型的竞争性市场，它可以使经济学中许多有趣的理论领域成为人们关注的焦点，如风险厌恶在决策中的作用、储存商品的行为，以及市场机制消化信息的能力。

因此，研究期货市场的功能不仅可以研究实际市场的运作模式，还可以拓宽理论课题的探索范围。本研究立足于理论性的探索，而非纯粹的制度分析，如期货市场对法律规则变化的反应。这项研究始于一个前提：理解商品的持有动机才是理解期货市场的核心。没有商品持有者的交易，期货市场就会萎缩［沃金（Working），1954］。这与人们普遍认为的投机的重要性恰恰相反。对于商品持有者的关注特别阐明了两个基本问题：期货价格为何具有这种特点，期货市场为何如此之少。

从面粉厂厂主、大豆出口商到美国国债和抵押贷款的做市商，这些都是商品的持有者。由于加工农产品或矿物的工业往往比较容易理解，所以这里使用的例子将主要是传统的初级商品。我们从分析农产品加工商运用期货市场所获得的洞见，可以几乎不加修改地运用于那些持有金融工具的群体上。

目前，经济学家普遍以风险厌恶为核心的保险市场做类比，来解释为什么商品交易商会使用期货市场，本书则试图用货币市场来代替这个类比。交易商利用期货市场作为一种隐含的借入和贷出其商品的方法。由于商品的运输和加工不灵活，因此即使交易商对风险是中性的，他们也有充足的理由使用期货市场。经济学家应该用研究金融中介的工具来研究厂商对期货市场的使用，而不是使用研究风险规避的工具。我们最好从利率而不是保费的角度来理解期货价格之间的关系。事实上，我认为一些经济学家误解了期货市场的功能。

当然，这里的理论讨论不应忽视制度这一客观事实。例如，理论分析可以判定哪种商品具有潜力，可开展期货交易，但是现实市场中，期货市场成功的关键还要取决于合约交割条款的合理设计、交易双方的信用，以及有兴趣交易的投机者数量等。基于此，本书第一章将介绍期货交易的机理，后面几章则详细讨论上述理论主题。

在报纸上有关期货市场的报道中，存在着混杂的数字和术语。这对于不熟悉商品交易所的人而言就像是密码。事实上，"现货价格""期货""空头""多头"这些术语的含义并非清晰易懂，但是为了解期货市场，它们却是必须被掌握的[1]。例如，现货价格（cash price）并不仅是指需要立即支付的现金价格。虽然大多数情况下现货（cash）指的是对已在特定地点的货物的所有权立即转移，但现货市场上的一些交易是赊账的，换种说法是先交货，几个月后再付款。现货价格的一个常见同义词是"现货价"，"现货"（spot）一词浓缩了对交易的最佳描述——现货商品与现金的交换。同样，"期货"和"期货市场"也很难理解。"期货"是"未来进行交割的合同"的正式缩写，指的是要求在未来某一特定时期内要将标准数量和标准质量的商品交割到特定地点的合同。虽然合同规定了交割月份，但卖方能选择确切的交割日期[2]。芝加哥期货交易所（Chicago Board of Trade）等期货市场允许此类标准化合约以低成本、大批量的方式进行交易。其部分原因在于，此类合约只需协商一份对冲合约就可以轻松地在交割日期之前取消。实际上，合同本身就是被买卖的。一个交易者卖出一份合同就要履行他的交割义务，其被称为"空头"；一个交易者买入一份合同就意味着他要接受交割，即"多头"[3]。

努力寻找合作伙伴、简化谈判、降低交易所运行成本的压力都使商品不

---

[1] 这些和许多其他术语在本书末尾的术语表中有详细解释。

[2] 在 19 世纪 60 年代到 70 年代，芝加哥期货交易所的历史前期存在着类似的合约，要求交货时间由买方决定。

[3] 使用"他"和"他的"并不意味着期货合约的交易者必须是男性（尽管期货交易所绝大部分成员都是男性）。这种用法也不意味着交易者不能是公司实体。磨坊主、出口商、加工商以及其他套期保值者通常是非个人的厂商。这样的厂商应该被称为"它"和"它的"，但遵守语法规则会更令人困惑。

同合约的数量维持在最低水平。通常，交易所（有时在章程里）将合约的数量限制在6个到8个不同的交割月以内。但实际上，交易所对促进交易活动所做的努力要大得多。从交易所的角度来看，在所有合约和商品品种上很少有充足的交易量。

对于某一商品市场而言，要被合理地称为期货市场，必须有几个交割月的合约以合理的日交易量同时进行交易。例如，每个交割月的交易至少得有几百手，加起来也得有数千手。最活跃的期货市场的日交易量约有50000手，偶尔则能达到100000手。在大多数运作正常的期货市场[1]（数量有四五十个）中，主要交易的是农产品，如玉米、育肥牛、棉花和可可，或是金属，如黄金和铜。20世纪70年代中期，交割瑞士法郎或美国国债等金融工具的新合约开始繁荣起来。尽管这类金融工具的合约交易延续了下来，但由那些主要交易所尝试建立的诸多商品市场（从冷冻火鸡到银币）均以失败告终。其他曾经活跃的市场，如芝加哥商业交易所（Chicago Mercantile Exchange）的鸡蛋市场和纽约棉花交易所（New York Cotton Exchange）的羊毛市场也最终沉寂下来。

尽管在活跃期货市场的一个典型交易日内会有大量的合约被买卖，但持仓量（当日闭市前未平仓合约的数量）的变化很少，通常在-500到+500手的范围。持仓量的变化之所以很少，是因为许多在市场上建仓的交易者只是取代了那些离场的交易者。与此同时，被称为"日内交易员"和"抢帽子者"的交易量则很高。这些交易者在每天闭市前，会通过买入或卖出来对其已持有的合约进行对冲平仓。对于那些能存活下来的期货市场而言，日平均成交量通常约为其持仓量的五分之一或四分之一。最活跃的市场会吸引更多的日内交易者和抢帽子者，其日成交量占持仓量的一半。

较远月份交割的合约的交易量通常较低，持仓量也较小[2]。要求当月交割的合约例外。在一个合约变为可交割合约之前，大多数交易者会将其完全平仓，或者将其"展期"（rollover）到一个更远的交割月上。令人意外的

---

[1] 译者注：作者提到的期货市场是指针对一个品种的市场，而不是指宏观的期货市场或者期货交易所。

[2] 对于农产品来说，所有交割月份的持仓量之和遵循着明显的季节性规律，在作物年度刚开始时达到峰值（Irwin，1935）。

是，未来交货的合同很少以交割告终。在交易活跃的商品中，通常只有不到持仓量峰值1%或2%的合约最终交割①。像芝加哥期货交易所这样正规的交易所通过致力于对冲而不是实物交割来结算合约，极大地促进了这种合约解除方式的发展。

一、清算所

在交割前的合约对冲过程中，与期货交易所关联的清算所（clearing house）发挥着重要作用。清算所能够有效地将未来交割的某合约转化为商品本身，也能够立即卖出合约以对冲之前买入的同一交割月合约。

如果追溯清算所的演化历程，我们就可以更清晰地理解其对期货市场发展的贡献。实际上，从历史的角度可以更好地揭示期货市场的运作。尽管在当今，交易所交易的期货品种出现了大幅增加，但期货市场在1900年甚至更早的时候就已经呈现了现代形式。特别是在发展最迅速的早期阶段（19世纪70年代至19世纪80年代），各种尝试就已经展现了清算机构特有的运作方式。同样地，尽管150年来科技取得了巨大的进步，但商品持有者的基本经济困境几乎没有多大改变。因此，19世纪的早期例子依然可以与现代的例子一样作为经典案例进行分析研究。

清算所最初由交易所成员在"交易圈"（rings）进行的非正式清算自然演化而来，并在为支付到期的期货合约而设立的共同基金基础上得到了发展。清算所、交易圈和共同基金都建立在一个原则之上：即通过差额支付来结算合约，进而实现经济性和便利性。实际上，清算所的发展和越来越复杂的差额支付结算规则的运用有关。

早在现代期货市场出现之前，买卖双方在商品市场上就使用差额支付来进行结算，以简化合约的履行。例如，如果双方签订了以不同价格向对方交付相同数量的棉花合约，他们就可以通过让以较高价格购买棉花的一方向另一方支付差价来结束交易。尽管在这个例子中，结算的方式是支付货币差

---

① 即使仅有很少量的合同以交割为最终目的，交割也不取决于任何一方的选择或任何特定事件。有时实际的期货合约会与一般均衡理论的假设合约（只有在世界范围内某些状态发生时才交割，如是否下雨）相混淆（Shefrin，1979）。

额，但同样的逻辑也适用于支付商品数量上的差额。如果甲方承诺在下个月的第十天向乙方交付1000包棉花，而几天后在业务过程中，乙方同样需在下个月第十天向甲方交付500包类似的棉花，那么甲方没有必要在对方将要交付给他500包棉花的同时交付全部1000包。两份合约的结算在甲方完成向乙方交付500包差额的义务时达成。

这种差额支付的做法不仅限于买卖的双方。实际上，在19世纪60年代到19世纪70年代，新成立起来的期货交易所的会员将这种逻辑拓展到了一个群体[①]——交易圈。所谓交易圈是一个由许多交易人员组成的群体，他们交易相同的商品，并且持有可以相互抵消的头寸。这种以"成圈闭环"（ringing up）的方式交割相同商品的优势是显而易见的。我们可以想象一下有四个交易方相互签了合约。A方从B方买了一定数量的棉花，B方从C方买了相同数量的棉花，C方从D方买了同等数量的棉花，而D方则从A方买棉花。不管谁第一个交货，在经过一个昂贵且耗时的过程后，棉花和大部分的钱都会回到开始的那一方。与其让棉花和钱在圈内流转，不如直接支付货币差额。这样会更容易，且更经济。

通常情况下，交易圈成员并不为自己的账户交易，而是为他人提供代理，客户才是当事人，对履约负有法律责任。在越来越多的客户通过对冲而不是交割来结束合约的情况下，交易圈的概念得以不断延伸。假设在交易圈内，A方从B方处买入，然后卖给D方。A方通常是受一个客户委托买入的，假设是X，然后将其卖个另一个客户，假如是Y。了解这些后，从法律的角度看，A方以及其他的经纪人将必须避免交易圈的形成，直至相同客户进行对冲交易。毕竟A方与B方协商的合约是代表了客户X的利益。当A方参与了交易圈交易时，就从合约中释放了B方，替换为另一个当事人，即他自己的客户Y，因此，改变了X的合约，因为Y比B方更可能违约。无论在没有商议的情况下替换当事人存在什么样的法律争论，代理商都在早期形成的交易圈内充当了不同客户的经纪人角色。纽约棉花交易所（New York Cotton Exchange）就是一个很好的例子，只要期货代理商自己负责严格履行合同，

[①] 尽管在19世纪40年代甚至更早就有期货的交易，交易池结算似乎直到19世纪60年代到19世纪70年代与期货交易首次在芝加哥期货交易所和纽约棉花交易所得到官方承认以及推行同时发展起来的。关于期货交易的起源参见Williams（1982）。

就允许这种替代交易。

通常，交易所会员要自己负责寻找交易圈。然而，交易圈并不容易找到。即使A方知道自己从一人买入并卖给另一人，但也不能确定其他人是否对冲了他们的头寸。职员们都不得不尽力寻找交易圈。在芝加哥期货交易所，一旦能够形成交易圈，那么加入交易圈往往是严格自愿的。但在纽约棉花交易所（1891：规则4），如果需要立即支付的金额差很小，那么发现交易圈后就会强制成圈①。

在形成一个交易圈的过程中，如果所有相关方都支付一定数额到一只共同基金，那么到期时他们就能很方便地从共同基金中取回一定数量的资金。实际上，共同基金就是把支付差额的结算原理运用到了交易圈。建立交易圈本身消除了商品在圈内移动的需求，而只有货币差才会在圈内移动，比如，A方向B方支付了一笔钱，然后从D方那里收回一些钱。共同基金消除了货币差额的重复性，因此只有货币差额的差额才会易手②。取代了交易圈内的轮流计算和支付差额，即各方总共支付和收到两张支票，共同基金使所有人能支付或收到一张支票，即一张与他们交易余额相对应的支票。交易员能节省库存现金，无须再通过银行网络结算支票。这不仅可以降低小额支票在来回交易时被银行错误处理的可能，而且增强了交易员与他人交易时的信心。相比于签发一张50000美元的支票之后再收到49000美元的支票，交易者对于直接开具一张1000美元的支票会更有安全感。当交易圈的净值效应发生在仅有几方会收到少量金额时，共同基金的优势会越发明显。但当每个参与者都是多个交易圈的成员时，共同基金的真正优势才浮出水面。那时，各方只需从庞大的共同基金支付或收取一张支票，而不是从每个交易圈开具或收取支票。

当交易员们与一只庞大的共同基金交易时，非正式的组建交易池的惯例就变得更像是通过清算所进行结算。在19世纪80年代早期，芝加哥期货交易所就提出建立真正清算所的提案。起初，在1883年建立的芝加哥期货交易

---

① 纽约棉花交易所的早期规则要求对货币差额进行贴现，因为要求在未来支付的合约是用价值低于当前货币的资金来支付的，货币在这期间会有利息产生。

② 为进一步提高便利性，交易圈的所有成员都可以计算与标准结算价格之间的差值。结算价纯粹是为了方便计算。如果它超过了真实的市场价格，在一些交易中，交易员相对于他的负债需承担更多的责任，其他人承担的更少。不管结算价格是多少，他的到期净值都是一样的。出于这个原因，过去的一些交易所使用非负整数作为结算价格，因为这简化了计算。

所清算所中，职员只是实际结算的旁观者，清算所的主要作用只是提供一个集中地点，在每天交易结束时，每个清算所会员都会提交一份交易清单。清算所把这些清单合并成册，在每天早上的"结算室"会议时，将其交给会员公司的职员们。以此为基础，持有未平仓买入合约的公司职员寻找持有卖出合约的公司职员。相应地，那个职员寻找能够代表他们公司已经买入的公司代表。这样的搜索会被扩大，直到最初的买家被发现已经卖给了交易圈上的某人，此时交易圈建成。职员们接下来会互相取消交易或"完成交易圈交易"。所有差额均参照当日交易所委员会公布的官方结算价进行结算，那些在许多交易圈都有职员的公司会向清算所负责管理的庞大共同基金[1]一次性付清所有差额。

尽管搜索了交易圈，但是交易所促成的巨大名单中仍有许多合约在交割日到期时未平仓，这就需要大量的商品进行交割与再交割。幸运的是，这些都是通过交换仓单而不是实际商品来进行的。在芝加哥期货交易所，仓单必须送到交易所会员的办公室。但当交割量很大时，这一规定就会催生很多问题。比如，1881年8月，在交割小麦的过程中，结算职员从一家公司匆忙赶到另外一家公司派送仓单，这些仓单立即被转交到另外一家公司，有时被送到10个甚至是25个公司，但没有任何记录。有些公司收到仓单后，需要去履行他们从未签订的合约[2]。

在1881年后期，一项新规则规定：所有交割必须在同一时间在期货交易所大厅内进行。依照这一规定，职员们按公司名称的字母顺序坐在桌子旁。这样，大量的谷物在一小时内实现转手（Taylor，1917：623，692）。这种全体职员的集合成为了只按净数量交割某一商品的第一步。

即使所有职员都在中心地点办公，在那些传递仓单或寻找交易圈的职员之间仍有相当多的重复性工作。如果清算所只有一名职员同时检查所有清单，那么就可以消除这种重复的工作。毫不奇怪，各交易所的会员都已注意到这种提高集中度的好处，并注意到清算所在结算货币差额和商品数量差额的过程中所扮演的角色。这样，作为减少重复性工作的结果，现代清算所开始活跃于交易各方之间。在每天交易结束时，公司仍然向清算所提交他们的

---

[1] 这个表述来自 Starr（1886）。

[2] 引自 Taylor（1917：662）。

交易清单，清算所仍然检查这些清单是否有出入。然后，清算所支付或要求每个会员提供所有交易的未结款项①。因此在现代期货市场中，交易员是与清算所交易，而不是与交易所的其他会员交易。然而，清算所仍然是在激励每个交易员组建交易圈的规则下运行的。实际上，清算所形成了一个巨大的交易池，以供交易所所有成员进行所有交易。此外，清算所还对数量和价格都采用差额结算的规则，以便在结算完所有交易之后，向会员显示未平仓的买入或卖出合约数量，以及未支付或收取的货币余额。

这里以现代清算所的运行机制为例。假设一个会员公司以60美分/磅的价格买入100000磅（2张合约）12月棉花合约，并在12月以60.3美分/磅卖出交割50000磅（1张合约），交易所官方设定的那天的结算价格是60.2美分/磅。以低于结算价的价格买入时，该公司每磅棉花赚取0.2美分，那么之前买入的100000磅棉花共赚200美元。以高于结算价的价格卖出时，该公司每磅盈利0.1美分，卖出50000磅盈利50美元。此时，该公司的账户会显示以60.2美分/磅买入100000磅，以60.2美分/磅卖出50000磅，清算所结算余额为250美元。当然，只有棉花买卖数量的差额是重要的，所以最终的账户会显示以60.2美分/磅买入50000磅，清算所结算余额为250美元②。原始交易被遗忘，卖出的50000磅对冲了买入的100000磅的一半。

因此，每日交易后，清算所都会取消每一个会员公司在同一交割月份、同一商品的买入和卖出合约的义务。期货合约是如此的高度标准化，只有交割月份和开仓价格可以协商，这也是许多期货合约在到期前可以被平仓的原因。由于许多期货合约在交割前可以被对冲和取消，期货合约本身就可以像一种商品一样进行有效的交易。

二、保证金

现代清算所不仅注重合约的对冲，而且关注保证金的收取和支付。正是保证金制度确保了期货合约能符合规则地予以执行。尽管目前保证金为清算所管理，但芝加哥期货交易所等期货交易所的会员在清算所建立之前就开始

---

① 一般来说，清算所是非营利机构。

② 这个50000磅的合约将被记录为持仓量。

相互收取保证金了。作为交易所的一部分，芝加哥期货交易所清算所在成立后的前四十多年里与保证金毫无关系。因此，即使清算和保证金在现代清算所中相互交织，在分析它们时也可以而且也应该区别对待。

从根本上讲，保证金强化了期货合约的履约。通常，不履约的风险源于商品价格的波动。例如，双方以4美元/蒲式耳的价格签订了小麦合约，那么如果交割时小麦价格已升至4美元/蒲式耳以上，空头可能会拒绝交割，因为他可以以更高的价格把小麦卖给其他人。同样，如果价格跌破4美元/蒲式耳，多头可能会拒绝接受交割，因为其可以在其他更便宜的地方购买小麦。

期货合约首先受到初始保证金（original margin）保护，然后受到变动保证金保护。初始保证金是交易者在一个期货合约开仓时必须存入的金额。实际上，初始保证金是一种用于履约的保证金，而不是预付定金。有义务交割商品的人，像买方，必须存入一定数量的初始保证金。如果卖方需预付定金，应存入一些实物商品，而不是存入货币作为履约保证金。

交易者须存入的初始保证金数额既取决于商品，也取决于所持头寸的规模和类型。对于大多数期货合约来说，通常一份要求交割商品价值为1.5万美元至3万美元的合约，初始保证金在1000美元至2000美元①。因此，履约保证金是合同价值的百分之几。清算所会根据合约价值和对价格波动的估计来调整他们所要求的初始保证金。每当有关于霜冻、干旱或高温造成损失的报告出现不一致，进而导致价格异常波动时，清算所就会提高初始保证金②。如果清算会员在一份合约或商品中占有非常大的份额，大到清算他的头寸可能会对价格产生重大影响时，清算所就可能会收取"超额保证金"。也就是说，其初始保证金高于小型交易者要求的金额。

小额初始保证金如何为投资期货合约提供巨大的"杠杆"已被熟知。投机者会发现，只要商品价格发生几美分的变化，其1000美元就会翻倍，或者蒸发。这种杠杆观点是对初始保证金最具误导性的看法，原因有二：首先，初始保证金并不代表其是一项投资，投机者不应与初始保证金进行比较来衡量交易的损益。在大多数交易所，初始保证金可以通过短期国债或类似的、

---

① 金融期货通常涉及更大规模的交易，大约价值10万美元。

② 通常这一较高的要求只适用于之后建立的头寸。然而，它也应该追溯适用于已有头寸，因为新头寸和旧头寸都面临着价格大幅波动的相同风险。

但有利息收入的安全资产（Edwards，1983）来冲抵。假设投机者打算持有一定数量的美国国债，那么他并不关心每一份合约的初始保证金是1000美元还是10000美元。其次，期货合约为个人投机者提供杠杆，不是因为有初始保证金，而是因为合约涉及大量的商品。整体头寸的变动，即合约现在价值20500美元，而不再是20000美元，才是衡量期货合约风险的正确方式。无论初始保证金是10美元还是10000美元，以及按照初始保证金标准衡量的百分比回报率是5000%还是5%，这种风险都是相同的。

期货合约的初始保证金可以设置得非常低，是因为存在第二种保证金，即变动保证金。如果价格对合约一方不利，则原来的履约保证不再提供相同程度的保护。毫无疑问，另一方会要求额外的保证金，很可能是恢复至初始保证金水平的数额。例如，如果一份以4美元/蒲式耳的价格交割5000蒲式耳小麦的合约需要1000美元的初始保证金，那么当价格高于4.20美元/蒲式耳时可能会导致空头违约。如果上述情况发生，多头不得不在更高价位，比如4.25美元/蒲式耳，买入小麦，这样其净支付就是4.05美元/蒲式耳，而不是4美元/蒲式耳[①]。为了避免这种违约，当价格涨至高于4美元/蒲式耳时，比如说4.10美元/蒲式耳，多头会要求额外的10美分/蒲式耳来恢复与初始保证金同等程度的保护。

对未能维持保证金账户水平的交易者进行强行平仓的法律权利强化了整个期货合约的执行制度[②]。如空头在价格上涨后未能及时存入变动保证金，多头有权在公开市场上以现行价格买入相等数量的合约，实际上是取消了与违约空头的合约，而以另一方代之。空头的初始保证金将用于弥补当前市场价格与合同规定价格之间的差额。

一般来说，提出追加初始保证金的一方要求另一方补足合同规定的价格与市场价格之间的差额，或者已经存入部分变动保证金的情况下，要求补足之前变动保证金保护的价格和新的市场价格之间的差额。因此，这种变动的保证金管理体系常被称为"盯市"制度。虽然这种做法会经常发生，但通常的做法是每天按市值计价一次。如果是在价格剧烈波动的时期，变动保证金每天会调

---

① 对于5000蒲式耳，1000美元相当于20美分/蒲式耳，在这种情况下将补偿给多头。

② 毫无意外，这项法律权力最初是受到质疑的。参见科贝特诉安德伍德案。324（1876），Gregory v. Wendell，39 Mich. 337（1878），芝加哥联合国民银行 v. Carr，15 Fed.Rep.438（1883）。

整好几次。一个方便于众的市场估算价格是用于进行货币差额结算的结算价。如果将该结算价格用作盯市基准价格，变动保证金会基于其在多头和空头账户之间流动，流动的方向取决于当日结算价是高于还是低于前一天的结算价。

严格地说，初始保证金和变动保证金制度只适用于交易所的会员，或者更准确地说，只适用于清算会员。清算会员通常对其客户复制结算制度。但也有一些例外。其一，尽管交易所（而不是清算协会）设定了最低保证金要求，但每一个期货代理商都可以在最低保证金的限制下，根据自己对客户履约能力的判断，自由地向客户要求不同水平的初始保证金。为了在特别动荡的市场中保护自己，期货代理商经常利用这种自由度。如在1979年秋季，白银价格异常上涨，一些经纪公司对白银交易的初始保证金要求就是纽约清算协会（New York's Clearing Association）下的商品交易所的好几倍，这时交易所本身也已经大幅提高了初始保证金额度。另一个例外是当价格对客户不利时，客户所须存入额外保证金的频率问题。不同于每日要求客户调整变动保证金，期货代理商往往在最开始就会要求更高的保证金，只有当支付完变动保证金后的账户低于指定的维持保证金水平时，才要求补充。期货代理商对其客户的保证金要求以及清算会员之间的保证金要求最大的区别是，每个客户负责向代理商缴足保证金，而代理商仅需要向清算所缴足其所有客户总体净头寸的保证金。如果代理商有相等数量的多头和空头客户，就无须向清算所存入初始保证金。代理商所收取的总保证金金额与它存入清算所的净保证金的差额为它提供了可观的收益。显然，那些代理商要想为自己赚取利息就必须设法（如降低交易的费用）吸引客户。

尽管期货合约违约或未能及时追加变动保证金的情况很少见，但初始保证金和变动保证金制度并不一定就会保证合约的完好性。如果价格的变动幅度突然增大，如由货币贬值、实行禁运或逼仓失败等因素所导致，初始保证金可能在追加变动保证金之前就已用尽。当面临价格不利变动的一方由于没有保证金，最终选择放弃履约时，另一方唯一的申诉手段将是花费大量时间，向交易所和法院等仲裁机构寻求帮助。如果违约方宣布破产，获得赔偿将更加成问题。从某种意义上说，保证金的目的就是尽可能地避免采用其他方式执行合约所产生的延迟和费用。

在期货交易所的早期历史中，如果一方破产，与之签约的人将承担未受到保证金保护的所有损失。然而，从20世纪20年代起，清算协会开始承担起收取保证金和成为交易对手方的责任（尽管其往往不情愿）。因此，清算所对其会员间的合约履行情况负责。在如今市场上，即使两名会员之间签订了合同，只要当清算所收到他们交易结束的通知时，交易双方的对手身份就消失了。一旦清算所处理这个交易，多头就在保证金和接受交割方面对清算所负责，而空头则在保证金和按时交货方面对清算所负责。依靠清算协会所有成员的集体支持可能比仅依赖一个成员更能够提高合约执行的可靠性。由于没有大规模违约来测试清算协会对所有合约进行偿付的承诺，因此很难判断这种集体背书的价值[①]。清算协会对合约负责的假设可能在违约是个例的情况下最有价值，因为它更多地与会员在期货市场以外的承诺有关。但由于价格的变动是市场化的，清算协会并不能保证在任何情况下合约都能正常履行。

从更广泛的角度来看，清算所对合约的履行责任是期货市场自然演变的结果。合约的履行在很大程度上是有保证的，因为一家交易所的会员之间是以当事人的身份进行交易的，实际上他们是为客户做代理。即使代理商的一个客户违约，期货代理商仍须向交易所的另一会员或清算协会负责，并履行合约。在提出交易时，会员可以宣布他是一个客户的代理。然而，其他会员自然更愿意以当事人的身份与他打交道，因为相对于客户，其他会员更容易判断彼此的财力和诚信，尤其是在进行期货交易所需的几秒钟内。此外，其他会员知道他特别倾向于履行合同，因为期货代理商是以与他们交易的能力谋生的[②]。将代理商作为其客户的代理人以及其他会员的当事人的做法把监控客户信用评级和保证金账户的责任推给了最合适的人选——经纪人。出于同样的原因，清算所在向会员收取保证金方面可能比向个别会员收取保证金更谨慎，因为其避免了在收集财务状况信息方面的大量重复问题。

实际上，支付给清算所的变动保证金通过差额支付稍稍改变了合约的结算。可以考虑一下，如果清算会员建立了大豆空头头寸会发生什么。他首先要把初始保证金存入芝加哥期货交易所的清算所，然后每天根据大豆结算价

[①] 在 1979 年末至 1980 年初的白银市场动荡期间，首先是主要空头，然后是主要多头经历了支付变动保证金的困难。如果有一个清算所需要评估其会员遭受如此巨大的损失（数亿美元），那么在没有持久的法律战的情况下他们肯定不愿意支付。

[②] 在芝加哥伊利诺伊大学芝加哥期货交易所档案室里的董事们的文件里，满是会员们要求他们暂停其他会员的会员资格，直到他们履行自己义务的记录。通常，这种暂停资格的威胁会迫使那些欠债的人立即还款。

格的变动方向支付或收取变动保证金。如果收到变动保证金，这笔钱就由其自由支配[①]。如果必须支付，其就有责任立即存入现金或保付支票（certified check），否则清算所就会平掉其头寸。如果其自己是多头，原来的头寸就被对冲掉。然而，支付的价差不会从其做空的原始价格计算，而是按照前一天的结算价格计算，因为变动保证金的作用是每天重新计算合约的价格。在任何情况下，当平仓时，所有义务也就结束了。如果通过交割而不是平仓来结算合同，仓单就会交到清算所，清算所再将仓单分配给账面上持有时间最长的多头，而最初与其签约的买方的身份已经没有意义了。

三、期货价差

许多人在第一次接触期货市场时，很难理解期货合约的开仓、支付保证金和平仓机制。对他们来说，最困惑的或许是如此多的交割日期和价格。然而，这些价格与其间的相互关系恰恰是期货市场最有趣的地方。由于前面已经讨论过期货市场交易机制的基本原理，本章其余部分将介绍从这种交易中产生的价格形态，其中有许多看似难以理解的特性。

表1.1列出了1979年9月6日芝加哥期货交易所小麦的收盘价。当天的小麦合约交易量超过16000份，合约交割月份是1979年9月、12月，1980年3月、5月、7月、9月。虽然合同规定的交货时间是在较远的将来，到那时许多状况和条件都将会改变，但表1.1中的收盘价并不是不确定的。在9月6日那天，7月交割的小麦的准确价格是422美分/蒲式耳。然而，9月6日的买方或卖方是否在一个合适的时间进行了交易，只有在事后才会知道（任何合同都是这样，无论是立即交割还是未来交割）。

9月的小麦价格与之前4月时9月交割的价格有很大区别，如何比较这些价格是很有趣的。4月时12月交割的价格和12月的价格也同样有很大区别，在4月时或者在9月初时，9月交割的价格与12月交割的价格之间的关系也非常有趣。虽然随着时间的推移，价格的变化与同一时点不同交割日期的价格之间的关系有关，但它们显然有不同的逻辑关系，期货市场的研究主要关注的是后者之间的关系。

[①] 个人会员间的保证金由第三方保管，直到合约履行或终止。

表1.1　1979年9月6日小麦期货的价差

交割月份	闭市价格（美分/蒲式耳）	交割月间的价差（美分/蒲式耳/月）
即期	417.5	
9月	423.5	3
12月	432.25	2.875
1980年3月	440.25	2.625
5月	439.75	−0.25
7月	422	−8.875
9月	428	3

注：考虑交割小麦现货后的情况 9 月价差大约是每月 3 美分。

　　同一时点不同交割日期的价格可以通过排列的形式来表示。小麦的现货价格也应该被认为是这个排列的一部分，来代表即时交割合约的价格。1979年9月6日，9月交割的小麦价格为423.50美分/蒲式耳。1980年3月合约的价格最高，达到440.25美分/蒲式耳。1980年5月交割的小麦价格略低于3月合约。但相比之下，7月合约的价格出现大幅下跌，那段时期正是美国农民收获小麦的季节。在考虑了期货合约中货物等级和交割地点等因素后（所报的现货价格是货车中的而不是谷仓中的小麦），1979年9月合约的期货价格十分接近现货价格。随着9月的临近，现货价格与9月合约价格之间的关系将越来越接近[1]。

　　各个合约排列中价格的关系可以通过价差较容易地观察。价差等于远月价格减去较近月份的价格。为了增强可比性，表1.1调整了交割的时长。例如，如果有人在9月6日收盘时买入一份12月合约，同时卖出一份3月合约，那么如果他在12月交割买入，3月再交割出去，就可以每月赚取2.625美分/蒲式耳。尽管很少有交易者进行这种操作，但这种做法的可能性在期货市场总是存在的。因此，期货合约之间的价差与持有商品的成本有关，通常称为"持仓费"（carrying charges）[2]。

　　在所有的期货市场，许多交易者都会同时建立两个交割月的头寸，一个月买进，另一个月卖出，因为对这些组合头寸来说，重要的是价差

---

[1]　因此，即将到期的合约通常叫作"现货月"。

[2]　芝加哥期货交易所（1982：39–45）提供了对"持仓费"概念的完整介绍。

（spread），而不是期货价格本身。不同交割月份的头寸组合被称为"价差"组合。在一些期货市场，如纽约商品交易所（COMEX），市场头寸间的价差交易被称为"跨期套利"（straddles）。当然，交易者也可以通过卖出价差开展跨期套利。也就是，可以卖出近月合约，买入远月同品种合约。交易者认为，"牛市跨期套利"指的是合约组合里的近月合约是多头头寸，而"熊市跨期套利"指的是近月合约是空头头寸①。跨期套利和价差并不局限于相邻月份的合约，交易者甚至可以在做多9月合约的同时做空翌年的7月合约，这一跨期几乎涵盖了全年。

　　将价差定义为持有商品的回报可以解释期货市场交易中的另一个概念——套期保值。广义上讲，套期保值是指商品持有者买入或者卖出期货合约的活动。这也是本研究最希望去解释的期货市场的用途。在初级商品的持有者中，套期保值者通常是中间商和加工商。农民很少对冲，至少不直接对冲②。面粉加工厂、棉花纺纱厂、咖啡烘焙厂、铜加工厂以及其他类似的加工厂经常在持有原材料库存的同时卖出期货合约，这些交易商被称为"空头套期保值者"。其他交易商，尤其是出口商，会提前几个月与客户达成交易。由于这些交易商经常买入期货合约，因此被称为"多头套期保值者"。大多数套期保值者都是空头套期保值者。

　　做空的套期保值者通常在现货市场买进存货的同时卖出期货合约。与之类似，多头套期保值者通常会在现货市场承诺卖出现货的同时买入期货。这两类交易都称为套期保值操作。

　　套期保值操作是包括一项期货市场交易和一项现货市场交易的同步交易，是期货市场的核心功能。从字面就可以看出，套期保值通常与风险厌恶联系在一起。然而，这种联系主要还是源于部分观察者未能深刻理解套期保

---

① C.Smith（1982）介绍了价差和跨期套利，Jones（1981）讲述了一些晦涩的头寸组合。Thicssen（1982）从专业投机者的角度讨论了价差。

② 农民经常间接使用期货市场。收庄稼之后，农民会把谷物带到当地的谷仓，打算等一段时间再卖给谷仓。比起储存谷物，谷仓更愿意将谷物立即卖给下游的分销商，其真正业务是将谷物装载进火车车厢。谷仓因持有农民的谷物而代替了期货市场上的多头头寸。当农民决定卖掉他已经卖出的粮食时，谷仓将期货上的多头头寸进行平仓。农民们最初并不出售自己的粮食，而是用一份期货合约来代替，因为考虑到税收因素，他们通常会认为持有自己的粮食直到下一个纳税年度是明智的。

值的本质。期货市场的功能与套期保值操作（hedging operation）的功能紧密相连，并不与作为其交易构成部分的套期保值（hedge）有直接关系。绝非是风险厌恶激发了交易商的套期保值操作。

套期保值操作很像跨期套利。空头套期保值者作为更普遍的一类交易者，会通过签订合约在某个时点进行交割，并承诺在更晚的时点再次交割。现货价格与套期保值合约之间的价差是做空者在此期间持有商品的回报。

当涉及价差时，期货价格表现出许多自相矛盾的特征。例如，对于1979年9月6日的小麦而言，其所具有的各种价差关系尽管很平常，但对于不熟悉期货市场的人来说，可能往往是违反直觉的。首先，价差在不同的交割月组之间是不同的。如在9月，持有12月交割的小麦合约的人，在这期间的每个月将获得2.875美分/蒲式耳。类似地，作为12月接收交割并持有到次年3月再交割的小麦的回报，每个月将收到2.625美分/蒲式耳。另外，所有在1980年3月至5月交割的小麦不仅没有收益，而且因为价差为负，实际上还亏损了0.25美分/蒲式耳。5月至7月的价差为每月−8.875美分/蒲式耳，这比3月至5月的价差更大。长期以来，负价差一直在贸易中被称为"现货溢价"（backwardation）。之所以称为现货溢价是因为持有小麦的负回报似乎与人们通常预期的储存小麦的显性成本相反。然而，现货溢价，或称"反向持仓费"（inverse carrying charges），在期货市场是常见的。

另一个具有矛盾的特征是，这些价差每天每时都在变化。例如，1980年5月与7月合约的价差从1979年9月6日的−8.875美分/蒲式耳，变为11月2日的−0.125美分/蒲式耳，尽管5月合约的价格在9月6日是相同的（也就是说，7月合约的期货价格上涨，而5月合约的价格没有上涨）。1980年1月初，5月与7月合约的价差已变为−5.25美分/蒲式耳，到5月时，当5月合约到期时，价差变为正的1.125美分/蒲式耳。

四、价差对于期货市场的重要性

价差是理解期货市场的关键。事实上，如果每组交割月的价差没有差异，每小时的价差也没有变化，期货市场就没有存在的理由。对于期货市场而言，商品具有多样性，每种商品的价差也一定有其特殊之处。

要了解变动的价差对期货市场的重要性，可以考虑一个简单的情况：在一个竞争激烈的经济环境中，可以消耗像铜等有限的自然资源。假设储存铜没有成本。根据成熟的自然资源模型，在这个完全确定的世界中，任何时刻的均衡价格排列以及现货价格都将使得后期交割日的价格因为利率的存在而增长[①]。如果年利率为零，明天交割的铜的价格将等于6天、30天或10年后交割的铜的价格。通过简单的计算，各组期货价格对之间的价差也是相同的，即为零。

但在这种情况下，期货市场会存在吗？答案是否定的。因为无论何时交割，价格都是一样的，所以不需要对不同的交割日期进行报价。一个价格就足够了。这种情况很难被称为期货市场。因为一个活跃的市场有着不是一个而是多个交易量很大的合约（可将即时交割的合约视为一系列合约中的一个）。甚至于从价差的角度看，只要价差不变，合约就是多余的。

当然，这个恒定价差的例子依赖于独特的条件：确定性、恒定的开采成本、无储存成本以及利率为零。如果放松这些假设，主要的结论也不会改变［平狄克（Pindyck），1980］。只有当某些价差不能从其他价差推算得来时，期货市场才是必要的[②]。

想象一下，如果利率为正而其他条件不变会发生什么。在利率为正的情况下，期货价格将由即期交割到30天交割再到更远期交割逐步上涨。如果利率有期限结构的话（这意味着第29日初的远期利率与当天的即期利率不同），价差也会有期限结构，甚至会有所不同。然而，从铜的现货价格和各种期限的贷款利率来看，计算出全部合约系列的期货价格是很容易的。因此，一个完整的期货价格排列是没有必要的，例如，现货价和30天期贷款的利率精确地决定了30天后交割合约的价格。由此可见，现货价格可以通过15天期期货合约的价格，借助15天期贷款利率而计算得出。只要价差的唯一内容是适当时期的利率，一个完全成形的货币市场就会使铜期货市场

---

① 严格地说，只有在开采的边际成本是恒定的情况下，这才是正确的。但即使这个条件不成立，关键仍然是对开采成本和利率的了解决定了整个期货价格排列。参见 Fisher（1981）对此文献的调查。

② 当汇率固定时，外汇远期市场的缺失也表明，当价差不变时也就没有必要设立全系列的交割日期。只有30天交割的价格与90天的价格不同时，如1.40美元／英镑对1.38美元／英镑，而且，只有当这种关系也可能是1.40美元／英镑对1.43美元／英镑时，期货市场才有可能出现。当然，举例所说的30天和90天的汇率不是锁定的，就等于说它们之间的价差是变化的。

vari得多余。

　　相反，如果价差的所有变化都可以完全归因于利率，那么铜期货市场将会使货币市场变得多余，因为利率可以从一系列期货价格的价差中推算出来。进一步来说，如果铜期货市场能代替货币市场而存在，那么其他商品的期货市场就没有立足之地了；铜市场足以将利率的变化传递给所有市场的价差。因此，除了货币利率以外，肯定还有其他因素决定价差，否则就不会有那么多真实存在的期货市场了。

　　同样的原因，与利息费用密切相关的实物仓储成本也无法解释为什么这么多的期货合约如此活跃，因为实物仓储成本可以从其他来源推断出来。例如，所有的谷物，包括小麦、玉米、燕麦、黑麦和大豆，都在争夺相同的仓储空间，因此所有谷物的仓储费率都可以从一个品种推导出来[①]。事实上，公共谷仓通常按蒲式耳统一收费，而不考虑具体的谷物种类。因此，如果仓储费用是价差的唯一组成部分，那么任何一类谷物期货市场品种的价差都将传递所有价格信息，导致其他谷物期货市场变得多余。由于许多商品都有期货市场，那么每种商品的价差就必须有其独特之处。

　　总而言之，如果某一特定商品的价差可以很容易地从其他市场的价格中计算出来，那么这种商品就没有理由拥有活跃的期货市场。同样，如果某一组特定合约之间的价差在不同时期保持不变，那么就可以毫不费力地从其中一个合约的价格推断出另一个合约的价格，从而无须同时对两个合约都报价。因此，波动的、独特的价差是一个期货市场得以存活的必要条件。对期货市场的研究最终必须转变为对价差的研究，甚至可以说期货市场理论必须建立在对价差的解释之上。

五、价差表现

　　虽然关于价差的差异和波动对期货市场的重要性在理论探讨中是令人信服的，但我们仍需证明，在实际的期货市场中，每对合约的价差是否具有波动性，以及其差异性究竟如何。这个特性已经在1979年小麦的合约价差中展

[①] 虽然所有这些谷物很少在同一地区种植，但如果玉米与燕麦在玉米带的一边争夺仓储空间，而在另一边与大豆竞争，那么燕麦就可以有效地与大豆竞争（Paul，1970）。

现出来（见表1.1），其中的价差确实在变化。但这种表现是不是特殊的，在与其他年份和其他商品的比较中是否具有典型性？答案是所有期货市场中每对合约的价差都是波动的，有差异的。例如，表1.2显示了从1973年至1982年十年间10月的第一个工作日小麦的价差[1]，表1.3和表1.4则显示了豆油和铜的价差。

表1.2　1973—1982年小麦期货的价差

（10月的第一个工作日的闭市价格；价差表示为美分/蒲式耳/月）

价差时间段	1973年	1974年	1975年	1976年	1977年	1978年	1979年	1980年	1981年	1982年
即期—12月	−3.7	3.3	6.7	8	8.3	−3	5.3	8.3	11.7	8.7
12—3月	−1.3	4.3	4.8	4	3.3	−1.8	5.7	6.3	8.5	6.8
3—5月	−10.5	−1.8	1.3	3.3	3	−2.3	6.1	4	4.3	4.9
5—7月	−26	−15.8	−7.6	3.3	2.5	−6.3	−10.4	−2.5	−1.8	1.5
7—9月	−0.5	2	2.5	2.3	3.6	1.5	2.8	4.3	9.8	4.5
9月合约价格（美元/蒲式耳）	3.77	4.58	4.36	3.13	2.83	3.26	4.79	5.22	4.64	3.59

注：新作物的合约从7月开始正式生效。

　　粗略地看一下表1.2，就可以确认表1.1中1979年9月6日小麦的价差表现。可以发现，两组合约之间的价差很少相同。同样，一组特定组合的价差值，如12月合约—3月合约，也不会重复。这种不同且波动的价差模式，并非是这10年总趋势的产物。比较一下1976年10月1日和1978年10月1日的情况。在这两个日期，次年9月交割的小麦价格几乎相同。1976年的价差都是正的；而在1978年，在五个价差中有四个是负的。也就是说，1976年10月的现货价格远低于次年9月的交割价格，而1978年的现货价格往往高于次年的合约价格[2]。1979年与1981年的对比也显示，尽管9月合约的价格大致相同，但价差变化很大。

---

①　选定10月是为了使其中几份合约在下一个作物年度内。

②　译者注：结合上下文看，作者此处的价差计算方法是用期货价格减现货价格，而并非我们熟悉的现货价格减期货价格。

在表1.2中，小麦价差的一个显著特征体现在负值（negative value）的数量上。在列出的50个价差中，有15个存在现货溢价，其中有一些较为明显。1973年10月，现货溢价现象更为明显，3月合约的售价为4.52美元/蒲式耳，而7月合约的售价为3.78美元/蒲式耳。如果这些数值的重要性还是不够突出的话，那么可从这个角度考虑：在1973年的四个月里，小麦的价值预计将损失近20%。

如果将资本成本、仓储费、保险费以及类似的已知且不可避免的小麦持仓成本考虑在内，价差中负值的数量将比已经观察到的更为普遍。价差往往低于全额持仓费（full carrying charge）。例如，参照1980年10月小麦12月—1981年3月的价差，表1.2中6.3美分/蒲式耳/月是较大的正值之一。这一巨大的价差相当于投资约5美元/蒲式耳的小麦，每年增长15%。如果为了进行这项投资，厂商以小麦为抵押借款，肯定要支付比联邦政府无风险利率高几个百分点的利息。因为在1980年的秋天，政府债券的利率是15%，6.3美分/蒲式耳/月甚至还不能覆盖储存小麦的资本成本。如果把每年几个百分点的仓储费和保险费也减去，那么看似绰绰有余的正价差就变成了负价差。

对于表1.2中列出的所有价差都应考虑持有成本。正确的计算方法是从价差中减去已知的仓储费和一系列资金成本，这些资金成本由观察价差同一时期的利率期限结构[①]来代表。这个计算将把表中列出的其他大多数的正数变成负数。有时价差等于全额持仓成本（full carring cost），这时计算出的值将为零。价差永远不会超过全额持仓成本的原因很简单：套利的力量。如果一个较远月的期货合约价格比较近月的合约价格高出已知持仓成本，任何人都可以通过买入较近月的合约，同时卖出较远月的合约，并为所需资金安排贷款，从而获得无风险的利润。因此，适当的标准是价差与全额持仓成本相比较孰高孰低。负价差明显低于全额持仓成本。通过仔细观察，许多正价差也低于全额持仓成本。分析价差低于全额持仓成本的程度很重要。

---

① 译者注：利率期限结构（term structure of interest rates）是指在某一时点上，不同期限资金的收益率（yield）与到期期限（maturity）之间的关系。利率的期限结构反映了不同期限的资金供求关系，揭示了市场利率的总体水平和变化方向，为投资者从事债券投资和政府有关部门加强债券管理提供可参考的依据。

小麦5—7月的价差往往相较于全额持仓成本的标准最低，而12—3月的价差通常更接近全额持仓成本。仅从这一比较来看，时间距离现在越远，价差似乎会变得越小。但价差并不仅仅是从此刻起的时间函数。表1.2中最远期的价差是7—9月的价差，这两个合约都在新的作物年度，一般接近全额持仓成本。

不管价差的这些特点如何，都不可能通过一个价差预测另一个。例如，12—3月的价差在1974年、1975年和1976年几乎相同。然而，3—5月的价差在这三年中均是不同的。正如12—3月的价差并不能完全引导3—5月的价差，3—5月的价差也只能反映5—7月价差有限的一部分。实际上，正是这些价差的独特性促使交易在3月、5月、7月、9月和12月交割的不同合约中进行。

像现货溢价这种情况，小麦表现得并不突出。相比之下，大豆及其副产品，豆粕和豆油，在同一时期则表现出一种更明显的价差低于全额持仓费的趋势。表1.3中的豆油展现了这一点。价差在1974年的负值绝对值最大。用原来的价格来说，这些负价差表明：3月交割的豆油价格（33.80美元/百磅）比1975年1月合约的价格高出很多（当时的合约价格为21.20美元/百磅）。实际上，10个月后交割的豆油相比于立即交割的豆油便宜40%。

表1.3　1974—1983年豆油期货的价差
（3月的第一个工作日的闭市价格；价差表示为美元/百磅/月）

价差时间段	1974年	1975年	1976年	1977年	1978年	1979年	1980年	1981年	1982年	1983年
3—5月	−2.6	−0.4	0.09	0.2	−0.25	0.1	0.35	0.4	0.3	0.2
5—7月	−1.4	−0.4	0.11	0.15	−0.1	0.05	0.25	0.4	0.3	0.17
7—8月	−0.95	−0.7	0.03	0.05	−0.25	0	0.3	0.35	0.25	0.15
8—9月	−1	−1.05	0.12	0.05	−0.45	−0.4	0.3	0.3	0.2	0.15
9—10月	−1	−0.55	0.02	−0.2	−0.6	−0.45	0.25	0.3	0.25	0.14
10—12月	−0.4	−0.5	0.09	−0.02	−0.1	−0.05	0.2	0.3	0.3	0.15
12—1月	−0.9	−0.4	0.1	0.05	−0.1	0	0.15	0.3	0.15	0.15
1月合约价格（美元/百磅）	21.2	20.25	17.6	24.45	21.35	24.6	25.1	26.7	20.95	18.2

注：新作物的合约从10月开始正式生效。

将豆油的价差与小麦的价差进行比较，可以发现，虽然低于全额持仓费的价差可能同时出现①，但它们之间有独立的波动性以确保一种商品的价差不能从另一种商品的价差中推导出来。例如，1975年豆油的价差相对于其他年份，比相对于那些注册于1974年10月的相同作物年度的小麦的负数绝对值更大②。此外，在20世纪80年代早期的一些年份，小麦的价差是负的，然而豆油的价差是正的。最后，对于小麦来说，发生在新作物年度的两个合约的第一个价差（7—9月的价差）几乎总是正的，并接近全额持仓费；而对于豆油，新作物年度（如12—1月）的价差大部分是负的。小麦和豆油合约序列之间的这种差异足以将各期货市场分开。

通过对表1.3中豆油价差的观察，我们可以推断，在任何一个时间点价差中，都存在与作物年度周期相关的一个较强的季节性成分。一般来说，那些在作物年度后期的价差（如8—9月的价差）要比作物年度早期的价差（如12—1月的价差），相对于全额持仓费来说要低得多。从表1.1和表1.2中可以发现，小麦的价差也具有同样的季节性。从价差的这种季节性特点可以推断出，像作物年度这类周期是出现不同价差和负价差的必要条件。

通过观察一种供需不太受季节影响的商品（如铜），就可以检验作物年度周期对价差的影响。表1.4上半部分记录了1974—1983年，纽约商品交易所（COMEX）的铜在1月第一个工作日的价差。与小麦和豆油的价差相比，铜价差为负的情况要少得多；负值都出现在1974年。事实上，铜的价差比农产品的价差更频繁地反映全额持仓费。例如，减去仓储费和保险费（每月小于0.1美分/磅）后，1975年1—3月合约的价差是0.45美分/磅（每月），正好等于以九十天商业票据的利率而持有铜的费用。因此，铜的价差似乎支持这样的推论：较强的季节性供需对于不同的价差是必要的。

但事实上，铜价差的证据具有误导性。应关注价差低于全额持仓费的程度，而不是名义金额。在表1.4的下半部分，已从价差中减去全额持仓费③。

---

① 如1974年、1978年和1979年。

② 即使价差是在同一个工作日（表中没有）测量的，这种说法也是正确的。

③ 持仓费是对现行利息和仓储费的重新计算。这种做法不可避免地会不准确。我们不清楚在最优惠贷款利率、商业票据利率、银行承兑汇票利率等利率中，哪一种利率才是合适的。此外，不同的仓库收费也略有不同。当然，当时的交易者应该知道准确的持仓费。

在1974—1983年，全额持仓费的水平偶然间发生了变化，使得铜的价差看起来比实际上更稳定。来自铜的证据实际上表明，如果没有作物年度那样的周期，价差可能是不同的，并且会低于全额持仓费。

表1.4　1974—1983年铜期货的价差
（1月的第一个工作日的闭市价格；价差表示为美分/磅/月）

价差时间段	1974年	1975年	1976年	1977年	1978年	1979年	1980年	1981年	1982年	1983年
1—3月	−4.6	0.45	0.4	0.4	0.4	0.75	1.45	1.3	0.8	0.6
3—5月	−1.4	0.55	0.5	0.45	0.5	0.75	0.15	1.3	0.85	0.55
5—7月	−1	0.6	0.45	0.45	0.5	0.7	0.1	0.95	0.85	0.55
7—9月	−0.6	0.6	0.45	0.45	0.45	0.55	0.15	0.85	0.85	0.6
9—12月	−0.6	0.65	0.35	0.45	0.45	0.45	0.15	0.8	0.8	0.7
12月合约价格（美元/磅）	80.6	58.5	59.6	64.7	65.5	75.3	112.7	99.4	83.4	75.75
减去持有成本后的价差										
1—3月	−5.2	0	0	0	−0.05	0	0	0	−0.1	0
3—5月	−2.1	0	0	0	−0.05	0	−1.3		−0.1	−0.05
5—7月	−1.65	0	0	0	−0.05	−0.05	−1.3	−0.2	−0.1	−0.05
7—9月	−1.2	0	0	−0.05	−0.05	−0.25	−1.25	−0.3	−0.1	−0.05
9—12月	−1.15	0	−0.05	−0.05	−0.05	−0.35	−1.2	−0.4	−0.15	0

过去10年不断上升的利率使铜的许多价差变成了正值，而实际上它们本应是负价差，因此这掩盖了它们低于全额持仓费的事实。较高的利率会增加持仓费。结果是，即使覆盖不了持仓费，价差也更有可能为正。例如，在1980年，无论贷款期限如何，利率至少为每月1.3%。考虑到投资资本的机会成本，观察到的价差应该在每月1.50美分/磅左右，这样才能达到铜的全额持仓费。因此，每月0.10—0.15美分/磅只相当于其中的一小部分。如果利息支出较低，而价差低于全额持仓费相同数额，得到的价差将为负（事实上，在1979年12月初，所有铜的价差都为负）。

在区分铜价差方面，利率还有另一个更微妙的影响。利率期限结构有好几次巧合地使价差看起来十分相似。例如，在表1.4所列的价差中，1977年的价差基本上是相同的。但在当时，利率期限结构中的利率是递增的，180

天的利率和1年期的利率都高于90天的利率。由于在未来开始的一个月期贷款利率更高，铜的价差应该会更大一些，而与这对合约中距到期日越来越长的第一个合约不同。有时，利率的模式碰巧使那些不同的价差看起来差异很小。1979年，观测到的价差排列与距离交割的时间成反向变动，而利率期限结构略有上升。只有在利率期限结构下降的情况下（像1981年那样），价差下降的模式才能与全额持仓费相一致。

在1974—1983年10年中的9年里，有一部分铜的价差没有显示出全额持仓费，有时差距相当大（如1974年和1980年）。其间任何铜的价差都低于全额持仓费，这本身就令人惊讶。因为铜是一种自然资源，在生产或需求方面几乎没有季节性，而且有大量的废料储备，所以可以明确地推断（正如大多数自然资源模型所假定的那样），为了支付利息和储存费用，价格本应该上涨。因此，铜的价差也显示出小麦和豆油价差的矛盾特征，尽管没有小麦和豆油价差那么强烈。

对铜、豆油和小麦价差的讨论与每年观察一次的特定的一对合约的价差行为有关。一个与之相关的问题是，价差在其构成合约的生命周期中会随时间的运动而变化。一个特定的价差在其生命周期中是高度不稳定的，经常是时时刻刻都在变化。这种波动并非不合情理的随机运动。相反，这是价差对经常变化的经济事实的反应。我们可以一个特定价差的变化频率为例。这里所选的价差是1979年9月豆油合约与1979年10月豆油合约的价差，计算基差的时间从1978年10月初第一次交易开始，到1979年9月"1979年9月合约"到期闭市而结束[①]。尽管这个价差的波动可能高于平均水平，但它却表明了价差间的变化。表1.5给出了价差的值，以及1979年9月合约每10个工作日的价格。在这一年里，1979年9月和1979年10月的合约价差起初为−0.25美元，然后跌至−1.20美元，在6月一度升至0.1美元，再次跌至−1.80美元的低点。观察到的价差中的一些波动是由豆油价格的四舍五入得来，每100磅的变动价位为5美分，因此价差有些不精确。但是，并不是所有价差的变化都是由四舍五入所致。

---

① 关于价差波动的其他例子，参见 Kallard（1982），紧凑型商品（1983），Castelino 和 Vora（1984）。

表1.5 豆油价差运动（闭市价格/100磅/每10个工作日）

日期	1979年9月合约（美元）	1979年9月合约与1979年10月合约的价差
1978年10月2日	23.80	−0.25
1978年10月17日	24.25	−0.45
1978年10月31日	24.90	−0.25
1978年11月15日	23.55	−0.05
1978年11月30日	23.85	−0.20
1978年12月14日	24.20	−0.25
1978年12月29日	24.00	−0.35
1979年1月15日	24.45	−0.60
1979年1月29日	24.40	−0.50
1979年2月12日	26.10	−0.95
1979年2月27日	26.60	−1.20
1979年3月13日	25.95	−0.75
1979年3月27日	27.00	−0.95
1979年4月1日	26.03	−0.55
1979年4月25日	26.30	−0.45
1979年5月9日	26.05	−0.25
1979年5月23日	26.40	−0.25
1979年6月7日	26.15	0.00
1979年6月21日	28.35	0.00
1979年7月6日	28.05	−0.20
1979年7月2日	29.20	−0.50
1979年8月3日	26.70	−0.30
1979年8月17日	27.85	−0.90
1979年8月31日	29.35	−1.40
1979年9月17日	30.45	−0.60

　　相对于豆油的绝对价格来说，这些价差的变动并非微不足道。如在1979年2月27日，9月合约价格为26.60美元，9—10月的价差为−1.20美元，这相当于对10月合约价格有4.5%的折扣。这种折扣相当于一个30天短期国库券立即交割的货币价值大于30天后交割的货币价值。如果豆油的折扣以年度的等价物来表示，就像货币一样，那么1979年9—10月这一价差的波动相当于30

天的远期利率从13%升至54%降至−5%再回到71%。考虑到美国国债贴现率在一年内哪怕只有几个百分点的波动，如从10%到13%，都会被认为是极端的，那么豆油期货价差的这种波动确实是很大的。

由于每周的波动幅度如此之大，仓储费的变动也就无法解释所观察到的价差波动了。公共仓库对农产品的收费每年都很稳定，更不用说每周了[①]。同样，在过去十年中，铜的仓储费只改变了几次[②]，保险费也不经常调整。此外，保险费极低，谷物的保险费约为每月0.05美分（芝加哥期货交易所，1982：40）。同样，利率的变动，乃至投资成本的变动，也不足以解释价差变动的幅度，利率期限结构几乎从未像期货合约的价差那样出现显著变化。

因此，作为第一个近似值，期货市场理论可以忽略利息支出和仓储费用等实物存储成本。这些都是微不足道的，本质上只是价差的恒定组成部分（这并不是说储存行为对期货价格不重要）。因为期货市场没有价差变化就不会存在，因此价差中剩余的负值部分对期货市场的存在就显得至关重要。这样，对期货市场的研究可以归结为对价差负值部分的研究。而期货市场的根本问题就变成了"是什么使得价差低于全额持仓费？"因为价差是在特定时期内储存商品的回报，所以问题可以被重新表述为："为什么厂商如此频繁地储存看上去是亏损的商品？"

六、价差与储存

希金波坦（Higinbotham，1976）认为，价差悖论是对未来将发生的事情进行平均化的误导性结果。由于认识到现货价格普遍很高，且厂商在未来可能会有无库存期，希金波坦指出，将无库存期与以全额持仓费持有的库存期进行平均，会导致平均价差小于全额持仓费。希金波坦得出的结论是，如果情况确实如此，价差低于全额持仓费的矛盾推论将是一种错觉，因为实际上厂商只有在储存商品时，才会以全额持仓费储存。

---

① 例如，在 1982 年底，大陆谷物公司，在芝加哥经营注册谷物仓库的四家公司之一，已经三年没有改变它的仓储费（Thomas Dreps 的谈话，大陆谷物公司现金谷物部）。

② 罗纳德·安德烈森的谈话，纽约商品交易所金属服务部负责人。同样，在伦敦金属交易所注册的仓库改变费率的频率不会超过每几年一次。

　　希金波坦的观点与理性的、竞争性的存储实践是一致的，条件是边际存储成本不为负。当存储的边际成本大于或等于零（如果存储的唯一成本是诸如仓储费之类的物理成本）时，有竞争力的仓储商就会发现存储任何东西都是无利可图的[1]。从社会的角度来看，这样的行为是合理的。因为当存储的边际成本大于或等于零时，如果供应不短缺（除非出现歉收的年份），大量存储就是不理性的。由于存在无库存时期的可能性，这就使当前一系列价差的平均值要小于全额持仓费。可以想象一下某一时期，在这期间，可能因为收成不好，可用库存会十分短缺，这样没有库存成为最优选项的时期。由于作物要到下个时期才能收获，因此根本无法缓解当前的短缺。这样，当前的价格可以上升到任何水平，而下一时期的交割价格则会很低。在这种情况下，立即交割的价格与下一时期交割的价格之差将为负。如果收成不好，无论是当前的收成还是之前的库存，所有可用的供给都会立即消耗掉，从而形成一种期货价格，即每一种价格都会在交割到期前有足够的时间下降。在没有为下一时期存储任何商品的情况下，预期商品的总供给将在下一时期低于长期平均水平，因此下一时期出现短缺的可能性高于平均水平。此外，如果下一季的收获量很大，库存将承压并恢复到正常的水平。这两种效应结合在一起，将使下一时期的预期价格高于更远的一期。此外，从目前来看，后者将高于更远时期的预期价格。然而，任何实际发生的存储都是在全额持仓费的情况下进行的。

　　希金波坦的论证有时要求观测到的库存为零。事实上，所有商品的库存从未跌至零。这甚至比价差低于全额持仓费更有规律性。芝加哥期货交易所一百多年来从没有出现过小麦、玉米和燕麦的现货供应量（visible supply）降至零的记录。同样，从胶合板到铜等的其他商品的所有统计数据也都支持这样一种观点，即库存从未达到零，尽管它们经常低于平均水平，但从未降为零。因此，在当前价格和未来价格之间总是存在某种联系。由此可见，低

---

① 从理论上讲，一个有竞争力的、利润最大化的仓储商，会储存到其所仓储商品的成本加上他的边际仓储成本等于预期价格这个点。许多仓储商的这种行为的共同影响在实践中很难得出，因为未来一段时期的预期价格是这些时期储存者的行为函数。换句话说，在得知行为之前，不可能知道储存多少是最优的。动态规划中的这种复杂问题已经被几个作者研究过了，首先是Gustafson（1958），最近最全面的是 Wright 和 Williams（1982）。

于全额持仓费的价差并不是无库存的产物。

可见，尽管希金波坦对价差的解释具有直觉和理论上的吸引力，但它仍是不恰当的[①]。低于全额持仓费的价差一直存在着，其伴随着储存的持续性。这并不是说储存者的行为是非理性的。相反，存储的一些重要动机被忽略了。存储的有效边际成本必须包含比仓储费和资本成本更多的东西。或者更恰当地说，在这些已知成本中，一定有某些因素被剔除了。即使已经观察到的储存成本（如仓储费）是无关紧要的，对期货市场的分析也必须以储存行为为中心。研究不可储存商品期货价格形成模型的文章，如菲格（Feiger，1978）、单森（Danthine，1978）或卡瓦（Kawai，1983b），对期货市场存在的原因提供了若干见解。

怀疑论者可能会对"总会有一些库存"提出三方面的质疑。首先，人们可能会想，像生猪这种无法储存的东西怎么会一直有库存，或者，像一年后交割的90天期短期国债这种还不存在的东西怎么会有库存？应当说，尽管在生猪或美国国债的期货价格序列中，存储行为已不被考虑，但观察到的价差仍与存储密切相关。生猪何时被宰杀以及饲喂速度有一定的灵活性，而饲料是一种可储存的商品。生猪被不断地在市场上出售，这些调整变化就相当于储存。同样，国债与货币有关，而货币是首屈一指的可储存商品。短期国债可以通过持有至到期时收回资金，然后持有资金，然后再在需要时购买另一短期国债来重新创造。

其次，持怀疑态度的人可能会认为，有关全国范围内已知的供应量的统计数据具有误导性，因为衡量库存是很难的。例如，报告单位没有仔细区分新旧作物库存。但这种怀疑并没有根据，因为负价差出现的时间早于新作物可能收获的时间。最后，作为第三个保留怀疑态度的原因可能是，有人认为，期货价格的价差严格地说只应用于期货合约交割的特定地点。以供应量衡量的库存可能离交货地点太远，以至于尽管在交货地点早交割的价格高于晚交割的价格，但将库存迅速运到那里也已经无利可图了。在这种情况下，在交货地点可能没有存货，而在实际储存的地方，持仓费很可能已达到全额。对第三种批评有两点反驳，一是负价差并非期货价格的暂时失常，它们

[①] 希金波坦的论点仍然有效的一点是，任何不包括即期交割合约的价差都是远期价差。这是一个将被认可的价差的预期，并不需要是实际值之一。

通常在交割前几个月就出现了。当然，这足够引起从内陆点到分配中心更快的产品流动。二是注册仓库中的已认证库存（确切地说，是那些符合期货交割条件的库存）永远不会跌至零。这是更重要的。自从19世纪60年代库存数据首次被记录以来[①]，芝加哥的谷仓里至少一直存有小麦。大豆期货也是如此。在整个20世纪70年代，大豆老作物和新作物期货之间的价差经常是极负（extremely negative）的[②]。如果某一商品的库存曾经在注册的仓库里达到零的话，1972年到1975年的大豆可能算是一个。从表1.6中可以看出，20世纪70年代芝加哥大豆库存的最低记录是1975年9月19日的114.7万蒲式耳，这个数量是两周的正常消费或从芝加哥启运的货运量。

表1.6　芝加哥注册仓库的大豆储量（单位：1000蒲式耳）

9月的每个周五	1972年	1973年	1974年	1975年	1976年
第一个	8036	3423	5017	1283	7197
第二个	7949	3154	4939	1234	6108
第三个	7082	3049	4952	1147	5055
第四个	6164	3508	5013	1404	4973

让人困惑的恰恰是1975年芝加哥大豆库存的持续性。从数据看，似乎有充足的理由处置这些库存。因为从1975年8月至9月合约之间的价差判断，在8月末至9月末这一个月的时间里，大豆将亏损16美分/蒲式耳，相当于总价值的2.5%。对于在9月超过100万蒲式耳的库存量来说，亏损可达到约20万美元。1973年，在芝加哥储存300多万蒲式耳大豆的成本超过210万美元。这项支出在全国范围内更大。截至1973年9月1日，陈豆的总库存为6000万蒲式耳，是十年来结转量最小的一次（尽管当时仍有约4%的作物正在收割）。1973年8月1日，现货价格与将要交割的8月期货合约之间的价差为−1.30美元/蒲式耳。这表明，这6000万蒲式耳的持有者大约支付了7800万美元，更何况为了额外持有这一个月而多支付的实物仓储成本。

---

① 有人可能会进一步辩称，这种经过衡量的库存是谷仓底部剩下的极小部分。虽然石油管道必须包含一个不可减少的最低限度以保持运作，但没有什么可以阻止粮食谷仓被掏空（与大陆谷物公司现金谷物部的 Thomas Dreps 的谈话）。

② 有关 20 世纪 20 年代芝加哥库存的统计数据，请参见 Duddy（1931）。

　　由于大豆的持有者会为储存大豆的权利付出高昂的代价，他们确实会根据成本调整库存的数量。每当库存的损失高时，库存量就低，反之亦然。现实中，价差跌破全额持仓费的反应非常强烈，即便在最恶劣的情况下也是如此。在图1.1中，横轴显示的是豆油厂商在8月最后一天针对价差所持有的大豆量，纵轴显示的是1974年至1983年的8月中旬芝加哥期货交易所8月至9月合约之间的价差。即使没有对仓储费和资本支出的价差进行精细化调整，也没有对工厂产能的增加进行精细化调整，两者之间的关系仍然非常紧密。可以发现，价差和库存之间的关系具有某种非线性特点。芝加哥仓库中的储量或全国结转数量的点图显示出了与之一致的形状。

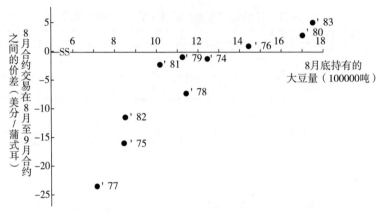

图1.1　豆油厂1974—1983年8月至9月合约价差与持有大豆量

　　价差降至全额持仓费以下的幅度与库存数量之间的这种密切关系适用于所有初级商品和所有时期。沃金（Working，1934）在对1885年至1933年的小麦研究中，首次观察到了这种关系。这种关系贯穿于整个作物年度，而不仅仅是在作物年度之间的结转量上。特尔赛（Telser，1958），格雷和佩克（Gray and Peck，1981）发现这种关系在小麦中依然存在。豪厄尔（Howell，1956）和特尔赛（1958）在棉花上，魏马尔（Weymar，1974）在可可上，均发现了同样的特点。在两次世界大战之间的那些年里，布伦南（Brennan，1958年）发现，从带壳蛋（shell eggs）、奶酪、黄油到燕麦等各种各样的商品都具有上述的那种极强的关系。

　　沃金（1949）将这种常见特点概括为供应—库存曲线（见图1.2）。显然，他很好地抓住了豆油厂的大豆与大豆期货价差之间的关系。当库存较大时，如果全额持仓费不是处在极值情况下，价差一般为正值。一旦达到全额持仓费，库存就会大幅上涨，而价差不会随之改变。正如第一章第五节所指出的，实物存储的成本实际上在存储量大的情况下是恒定的。然而，真正决定供给—库存曲线形状的是价差中负值的部分。

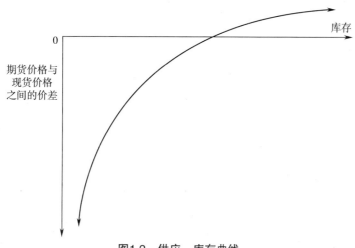

图1.2　供应—库存曲线

七、其余各章的概要

总之，有关商品市场的两个事实已浮出水面。第一个事实是，期货价格之间的价差很少能覆盖储存商品的已知持仓成本。第二个事实是，经营商品的厂商总会保有一定的库存，并根据价差低于全额持仓费的程度调整库存量。这两个事实共同构成了期货市场价格模式的核心问题。为什么那些理性的、追求利润的厂商在成本很高的情况下还持有库存呢？

本书提出的答案是，厂商持有实物商品库存的原因与持有货币的原因大致相同。由于将小麦或铜等商品迅速运到所需的地方难度很大，成本也很高，因此尽管价差低于全额持仓费，厂商仍选择持有商品。在订单和原料到货时间不确定的情况下，为了让加工厂顺利运转，厂商情愿花费仓储费来持有存货。因此，价差中负值部分是厂商为持有存货而支付的费用，这相当于持有现金的费用，即放弃的利息。

货币与豆油、铜等商品之间的相似性可以进一步扩展到经济功能方面，也就是说期货市场也类似于货币市场。卖出期货合约同时在现货市场买入小麦相当于借入小麦[①]。由于这些小麦的借贷隐含在两个交易中，因此在单独分析每一笔交易时，并不能立即看出其中的借贷关系。尽管如此，从即时交割到最远期交割的一系列合约使繁荣的借贷市场得以为某种特定商品发挥作用。合约之间的价差在减去持有存货的仓储费和投资费用后，就是借入商品的费用。不同组期货合约之间价差的差异，代表了比货币利率更为明显的商品（如小麦和铜）利率期限结构。当有强烈的借入和贷出商品的需求时，且这些商品的借贷利率在一年的不同时期不尽相同时，期货市场才是活跃的。就像货币贷款市场帮助将资金送到此时需求最强的人手中一样，期货市场也会分配存货的数量和位置，以确保存货总是能交到需求最迫切的交易商手中。

期货市场与货币市场密切相关的概念与当今的主流观点相反，主流观点认为期货市场是保险市场。本书提出的观点与沃金在关于存货供给的论文（1948，1949，1953a，1953b）中提出的观点相似。尽管如今许多人认为这些论文是期货市场文献中的经典著作，但他们没有意识到沃金的理论与当前流行的套期保值投资组合理论（portfolio theory of hedging）不相容。本书基本上是尝试把沃金的理论再次放在理解期货市场的中心位置。希望在这里能为沃金的发现提供新的证据和更具启发性的理论支持，特别是那些最近发展起来的关于货币需求和金融中介角色的理论。只要读者对沃金有新的领会，本书的目的就实现了。

第三章将试图推翻期货市场与保险市场密切相关的主流观点。这一章将重新审视商品交易中风险厌恶者的假定行为，在此过程中将证明一个比传统假设更合理的风险厌恶效应：交易者越厌恶风险越会少使用期货市场。但在此论述之前，第二章将证明买入现货和卖出期货合约的双重交易（已被定义为套期保值操作）相当于借入商品，并借此形成期货市场作为借贷市场的观点。对这一观点至关重要的是，隐性市场概念的引入，以及对商品实际借贷市场的调查。这些概念将被反复地用于反驳基于风险厌恶的相关期货理论，以及将在第四章开始的更重要任务——为期货市场类似于货币市场的观点建立理论基础。第四章将重点讨论厂商借入商品的动机，证明风险中性的交易

---

① Paul（1966）还注意到风险对冲这一点。

者有充分的理由利用期货市场。这样就会很清晰地得出一个结论，规避风险既不是期货市场存在的必要条件，也不是充分条件。第五章将更为详细地探讨实物商品和货币之间的联系，以及期货市场和货币市场之间的联系，同时还将讨论为什么在所有可以采用的商品借贷方式中，期货市场成了占主导地位的组织形式。最后，第六章将用货币市场的相似特征来回答一个长期存在的问题：为什么期货市场如此之少？第七章将做一个简短的总结。

第二章　借贷商品的等价方式

通常可以从其他商品的适当组合中构建某一商品的头寸。商品投机者和贸易商经常这样做。投机者经常在两个不同交割月之间的期货头寸上，或在原材料与最终产品之间的两个期货合约中构建价差头寸。贸易商则将其在期货合约中的头寸与实物商品中的头寸结合起来。本章讨论的是，这些价差头寸和套保交易都是两个同时进行的头寸的组合交易，这两类组合交易的目的与构成组合的任何一个头寸的交易完全不同。价差和套保操作是商品借贷中的隐含头寸（implicit positions）。

由于存在着隐性地构建商品头寸的可能性，因此现实中就有各种各样的方式来交易商品和服务（其中，某些同等的交易方式常被人们所忽视）。一般来说，一种交易体系很可能比它的同等体系（equivalent system）更容易检验和理解。幸运的是，分析和洞察可以扩展到同等体系。事实上，有几种交易体系相当于现货市场和期货市场，这尤其是体现在涉及商品借贷市场的交易体系时。通过确认这些交易方式的等价性，可以确定套保交易和价差交易所包含商品的借贷。

期货市场的显著特征正是期货合约头寸与其他头寸组合的频率。一般来说，在所有活跃的期货市场中，至少一半甚至四分之三的未平仓头寸与组合交易有关。表2.1为美国商品期货交易委员会（CFTC）的月度报告，其中显示了8个代表性市场的期货合约与其他头寸组合的比例。该报告以持有超过某一特定数量合约的交易商为基础，根据市场规模的不同（如50手或100手）区分了多头套期保值、空头套期保值、多头投机、空头投机和价差投机。这五类交易中的多头套期保值、空头套期保值和价差投机代表着所持有的期货合约与其他头寸有紧密结合。在这三个类别中，报告的多头和空头头寸比例通常在85%以上。然而，这一比例确实夸大了期货交易在组合交易中所占的比例，因为套期保值者与在CFTC注册的大户交易者的数量并不成比例。另一方面，这三个类别在多头和空头总持仓中的比例（第二栏）低估了组合头寸的比例，因为其中并不包括小型的套期保值者和价差套利者。

因此，对组合操作重要性的估计有一个接近85%的上限和一个接近50%的下限。

组合操作在被归类为投机者的行列中，也许是最令人吃惊的。在表2.1所示的所有8个品种中，价差投机占所报告的投机交易的比例超过40%；在大豆和豆油市场，这一比例超过70%。据报道，在一些市场中，尤其是大豆市场，价差投机超过了总持仓量的15%。从表2.1的最后一列可以看出，许多投机者报告了这些价差头寸。

表2.1 期货市场的价差程度（1979年月末报告的平均值）

大宗商品	占2×未平仓量百分比				账面投机量		
	账面多头和空头头寸	账面套期保值和价差投机	账面价差套利	价差投机占账面投机比例	多头	空头	价差
玉米	67.0	62.0	6.8	60.2	63	24	61
	（3.8）	（4.4）	（1.5）	（9.2）	—	—	—
大豆	64.0	58.5	20.7	78.8	55	41	112
	（3.1）	（3.2）	（2.3）	（4.0）	—	—	—
豆油	73.8	66.7	17.2	71.0	34	15	39
	（2.6）	（3.7）	（3.0）	（5.7）	—	—	—
生猪	41.5	22.7	15.9	45.7	39	40	40
	（2.7）	（3.2）	（3.0）	（7.0）	—	—	—
肉腩	40.4	20.7	14.9	42.8	41	64	52
	（5.2）	（4.1）	（4.1）	（9.9）	—	—	—
白糖	62.4	52.9	8.7	48.2	40	12	28
	（2.9）	（3.4）	（2.3）	（10.2）	—	—	—
棉花	61.8	53.2	10.2	54.2	46	13	32
	（3.4）	（4.2）	（2.4）	（6.2）	—	—	—
铂	38.6	27.8	9.3	45.8	13	7	11
	（4.4）	（4.0）	（3.5）	（12.8）	—	—	—

因此，无论以何种标准来衡量，由价差投机、空头套期保值和多头套期保值构成的隐性头寸都是期货市场的重要组成部分。因此，理解这些组合操作的目的就等于理解期货市场本身的目的。本章首先是着手于给出隐含市场的概念和等价交易的方式，然后将其应用于对期货市场来说非常重要的组合

头寸中。

一、隐性市场

在一般均衡理论的理想世界中，每一种可以想象到的商品和服务都存在市场。然而，在现实世界中，运营市场的巨大成本使它们的数量只保持在必要的最低水平。如果一个机构要做两个机构的工作，或者如果两个显性的市场要提供第三个市场的交易机会，都会面临巨大压力。例如，在纺织工业中，纺纱服务的价格隐含在纱线价格和棉花价格的价差中。拥有棉花的商人可以通过出售棉花和购买纱线的方式隐性地购买纺纱服务，从而使一个有组织的、显性的纺纱服务市场变得多余。尽管通过出售棉花和购买纱线的双重交易来购买纺纱服务会产生双重交易的成本，但这两种交易成本的总和很可能比直接在有组织的市场购买纺纱服务的成本要小。当然，这种关于相对交易成本的观点同样适用于棉花和纱线的显性市场。这两个有组织的市场之一可能是多余的，而不是纺纱市场。一般来说，当两种价格都与第三种价格建立直接联系才能达到均衡状态时，提供第三种价格的有组织市场可能是多余的。

无论价格是显性的还是隐性的，其经济功能都是相同的。例如，纺纱工人对显性的纺纱价格的反应与对隐性的纺纱服务价格的反应是一样的。更重要的是，仅仅因为一件商品没有正式的、有组织的市场，人们是没有理由不买卖那件商品的。显性市场中的交易组合使人们能够在该商品中构建头寸。例如，如果利物浦没有棉花市场，想在那里购买棉花的人可以通过在新奥尔良（New Orleans）显性购买棉花的交易与在利物浦显性购买货运的交易结合起来，从而隐性地购买棉花。任何数量的显性交易组合都可能达到预期的结果。简而言之，虽然一种商品可能没有正式的、有组织的市场，但它可能有一个隐性的市场，这个隐含的价格可能没有在任何地方直接标明，但它可以通过对其他显性价格的简单数学计算来揭示。虽然没有书面合同提及指定商品的数量和质量，但其他显性书面合同的组合可以提供相同的效果。从操作层面来讲，隐性市场和显性市场是一样的。

无论市场是隐性的还是显性的，套利的强大力量都会使价格保持一致。在三个显性市场中，如果其中两个价格和第三个价格具有紧密联系，套利就明显地能开展起来。当纺纱服务的市场价格偏离了棉花与棉纱之间隐含的价格差异时[1]，交易者通常都会很警觉。这时，通过以更便宜的交易组合买入纺纱服务，并在价格更高的地方出售，交易者可以毫无风险地获利。这种双向套利是有利可图的，直到纺纱的价格在两种方式下的计算是相同的，并一直持续到价格恢复到正确的关系。根据定义，只有所有相关市场都是显性的，双向套利才可行。

即使一个特定的市场是隐性的，一种被称为单向套利的套利类型也会使隐性价格接近显性价格。然而，与传统的双向套利不同，单向套利是秘密进行的。在双向套利的情况下，投机者会进入，否则他们不会在这其中的任何市场进行交易。在单向套利的情况下，作为一种自然的交易过程（如购买纱线），有些人可以选择通过在其他市场的交易或明或暗地购买纱线。如果直接构建交易的收益与通过多次交易构建交易的收益存在较大差异，那么该交易方自然会选择收益较高的方式。这些实现理想头寸的方法使其在任何情况下都与专业套利者操作的一致。

因此，在没有任何明显套利[2]的情况下，没有特定显性市场的均衡也可以存在。在那些没有显性交易的市场中，这实际上是隐性价格接近于显性价格最有力的证据。因为那些必须交易的人在任何情况下都可以选择完成交易的方式，所以只要在隐性交易的价格优于显性交易的价格时，其就会改变交易方式。反之亦然。

就像在三个市场中两个价格必须加上第三个隐性的价格一样，在四个市场中，三个价格必须加上第四个价格，四个价格中有一个是隐性。需要记住的重要一点是，在$P_1+P_2+\cdots+P_{N-1}=P_N$的一系列市场中，往往存在一个隐性市场[3]。只有当一系列市场中的交易成本是大致可比的，所有市场才可能是显性的。

---

[1] 就外汇市场而言，这与肯定利率平价适用于所有实际用途是一样的。参见 Frenkel 和 Levich（1975，1977）以及 Phaup（1981）对利率平价理论的辩护，这实际上是对套利力量的断言。

[2] Deardorff（1979）和 Callier（1981）的研究表明，单向套利的力量是如此强大，即使所有市场都是显性的，也不会出现双向套利。

[3] 垂直整合，即一个公司将其客户或供应商内部化，也会使一些重要的市场和他们的价格变得隐性。这里提出的问题与垂直整合不同。这里的问题是，一个公司对其服务的收费是隐式的还是显性的，在单一价格中包含的活动是什么。

在一组市场中，哪个市场是隐性的往往要取决于经纪费用、交易规则、计算便利、法律规则等方面的细微差别。随着这些因素的变化，隐性市场可能会发生更替。例如，如果某个显性市场的交易变得更加昂贵，或在法律面前变得有争议，那么这时隐性市场就可能取代显性市场，而先前的显性市场就会变成隐性市场。虽然目前纺织行业的纺纱服务市场是隐性的，但纱线市场曾经一度都是隐性的。在包出制（putting out system）下，商人购买棉花，并以显性价格与出售服务的纺织工人签订合约。

显性市场和隐性市场的分类并不需要太过精确。有时，贸易商可能会对一件商品报出一个显性的价格，这实际上是为了交换其他商品组合，而不是这个商品本身。这种显性价格和隐性头寸的组合可以称为半显性市场。另外一个类别的市场包括那些不经常发挥功能的市场。只要有足够多的显性市场，所有价格都可以从中推导出来，所有想要建立的头寸都可以建立起来，其他市场时有时无的功能就不会改变任何东西。相反，它只是强调了一个隐性市场是如何出色地执行有组织市场的功能。无论一个市场是显性的，如正式的、有组织的交易所，或是半显性的，或只是对于偶然的交易是完全显性的，或一直都是显性的，市场都具有相同的经济意义。

与隐性市场概念相关的是将多个价格整合为一个报价。服务，特别是货运，通常包含好几个价格。例如，把小麦运到芝加哥首先需要把谷物从当地谷仓运到火车上，然后是运送小麦到芝加哥的实际运费。在芝加哥，把车开出中央火车站仓库很可能要收取转车费，而且检验小麦并放进芝加哥的谷仓肯定也要收费。如果有人想在芝加哥出售小麦并立即交货，将不得不向谷仓支付所有这些费用，因此他可以要更高的价格。另外，芝加哥即期交货的报价可以假定买方来支付检验费和谷仓费，这样报价就会低一些。通常，所报价格会或多或少地包括这些附加费用，这取决于是卖方还是买方负责支付[①]。很明显，支付这些杂费的特殊安排，仅仅是为了商业上的便利，其在经济上没有什么不同。此外，有些费用可能对一方有利，而对另一方无利，这在经济上也并没有什么区别。作为这一点的一个例子，想象一下在清理小

---

① 这种关于谁来支付哪项杂费的区别正是"到岸"合约（也称为 CIF 合约）与未来交付合约之间的区别。根据"到岸"合约的条款，卖方只负责将货物运至铁路场（或港口），并支付"成本费用、保险费和运费"。如果合约是未来交货，卖方还要支付把货物运到仓库的运费。

麦（cleaning wheat）的过程中产生了一个有价值的副产品。一方面是清理的成本，另一方面是副产品的好处。如果副产物随清理过的小麦一起返回，清理机构将收取清理的全价。如果清理机构保留副产物，则会相应降低其清理标价。甚至有可能副产品的价值超过清理费用，使清理服务的净价格为负。也就是说，清理机构，为了获得副产品，必须付钱给来清理小麦的人。很明显，无论厂商在账单上列出的清理费用是单独付给副产品的价格，还是将它们合并成一个净价，在经济上都没有区别。

隐性市场的有效性和附带费用组合的商业便利性，共同促使各种复杂的交易安排成为可能。许多看似不同的贸易安排有着相同的经济效应。如果交易是显性执行的，那么同时执行的几个难以理解的复杂交易可以减少为一个简单的交易。

因此，有必要将一个交易者同时进行的所有显性市场交易视为一个单一的交易。因为他的净头寸才是最重要的，单独考察这一组合交易的每一部分，会让人对这些交易的原因产生最具误导性的印象。一种更安全可靠的分析方法是，把这种隐性头寸当作是在一个有显性价格的显性市场中发生的。

类似的观点涉及对相关市场的经济分析。由于一组市场中的任何一个市场都可能是隐性的，因此可能存在许多不同的交易体系（尽管它们很少都为同一种商品运作）。每一个可能的体系都有其自身的制度、术语、法律程序和交易者特性。由于它们的运作方式很是不同，人们可能认为其没有关系。经济学家甚至可能尝试用不同的理论来解释每个体系。然而，交易体系在经济上是等价的，因此对它们的经济分析应该是一致的。

期货市场的标准经济分析忽略了这些关于等价交易体系的重要经验。因此，这倒是隐性市场的可能性被忽视的一个绝佳例子。空头套保的操作方法是在现货市场买入，同时卖出期货合约。作为在两个显性市场中同时进行的两笔交易的组合，空头套保操作实际上是一个隐性市场中的交易。具体来说，空头套保交易是一种在隐性借贷市场上借入商品的方法。如果期货市场是隐性的，而借贷市场是显性的，那么我们该如何看待套保呢？这种交易体系是交易商品而不是初级产品的一种常见方法，尽管实际上在不同时期，有期货市场的商品都有显性的借贷市场。然而，在这些情况下，经济学家习惯用和套期保值相悖的理论来解释交易者的动机。传统的套期保值和期货市场的解释是错误的。

二、借贷市场的均衡关系

虽然隐性市场和等价交易方式的概念应用很普遍，本章的其余部分还是将其应用于特定类型的市场，即借贷市场。借贷市场来自包含五种价格的均衡关系。这五种价格的均衡关系：即时交割的价格（P_{ID}）加上仓储费（P_{WF}）加上资本费用（P_{CE}）减去商品的使用费用（P_{CC}）等于未来交货的价格（P_{FD}），即

$$P_{ID} + P_{WF} + P_{CE} - P_{CC} = P_{FD}$$

其中，仓储费和资本费用加在一起是实物仓储费用，也称为全额持仓费（full carrying charges）。

以上这五种价格记录在不同的单位。即时交割的价格是当日每单位商品的美元报价。由于商品的未来交割价格是在交割时支付的，所以期货价格是以交割时的美元来表示的。因此，均衡关系必须包含资本占用的费用。这个资本费用等于即时交割的商品价格乘以利率。利率（也称为货币的时间价值）是货币的使用费用，按比率报价。不论仓储费或商品使用费是用当日的美元、明天的美元，甚至是用单位商品来报价，都没有关系。当天每单位商品的美元比率和货币的使用费用使得把这些价格转换成任何想要的术语成为可能。

就像用钱一样，储存物品也需要时间。仓储就像货运或加工服务一样，不同之处在于它可以将一种可即时交割的物品转变为可在未来交割的同一种物品。商品借贷在涉及时间问题时往往和仓储涉及时间问题一样。有些人想借用某种物品，以便能使用一段时间。在一段期限内储存和在一定期限内使用商品是两种截然不同的服务。但是，两者会同时发生。实际上，仓储服务创造了一个有价值的副产品，即在同一时期对物品的使用。随着时间的推移，仓储会增加价值。相反，使用则会耗尽价值。或者更准确地说，如果不使用商品，就失去了一个机会。如果将椅子放入仓库，仓库员工不允许坐在椅子上，那么椅子所能提供的服务就被浪费了。

因此，在均衡关系中，从被允许使用该商品的仓储者的角度来看，实物存储的价格为正，而使用费用（或租赁费）为负。为了商业上的便利，这些可以单独使用，也可以组合使用。如果它们结合起来，从想要使用商品的人的角度来看，净费用（如指定P_L为商品借贷）就是

$$P_L = P_{CC} - P_{WF} - P_{CE}$$

这个净费用（net charge）可以是正的，也可以是负的，这取决于三个部分数值的相对大小。就像小麦的清理工一样，储存者可能要为储存商品的特权而付钱给其他人，因为其由此获得的对商品的控制比实物储存的价格要昂贵。当 P_L 将商品的使用费用、货币的使用费用和仓储费结合在一起时，均衡关系中的5个价格就降为3个价格，表述为

$$P_{ID} - P_L = P_{FD}$$

这种关系也可以用所包含的商品和服务来表示

$$ID - L = FD$$

因此，P_L 是现货价格和期货价格之间的差。当商品的使用费用为正时，基差将低于全额持仓费。

有趣的是，大量等价交易体系是基于这一系列市场的。根据这三种主要市场中哪一种是隐性的，可以有三种交易系统。表2.2列出了这三种系统。在系统A下，期货市场是隐性的；在系统B下，现货市场是隐性的；在系统C下，借贷市场是隐性的。在实践中，根据仓储费和资本支出与商品使用费的组合方式，分类肯定要多于这三种。在所有的体系中，存在着足够数量的显性市场来承载所有与持有物品相关的货物和服务的头寸。

表2.2　涉及借贷市场的交易系统

系统A	系统B	系统C
显性现货市场	隐性现货市场	显性现货市场
显性借贷市场	显性借贷市场	隐性借贷市场
隐性期货市场	显性期货市场	显性期货市场

三、股份贷出方式

不同证券交易所往往交易相似的、可储存的股票，因此其有助于了解具有明显差异的交易系统之间的均衡关系。自19世纪中叶以来，高度发达的股票市场在伦敦和纽约都已经开始运作，但它们的交易方式却大不相同。两家交易所虽然在交易技术上存在差异，但交易的很多股票是相同的（主要是美国股票），而且价格也基本相同。毕竟，市场之间关于价格的沟通几乎是即时的，即使在帆船时代，套利者也能在几天内将股票凭证运过大西洋。

尽管讨论伦敦和纽约证券交易所的交易制度似乎与期货市场的主题相去甚远，但该讨论实际上可以确立几个重要的观点。证券交易所不仅证明不同的交易体系可以实现相同的经济成果，而且可以证明市场可以是隐性的且有意义的。在这两个交易所，交易者经常同时进行两笔交易。这两笔同时发生的交易显然与另一种背景中的单笔交易相同，这证实应该将同时发生的交易作为一笔交易进行分析。同样重要的是，这两个交易所的交易体系都包括一个股票借贷市场，这样可以引入物品借贷市场的运作方式，而非人们所熟悉的货币借贷。事实上，从隐性和显性借贷市场的角度来看，证券交易所与期货市场都有许多未被认识到的相似之处。

在纽约，有两个市场发挥着显性作用：股票现货市场和股票借贷市场。然而，这并不排除在未来进行交割的隐性交易。纽约在表2.2所示的A系统下运行。想卖出股票的人，卖空股票进行定期交割，同时要求其经纪人为其借入股票进行交割。这两笔交易让卖空者隐性地承担了在未来返还股票的义务，这一情形可以通过他出售未来交割的股票直接实现。从希望卖空进行未来交割的角度来看，包含即时交割、借贷和未来交割的基本均衡关系变成了如下等式：

$$-FD = -ID + L$$

因此，卖出未来交割可以通过卖出即时交割加上借入来实现。相应地，想要购买未来交割的股票的人也可以将两个交易合并起来，隐性地实现该结果。交易者可以买入即时交割的股票，同时把股票借给别人一段时间，因为$FD=ID-L$。他的净头寸使他有权在将来的某个时候获得股票，这跟直接买入未来交割的股票是一样的。这样，纽约证券交易所的交易体系就包含了一个隐性的未来交割市场。

有些人为了买股票，经常会借钱，以向卖家付款。如果他把刚买的股票借给别人，就能得到一笔贷款，这笔贷款的价值与借出股票的市场价值接近。例如，当通用汽车股价为每股60美元时，甲方贷出通用汽车100股，乙方必须同时贷给甲方6000美元。股票并不仅仅是贷款的抵押品，事实上乙方也可以随心所欲地支配这些股票，这就像甲方可以随心所欲地支配收到的钱一样。无论是美元还是股票凭证都不需要归还。因此，借钱买股票的"保证金"包括一个相应的平衡账户的股票贷出。同样，作为卖空操作的一部分，借入股票实际上是一种双重借贷关系，即在贷出资金的同时借入股票。

过去，纽约证券交易所（New York Stock Exchange）在交易大厅的"货币柜台"就维持着这种双重借贷的市场。在"借贷人群"中，有想贷出股票同时借入现金的人，也有想借入股票同时贷出现金的人。虽然这两笔借贷是在同一天内发生的，但实际上大多数借贷都会续期数天。实际上，贷款利率和贷款额每天都被重新设定。由于20世纪30年代出台的限制卖空规定，这个集中的借贷证券市场已经衰落。现如今，大多数经纪公司从其他客户的账户中寻找可借给卖空者的股票〔塔韦尔斯（Teweles）和布莱德利（Bradley），1982：第9章〕。

无论是否安排在交易所场内，在这些平衡账户的借贷中，甲方有乙方的资金，乙方有甲方的股票。然而，股票名义上仍属于甲方，资金属于乙方。因此，所有的股息都归甲方。同理，甲方必须付给乙方使用资金的利息。这种付款不仅受货币的供应和需求的影响，而且受所借股票的影响。这笔费用实际上是由登记在甲方的货币使用费和登记在乙方的股票使用费（股票的仓储费可以忽略不计）组成的。如果股票稀缺且难以借入，股票贷出人可以坚持以低利率获得货币的借入。如果股票仍然很难借到，股票贷出人可能根本不用付利息。有时，当股票有紧急需要时，股票贷出人不仅可以免费得到钱，还可以获取溢价[①]。每只股票的利率通常是不同的，这实际上为每只股票创建了一个单独的借贷市场。

在伦敦，证券交易所采用的清算方法决定了交易方式。伦敦证交所使用的是B体系，也就是说其现货市场隐性。伦敦交易所不像现代期货交易所那样每天结算，而是每两周结算一次，因为清算时间间隔越长，越多交易平仓[②]。交易者不必履约，直至下一个结算期。因此，每笔交易都是下一账目结算时间上的交割合约。

与纽约一样，伦敦也有股票和货币的双重借贷市场。当下一个账期到来时，各方必须准备履行其义务。交易者可以通过几种方式来履行自己的义务。已签订合约买入的甲方，除了支付购买股份的资金外，还可以与卖方

---

① 在这种情况下，未来交割的股票的隐性价格低于立即交割的价格。

② 关于清算过程的起源，请参见 Gibson（1888：41—45）。在19世纪，清算过程是一种复杂的三天仪式，因为在两周内积累了大量的交易。巴黎和米兰的交易所遵循伦敦的交易方式，只是它们是每月结算一次，而不是每两周结算一次（Stonham，1982）。

安排延期交割。也就是说，买方可以安排将这些股票"结转"两周，直到下一个账期。这种推迟交付的安排也可能对股票的卖方有利。例如，卖方实际上可能没有股票可用于交付。这种结转市场除了原有的买方和卖方外，还会涉及其他方。例如，某人可能会借给原始买家其所需的资金。作为回报，买方把自己的新股票作为抵押。然而，这些股票并不仅仅是抵押品。把钱借出并得到股票的人可以据自身需要对股票进行安排。实际上，为了得到股票而等待更长时间的人正在将他的股票贷出两周，而延迟交货的人正在借入股票。与此同时，等待得到股票的人正在借入资金，股票名义出售者在贷出资金。

在伦敦和纽约，双重借贷市场的报价包括两种使用费，一种是货币使用费，另一种是股票使用费。净费用的名称取决于两种使用费中哪一种占主导地位。只要净费用是股票买方为延长交割日而支付的，支付金额就称为"期货溢价"（contango）。如果没有将股票存入活期账户的压力，那么股票的使用费就为零。在这种情况下，期货溢价正好覆盖了另一方在这两周内的投资机会成本，即两周贷款的现行利率。但是，由于有时存在立即持有股票的压力，允许延期交割的人需要支付的金额往往要少得多，有时在卖方发现很难获得交割凭证时，甚至会收到付款。卖方为延迟交货而支付的金额称为"现货溢价"（backwardation）。当然，股票贷出人更喜欢现货溢价支付，但对股票来说，现货溢价情况相对较少。每只股票的现货溢价或期货溢价支付是不同的。所有股票的货币使用费是相同的，不同的期货溢价和现货溢价付款之间的差异反映了不同股票的使用费之间的差异。

这种导致期货溢价和现货溢价支付的结转市场只在每两周结算一次的时候协力运作，因为这是唯一需要这种双重贷款市场的时候。然而，一个进行显性即时交割交易的真正现货市场永远不会运作。那么，交易者如何进行买卖以实现即时交割？他们可以通过远期市场和结转市场的交易结合来隐性地做到这一点。例如，如果有人想卖出并立即交割，他可以操纵平衡关系使 $ID - L = FD$ 变为 $-ID = -FD - L$。实际上，交易者出售股票在下一记账期进行交割，同时结转别人的义务在当前进行结算，即贷出股票同时借入资金。然后那个人有义务在下一个清算期向交易者交付股票，而交易者则可以履行自己的交割义务。实际上卖出股票立即交割的卖方将收到两笔分期付款，首先是现货溢价或期货溢价支付，其次是下一个记账期的合约价格[①]。总之，这些款项将会与其在现货市场持有显性头寸的所得一致。

总而言之，纽约和伦敦的证券交易所运作方式截然不同。伦敦证券交易所（London Stock Exchange）进行远期合约交易，要求在定期结算时交割。在美国，证券则在现货市场出售。伦敦证券交易所建立了定期的期货溢价和现货溢价支付方式来推迟履约责任，而纽约证券交易所在货币和股票方面创造了一个持续活跃的借贷市场。

尽管存在这些操作上的差异，在伦敦和美国交易所进行交易的经济结果显然还是相似的。存在的差异是表面上的，而不是实质上的。现货溢价和期货溢价支付仅仅是代表个人在美国贷出股票同时借入资金所必须支付的利息的英语术语。两家交易所都决定将股票的使用费用和储存（或持有）费用合并为一项费用。同样，在美国和英国的体系下，哪一方在借贷过程中实际支付了经纪费、记录费，或是收取了借贷期间产生的股息并不重要，这些费用几乎是恒定的，因此很容易计入直观的借贷费用中。这样，英美两国的证券交易所都有显性的股票借贷市场。尽管美国的个股没有显性的期货市场[②]，但个人可以从现货市场和借贷市场的交易中构建一个隐性的期货头寸。与之类似，英国人也可以通过将期货市场和结转市场的头寸组合起来构建一笔现货交易。因此，在这两个交易所中，经常同时构建两笔交易，以此来隐性地完成某个单一但又不同的交易。美国和英国的交易所仅有一个不同的隐性市场，一个是期货市场，另一个是现货市场。美国交易所使用的是系统A，英国交易所使用的是系统B。由此可见，隐性市场具有显性市场的全部经济意义。此外，一个具有显性借贷市场和远期市场的股票交易体系等价于一个具有显性现货市场和借贷市场的交易体系。毫不奇怪，第二章第五节和第六节将展示第三种可能的系统，系统C，即借贷市场是隐性的，而现货和期货市场是显性的，这与其他两个系统是等价的。

[①] 如果结转支付的是期货溢价，分两步出售的人必须支付。然后他在下一次结算时得到更多。相反，如果是现货溢价，他在下一个结算期得到的相应较少。

[②] 实际上，在其历史早期，纽约证券交易所主要以英国方式交易期货合约，而不是证券的借贷（Armstrong，1848）。

四、商品借贷市场

纽约证券交易所双重借贷市场的交易通常很难让人理解。部分原因是借贷的术语常用于货币和商品。然而，股票也会被贷出，就像收取利息的服务一样。对这种双重借贷交易的另一个不解之处是，没有明显的原因解释为什么人们想借任何东西而不是钱。实际上，人们有理由借入股票和商品，就像借入资金一样。他们暂时需要占有这些商品。第四章将详细探讨借入商品的原因。这里的目的是了解除货币以外其他物品发挥借贷市场作用的可能性。

使股票借贷成为可能的原因是股票凭证就像货币一样是可替代的。借100股通用汽车股票的人不需要用与这100股股票的完全相同的凭证来代替它，就像借100美元的人不需要归还完全相同的钞票一样。除了股票和货币以外，其他可替代物品都已经发展出借贷市场。一个早期的例子是苏格兰生铁仓库收据的借贷市场。19世纪下半叶，格拉斯哥的一些仓库就曾签发以500吨/手做基本单位的标准等级生铁仓单。这些广泛流通的仓单有时也被贷出。这并不是说这些仓单是为了作为贷款的抵押品（经常这样使用）。相反，仓单本身是为了收费而被贷出的［赫克特（Hecht），1884：29–32］。对于商品借贷市场的一个更现代的例子是电力互换市场（swap market），电力是可替代的。在此市场上，一家公用事业公司会向另一家公用事业公司提供电力，以换取日后的电力供应。

铀，也被称为"黄饼"，是另一种有借贷市场的商品。在过去的15年里，拥有核反应堆的公用事业公司经常借入和贷出铀。有时，公用事业公司发现自己需要早于预期更换燃料棒。如果公司现在就购买铀来满足眼前需要，那么几个月后由长期合同定期供应的铀就会多出来。因此，简单的解决方案就是从另一家拥有足够满足当前所需的公用事业公司或生产商那里借入黄饼。类似地，铀生产商可能会接到即时交割的询价，这些询价非常具有吸引力。然而，如果该公司达成了这笔交易，那么在好几个月内都不会有足够的库存。最终，解决方案还是对铀开展借贷。谈判结束后，借贷很容易就能完成[1]。公用事业公司的铀库存不仅包括自己的库存，还包括其他公用事业

---

① 确保偿还铀的借贷合约条款多种多样。有时借款人会开出足够的信用证来回购等量的铀。在这种情况下，一种货币工具就作为铀借贷的抵押品，这与人们更熟悉的流程正好相反。

公司仓库里的黄饼。贷出方只需指示仓库将账目记入借方账户即可。当借方偿还时，将进行另一次账目变更。

铀的借贷对于经纪公司来说有着足够多的利益。像核交易公司（Nuclear Exchange Corporation，NUEXCO）这类经纪公司就可以专门安排这种交易。在核交易公司的月度报告中，对铀的询价和实际借贷通常占其直接购买业务的很大一部分。有些借贷的期限长达几年，而有些则是远期借贷，即要提前数月或数年进行事先安排的借贷。核交易公司监测借贷费用，即所谓的"使用费"（use charge，本章所用术语的来源），将其表示为现行铀价的年度百分比。这是一个单独的报价，不包含抵消的仓储费和资本费用。这个百分比的使用费随着可借贷铀供需情况的变化而变化。由于市场上的贷出机构通常比借入机构多，因此使用费很少能覆盖贷出机构在最初购买铀时的利息支出[1]。但如果公用事业公司不贷出多余的库存，其将无法收回任何利息支出。至少可以想象，总有一天公用事业公司和其他借入者可能会面临紧迫的供应压力，那时他们会向贷出方提供足够高的溢价[2]。

铀的借贷市场类似于19世纪60年代芝加哥的小麦、玉米和燕麦的仓单借贷市场。这些谷物借贷极具启发意义，因为它们是传统套期保值研究和期货市场研究中最常探讨的商品借贷。不幸的是，尽管谷物借贷明显也有一个类似于铀使用费的显性价格，但关于谷物借贷市场的记录很少。最详细的记录是1861年4月13日《芝加哥论坛报》的一封信。

仓库单据的贷出和签发

编辑先生们：我想提醒大家注意一些对所有谷物经销商都非常重要的事情，无论这些谷物经销商是城市的还是农村的经营者，特别是那些从仓单上获得资金的人。作为卖空交易不可或缺的辅助手段，贷出仓单的做法已经发展起来。

佣金雇员和小额仓单银行家会向乡村商人和城市经营者预支大量粮食。他们为了获得所需资金，会把收据再贷给做空者，就像出借证券一样通过向客户收取利息和佣金获得价格收入以抵御损失，同时还得到资金的使用价值，在某些情况下还能从做空者那里得到佣金。

---

[1] 在第一章的术语表中，铀的价格序列经常低于全额持仓费，但还未出现现货溢价。

[2] 核交易公司（NUEXCO）副总裁乔治·怀特先生亲切地介绍了铀的借贷市场。

在这个体系下，信誉良好的交易商能提前得到谷物，从而提前获得（价格），他的财物会被做空者利用从而贬值。

据估计，大量库存粮食是被卖空者从收款人和上述银行家那里借来，然后在市场上转售。显然，这种做法下合法交易商得到的利益应该受到核查，而且，如果佣金商和银行家认为这是一种欺诈行为并损害了他们的利益，因而拒绝向做空者提供贷款，那么，交易商只能在自己的权利范围内自诩清高了。

在19世纪60年代，芝加哥的佣金商通过对送达给他们的农产品提供预付款来吸引农民的委托，预付款通常是当前价值的三分之二或四分之三。显然，佣金商根据委托农产品的比例赚取佣金。因此，如果有人愿意借钱给他，以换取他保管的仓库收据，佣金商将利用这个机会以上面信件作者强烈反对的方式获得这笔钱。佣金商也可以利用已收到的谷物委托仓单作为担保，向银行家借款来增加资金。当然，一个接受仓单作为抵押的银行家与佣金商处于同样的处境，为了筹集更多的钱，会具有贷出仓单的压力。

人们可能会想，谁想从佣金商或银行家那里借到这些仓单，同时又把钱贷给他们呢？一个可能就是贸易商。该贸易商可能想确保自己手头有仓单，以防收到紧急订单。更常见的情况是，至少根据上述信件的作者所说，借入仓单者是卖空者。这样的投机者会借入一张仓单，并立即在现货市场上出售，希望当贷款到期时，可以重新进入市场，以低于原始仓单售价的价格买回另一张仓单。为了安全还回仓单，投机者将付一个等于大部分粮食价值的现金数额，这正是佣金商为了吸引更多委托所必须要支付的。代销商也会"在某些情况下从卖空者那里得到佣金"。

在给《芝加哥论坛报》的信中，"在某些情况下还从做空者那里得到佣金"，这一小段话透露了佣金是借入者在贷款期间占有仓单所需支付的资金。在这种交易体系下，借贷费用不包括实物仓储的费用。委托谷物的主人在谷物最终被起运时支付仓储费，其还通过预付款的利息支付持有谷物的资本成本。代销商再反过来付款给借入仓单者作为抵偿贷款的利息。然而，借入者也需支付一笔使用费来借用仓单。

当然，借出仓单的体系不仅仅是基于仓单的广泛可接受性，其还基于仓单是可以替代的假设。19世纪40年代和50年代的仓单改进已经使谷物的批量储存成为可能。一旦有大量的代表不同等级小麦的仓单在流通，卖空就成为可能；在那之前，卖空者如果必须要归还一手指定商品的话，总会被批评为机会主义者。鉴于从生铁、铀到股票凭证等各种商品借贷市场之间的相似性，谷物和股票的双重借贷市场之间的相似性更为有趣。这两个借贷市场都饱受诟病。尽管借贷股票体系已经使用多年，但其和纽约证券交易所的许多其他做法在20世纪30年代就受到了批评。主要的反对意见与之前对谷物仓单的借贷的意见一致。许多人声称"将长期客户的股票贷出给想要卖空交割的经纪商是不公平的，因为使用长期客户的股票违背了他们的利益。"这是因为做空会带来额外的抛售压力，这可能会压低股票价格［米克尔（Meeker），1932：90］。回想一下粮食借贷，人们同样认为，"那些信誉良好的经销商能提前获得谷物、坐等价格上涨，其财产被卖空者使用从而贬值。"虽然谷物商人对这种批评的反应没有记录，但股票经纪人认为，如果贷出多头持有的股票给卖空者会带来伤害，那么与贷出股票所对应的现金贷款，属于卖空者的资金，也会伤害卖空者，因为它使多头持有头寸，会有效地增加股票的需求（米克尔，1932：91）。尽管多头可以通过贷出自己的股票来促进卖空，但只有在做空者可能持有多头头寸的情况下，他才会这么做。

五、回购协议、跨期套利及价差

在谷物仓单、铀和股票凭证的借贷市场中，有关各方实际上是用借贷术语来写合同的。简单地说，借贷协议是这样的：今天我将借给你X单位的商品，以换取Y美元的贷款。此外，我将按照r%的年利率付给你这Y美元的利息，而你根据我商品的现值付给我s%的使用费用（这些货币和商品的利率当然会随着市场的变化而变化）。当你Z个月后归还我的商品或等价物时，我将向你归还等量的资金。

单独来看，最初的双重借贷和随后的相互返还似乎都是用一种商品交换货币，换种说法，就是直接购买。事实上，如果借出的资金等于商品的当前价值（通常情况下都是这样），交换将完全按照市场价格进行。而且，由于所有权是通过货币、股票凭证和仓单等可流通票据来证明的，因此货币和商品的所有权实际上都转移给了新的持有人，就像直接购买一样。

事实上，如果双重借贷交易用直接购买的术语来写的话，本质上不会有任何改变：我今天将以Y美元的价格卖给你X单位的商品。Z个月后，我将用Y美元买回X单位的商品。同时，我将以Y美元为基础，按照年利率（r−s）%支付你费用［如果商品的使用费s大于货币的使用费，你将按我的商品价值的（s−r）%的年利率支付给我］。不管具体术语如何，这个合同仍然让我使用你的钱Z个月，在此期间你可以使用我的商品。通过对商品的购买和回购，也就是通常所说的销售——回购协议，或者回购协议，就可以实现双重借贷，回购协议是表2.2中系统C中的一种。

从严谨的法律视角看，销售——回购协议不是借贷。对于被起草为正式贷款的双重借贷和被起草为回购协议的双重借贷而言，交易者并非漠不关心。众多原因中的一个就是现实的法律形式将影响他们破产时在法庭的立场。然而，将回购协议称为借贷并不是对"借贷"一词的滥用。这就是它的经济效应。考虑一下为什么借贷的经济效果是作为正式的合法借贷或作为回购协议来完成的是很有趣的。这就是第五章的目的。然而，更重要的是要认识到，许多看似无关的法律形式确具有着相同的经济效果。

重新购回协议（repurchase agreement），简称"回购协议"（repos），在美国政府债券市场上已经很普遍。直到1982年德莱斯戴尔（Drysdale）政府证券和伦巴蒂—沃尔公司（Lombard–Wall, Inc.）破产使得这类交易登上头版新闻之前[1]，它们一直是债券交易商的领地。就目前而言，最有趣的是，不管合同的具体条款如何，债券交易商、政府官员和报纸记者都将德莱斯戴尔的回购协议称为货币和债券的双重借贷，并将该市场称为政府证券的借贷市场[2]。

所有的销售——回购协议，不管出于什么目的，实际上都是双重借贷。当回购协议签订完成时，双重借贷需要与同一方同时进行两笔交易，一笔交易是购买商品，另一笔交易是在不同日期卖出交割。回购协议的双方不需要在回购交割时到场。每个人都可以把自己的义务转移给另一个人。事实上，这个人可以只是一个经常把协议中回购部分的义务交给其他人的经纪人。就此而言，即使在最初阶段，对回购协议的概念来说，一方只与另外一方进行交易也不是必要的。例如，他可以与一个人协商购买部分，与另一个人协商回购部分。回购协议的关键是同时安排两个部分，一个是购买，另一个是在

---

[1] 德莱斯戴尔曾贷出现金，并借入证券，这笔交易被称为逆回购。

[2] 参见例子，1982年5月19日和20日的《华尔街日报》。

不同的日期出售。分开看后，两笔交易似乎都与借贷无关。然而，真正重要的是这两笔显性交易的净效应。推而广之，那些类似回购协议的交易和交易组合实际上就是借贷，不管它们的实际术语是什么。

回购协议是对基本均衡关系 $ID - L = FD$ 的另一种组合方式。纽约证券交易所利用了这种关系来为商品的未来交割提供头寸。伦敦证券交易所也利用了这一等式，以提供即时交割的隐性头寸。如果不求解 FD 或 ID，而是求解 L，就产生了一种在贷出货币时借入商品（或证券）的隐性方法，具体等式表示为

$$L = ID - FD$$

在即时交割买入的同时卖出商品以在将来某个时候实现交割可以使购买者在这段时间内留有商品，而将钱暂时留给卖方。从原始卖方的角度看，一种在贷出商品的同时借入现金的隐性方法可表述为

$$-L = -ID + FD$$

假设双重借贷的价格 P_L，从借入商品者和贷出现金者的角度看，其可以表示为

$$P_L = P_{ID} - P_{FD}$$

如果 P_L 是负的，那么必须要付的商品使用费大于收到的贷出资金的利息。

在美国期货市场上，类似于回购协议的交易经常发生，尤其是当合约接近到期日时更是如此。通常情况下，如果一个人卖出了一份快要到期的期货合约但想要推迟交割，他只需买进那个月的期货合约，然后卖出下一个交割月的期货合约。就像经常发生的那样，如果这两种交易的当事人是同一交易者，那么现在买进的人将把商品卖回给原始卖主，这正是签订回购协议的条件。作为回购协议，期货交易所的这些交易必须算作是商品和货币的双重借贷。想要延期交货的一方实际上是通过从其他人那里借用商品来履行其在本期限内交货的义务。

这种讨价还价不是针对这两个期货合约本身，而是就延迟交割的价格，或者用行业术语来说，"展期"到另一个交割月。展期的费用相当于伦敦证券交易所的期货溢价和现货溢价（这也解释了为什么商品市场采用了"期货溢价"和"现货溢价"这两个术语）。这个费用是实物仓储成本、资本成本和商品使用费组合形成的净费用，这也就解释了为什么它有时为正有时为负

了。当仓储费和利息支出超过了商品的使用费时，净费用有利于延期交货的一方，他将收到相当于期货溢价的付款。当使用费超过持仓费时，他则必须支付现货溢价。

尽管展期通常发生在合约即将到期之际，但在大豆和玉米等较为活跃的期货市场，类似的交易则会提早出现。因此，看似在期货市场的内部，也存在着一个组织良好、活跃的远期商品和货币的双重借贷市场。在这些期货市场中，交易池内高度专业化的交易员通过显性地报出价差价格，减少了其他交易员在两个期货价格之间进行减法的必要（回想一下价差就是两种期货合约的价格差），报出的价格是商品的使用费用与包括资本费用在内的实物仓储费的差额。这些交易员报出的价差是提供买入近期期货合约，同时卖出较远期合约的交易。交易员因持有两种不同合约的头寸被称为"跨越"了这两种合约。这个术语在字面上和比喻上都具有描述性，因为专门从事特定价差交易的交易员实际上站在交易池内，跨越了两个合约的交易区域。这两个合约被称为跨期套利的"腿"，这个比喻就此完成①。基本上，做市商（这些跨期套利合约专家）也会准备做出相反交易。如果价格合适，他们会从同一对手方卖出近期合约，然后买入较远期合约。在这两种情况下，双重交易都提前安排了回购协议。尽管交易只是基于价差的报价②，但该交易所正式将回购协议记录为两笔期货交易，美国商品期货交易委员会在其关于大型交易商头寸的报告中也是如此。然而，交易所意识到，在期货市场上，跨期套利并不是真正的两个头寸，因此只要求很低的初始保证金。这种为价差和跨期套利合约直接报出显性价格，同时在期货合约中将所得头寸记为两个头寸的

---

① 在商品市场上，交割到期前，不论是出于买方的选择还是卖方的选择，卖出未来交割都曾经很普遍，有些交易者会根据买方的选择卖出一份合约并且根据卖方的选择买进一份同月交割的合约。一般来说，由买方选择的合约卖价更高并且会先被执行。实际上，这两笔交易相当于借贷承诺，但交割日期和期限不确定。这样的跨期套利被恰当地称为"鹰价差"。

② 对价差进行报价几乎算不上什么现代发明。自这些机构成立以来，它一直是期货市场的一部分。在整个 19 世纪 80 年代，《芝加哥论坛报》在一个单独的表格中列出了月与月之间的价差，称其为溢价或折扣，并进行了广泛的讨论。例如，在 1886 年 6 月 26 日，报纸观察到"一些人对 7 月小麦的市场感到忧虑。他们担心这个合约被过分地卖空了。市场普遍预期 8 月的溢价将上涨约 2 美分，很多跨期套利都是以此为依据的。现在一切都要改变回来，双方就规则差异应该使市场平等都有很多话说。"

做法，就是半显性市场的一个很好的例子。

在美国最主要的金属市场——纽约商品交易所（Comex），跨期套利的显性报价体系是最正式的。在纽约商品交易所的交易中，跨期套利交易占到了交易量的75%[1]。直到最近，人们才对跨期套利有足够的兴趣：在纽约商品交易所闭市后单独举行一节跨期套利交易[2]。广阔的跨期套利市场使纽约商品交易所即使在价格大幅波动的情况下仍能继续运营，但其他期货交易所的交易可能会因此暂停。在大多数期货市场上，除即将到期的合约外，合约价格在任何一天的最大波动是有限制的。因此，当真实价格的波动超过这个限制时，大多数期货市场就会暂停交易，因为买家或卖家都觉得价格不切实际。然而，在纽约商品交易所，想要购买远期合约的交易员可以通过合并两笔交易来避免涨跌限制，其中一笔便是跨期套利交易。首先他可以购买一份即将到期的合约，这份合约总是会存在一个自由市场。然后，他就可以在现货合约和他想要的远期合约之间卖出一个跨期套利合约。卖出的跨期套利合约包括现货合约的卖出和远期合约的买入。交易者同时购买和出售即将到期的合同，这两者相互抵消，使得他达到购买一份远期合约的目标。尽管这些交易可以在任何期货市场上建立，但如果没有像纽约商品交易所这样相当活跃的跨期套利市场，这些交易很少会发生。

考虑到在纽约商品交易所交易的期货合约数量中实际上是跨期套利交易的数量，人们可能会想为什么纽约商品交易所不安排显性的跨期套利交易。这主要因为对于交易的跨期套利合约的单一价格而言，市场已经是半显性的了——尽管跨期套利市场可能会更加正式。交易所可以记录一个单独的回购协议，而不是一份期货合约的出售和另一份合约的购买的双重交易。这一回购协议与更常见的涉及政府债券的回购协议的唯一区别在于，单一回购协议是事先安排好的。至于有多么提前，则要看跨期套利合约中较近"一腿"[3]

---

[1] 在美国国税局提出反对意见和税法修改之前，以税务为目的的交易加大了跨期套利市场的深度。"蝶式价差"，将两种价差——一种是牛市价差，另一种是熊市价差——合并在一起，是一种避税的流行做法。

[2] 特别是这些跨期套利是作为一种推迟缴税的方式进入的。

[3] 译者注：在价差套利或者跨期套利中，交易者要同时在相关合约上进行交易方向相反的交易，也就是说要同时建立一个多头头寸和一个空头头寸。如果缺少了多头头寸和空头头寸，就像一个人缺了一条腿一样无法正常行走，因此，套利交易中建立的头寸被形象地称为"腿"。

的合约月份。

当然，交易所也可以将"跨期套利"的术语改写为"双重借贷"，但并没有什么实质性的区别。因此，可以说，作为期货市场的一大特征，"跨期套利"只不过是特定商品的远期借贷，以换取货币的远期借贷。当一个交易者建立一个牛市跨期套利，其中较近的一腿是多头，远的一腿是空头，他是在隐性地提前安排借入商品，并作为回报提供一笔对等的资金。当一个交易者建立一个熊市跨期套利，其中较近的一腿是空头，较远一腿是多头，他是在隐性地提前安排贷出商品以获得资金的借入。

六、套期保值

与跨期套利一样，套期保值实质上也是一种回购协议。由于回购协议相当于一笔借贷，套期保值必须是一种隐性的方式，即借入商品，并作为回报贷出一笔对等的资金。特别是做空套期保值，无非是一系列交易的组合，目的是完全在另一商品上建立隐性头寸。如果孤立地看待套期保值者卖出期货合约，也就会完全错误地曲解这一交易。

要了解套期保值的经济效果，可以考虑这么一个特定的空头套期保值操作，磨坊主在现货市场购买小麦并立即交割，然后在期货交易所卖出将来交割的小麦合约。从本质上看，这个交易就是在承诺买入，然后再卖出。换句话说，其是在制定一项回购协议。如果在现货市场上购买小麦的地点和再交割的地点相同，那么回购协议的构成要件就尤其明显了。通过这个回购协议，磨坊主相当于借入了商品贷出了资金。

做空套期保值并不是一份本源形态的回购协议，因为做空者并不与单独的某一方达成协议。相反，他从当地市场的某个人手中买进，并立即交割，然后在一个有组织的期货交易所，向完全不同的一方（通常是投机者）卖出未来交割的合约。这种复杂操作对套期保值者没有影响。在该套保者看来，现货市场和期货市场的同步交易相当于回购协议。想象一下，实际上他已与一位交易者签订了正式的回购协议。假设这名交易者把回购商品的权利卖给了其他人，那么他自然会指导这个人负有返还而不是替代该交割商品的责任，因为这样会省去处理返还商品的步骤。在这种情况下原购买者最终将与不同的两个对手方进行交易，一方是他最初的购买方，另一方是他履行义务转售商品的那一方。这种涉及回购协议的设置与套期保值的唯一不同之处在于，传统的空头套保者从一开始就与双方进行交易，他在买入的同时许诺以后再卖。从某种意义上说，他的对手可以被看作是整个市场①。整个市场中的一个交易者完成了最初的交易；下一步就是回购。

现货市场和期货市场共同提供了一个巧妙的方法，让一方无须与另一对手方谈判就能达成回购协议。从伦敦金属交易所（LME）适用于此类交易的词汇中，就可以明显看出此类交易的实质内容。在伦敦金属交易所，交易者经常试图推迟此前承诺的交割时间，尤其是在即时交割供应紧张的情况下。他们购买锡、铜、铅等来进行即时交割，同时卖出未来交割的合约（当然，这两笔交易与做空套期保值完全相同）。计划交割的交易者通过买入现货和卖出远期的双重交易来推迟交割被称为"从市场上借入"。有时交易者会进行相反的双重交易，即卖出以实现即期交割（selling for immediate delivery），买入以实现更远期交割。一个人如果同意接受比原定时间晚一点的交割，这种行为就被称为"向市场贷出"。

也许很难把套期保值想象成回购协议，因为每个做空玉米的套期保值者都使用相同的期货市场。有些人是在皮奥里亚（Peoria）买入（立即交割），有些人则是在得梅因（Des Moines）、加尔维斯顿（Galveston）或新奥尔良交割。此外，每个人购买的等级和类型也不相同。然而，所有这些复杂操作的核心都可以归结为一个简单的回购协议。如果所有玉米都达到期货合约的等级，并存放在芝加哥（或可以立即送往那里），以下将会更明确：立即交割的玉米合约将只是从现在到最远日期的整个合约交割日期系列中的一个。在这种情况下，空头套期保值显然是一种回购协议，因为相同的玉米先被购买，然后再被卖出。实际上，空头套期保值的复杂性差别并不大。套保会同时涉及两个隐性头寸，而不是回购协议中的某一个隐性头寸。例如，如果购买的现货玉米是三等玉米，而不是合约等级的二等玉米，那么套期保值者就有隐性义务清理（clean）三等玉米并签订一份二等玉米的回购协议。同样，涉及圣路易斯（St. Louis）二等玉米的套期保值包含圣路易斯和芝加哥之间运费的隐性头寸，以及在芝加哥的套期保值。所有实际的空头套期保

---

① 在这种情况下，在抽象的经济理论中，经济行动者被假定为从非个人市场而不是从个人那里借贷是毫无意义的。

值都可以分解成价差，其中要涉及位置、清理、储存和长期使用等内容。所有这些要素构成的价差都可以也应该被视为带有隐性价格的显性头寸。所有的空头套期保值都包括一份附加一段时间内的储存和使用的回购协议，从而产生货币和商品双重借贷。

在将套期保值解释为单一交易时，也会产生一定的混淆。这是因为为双重借贷支付的有效费用有时是正的，有时是负的。然而，正如第二章第一节所强调的，这只是不同价格组合的结果，两个有利于做空者，一个则不利于他。一般来说，空头套期保值者持有商品需承担利息费用和仓储费用，也可以期望收回这些费用。但这种仓储服务提供了一种有价值的副产品——一段时间内对商品的控制，而空头套期保值者愿意为此支付租金。自然，只有净价会被报出，因为实物仓储的费用是单独表示还是与使用费合并表示，在经济上或无关紧要，也几乎没有区别。在空头套保操作中，双重借贷的净价格隐含在现货和期货的价格差中。一个"借贷市场是显性的、商品储存与使用费被区分出来的"市场体系与一个"由空头套期保值操作引发的隐性借贷市场且商品储存费和使用费已融入现货价格与期货价格价差的"市场体系，在经济上没有区别，也不应在分析上有差异。

空头套期保值可以被视为一种借入商品的隐性方法，那么多头套期保值意味着什么呢？由于多头套期保值涉及在期货市场上与空头套期保值完全相反的操作，因此它们似乎没有关联。但恰恰相反，多头和空头套期保值是密切相关的。作为空头套期保值一部分的期货市场上的空头头寸是回购协议的回购部分，而构成多头套期保值的期货多头头寸是回购协议的购买部分。

由于不能将期货市场的多头头寸视为一套复杂交易的一部分，人们可能会再一次产生困惑。卖出5月面粉的同时做多5月小麦，其目的是显而易见的。期货交易实际上是关于制粉服务远期销售的两笔隐含交易中的一笔。同样，在铜期货合约中的多头头寸和足够长时间以后交割的加工制品的远期销售相当于使加工时间变为了远期加工头寸，尽管没有这样的显性市场。无论是期货合约还是在现货市场，只要将大豆的多头头寸与豆粕和豆油的空头头寸恰当地组合起来，就相当于形成了大豆压榨服务的远期销售。这三种同时交易的组合被称为"大豆压榨组合"。玉米多头和育肥牛多头加上活牛空头的组合构成隐性的育肥服务（fattening service）销售。芝加哥玉米期货市场的多头和在鹿特丹交割玉米的合约则等同于隐性的玉米运费销售。

但是，许多多头套期保值隐含的不只是加工利润。即便如此，其结果也是在建立加工的隐性头寸外建立另一个隐性头寸。与典型的空头套期保值一样，多头套期保值也同时涉及多个隐性头寸。

如果除去加工利润，一个普通的套保头寸实际上就是一份原材料的回购协议。作为多头套期保值的一部分，期货合约中多头头寸的合约月份大都比成品的远期销售时间要早一些，这通常是为了缓冲交割或加工过程中的任何延误。例如，不管制粉的相对速度怎样，出售5月交货的面粉通常会用3月合约来套期保值。这种用3月小麦合约套保5月面粉的多头套期保值可以拆分成3—5月小麦的跨期套利（即做多3月小麦合约，做空5月小麦合约）以及5月制粉价差（做多5月小麦合约，做空5月面粉合约）。在小麦5月期货合约中，多头还有空头实际上都不可见，因为它们互相抵消了。然而，在这种多头套期保值中，即使它是隐性的，提前达成的回购协议也是存在的，因为小麦交割和面粉交割之间有时间差。

远期压榨的隐性头寸与借入大豆的隐性条款相结合也是源于典型的大豆多头套期保值。然而，由于其涉及三种商品，而不是两种，因此较难模仿。例如，在1月，一个大豆加工者在现货市场上分别承诺在5月交割豆粕和食用油，他同时购买了3月交割的所需数量的大豆期货合约。这个大豆期货的多头头寸使加工者成为多头套期保值者。因为大豆加工最多需要几周时间，所以这三种交易加在一起可以被认为是更复杂的组合。假设4月到5月是压榨这些大豆的正常时间。然后，可以通过加入4月大豆空头头寸和4月大豆多头头寸来重新制定这组交易。4月大豆的多头和空头头寸在现实中是看不见的，因为它们相互抵消了。这一套交易随后变成了3月大豆的多头头寸和与之匹配的4月大豆的空头头寸，然后是4月大豆的多头头寸和与之匹配的5月豆粕的空头头寸及5月豆油的空头头寸。在1月，将4月大豆多头头寸与5月豆粕和豆油空头头寸搭配在一起就构成了在4月至5月大豆压榨的隐性远期头寸。这对3月大豆多头头寸和4月大豆空头头寸相当于远期回购协议。因此，最初的三种交易包括对加工的远期承诺和在贷出现金时借入大豆的远期承诺。由于没有什么能预示压榨什么时候开始，这三个对于大豆、豆粕和豆油的显性交易也可以解释为在3月至4月压榨服务的隐性远期销售，然后在4月至5月隐性的远期借入豆粕和豆油。不管确切的解释是什么，一些隐性的头寸，如果显性地完成，都可以被认为是合理的交易，是大豆、豆粕和豆油三种交易的结果。不论怎么对所涉及的精确隐性头寸作出解释，将大豆多头头寸与豆粕和豆油空头头寸分开予以分析，都会对大豆头寸的目的造成误解。同样的道理也适用于由交易商或加工商持有的期货多头头寸与任何其他头寸组合的情况。所有这些头寸加在一起所产生的净效应几乎总是会隐性地成为一些不同的头寸，但是却十分有经济意义。

综上所述，多头套期保值操作常常包括一个远期回购协议。一个空头套期保值，则是构建了一个典型的即期回购协议。多头和空头套期保值操作的共同点：它们都是允许套期保值者借入商品并作为回报贷出对等资金的回购协议。

七、基差交易

将套期保值解释为相当于回购协议的双重交易，其关键之处在于这两笔交易是协同运作的。在对其操作的描述中，无论是多头还是空头套期保值者都无一例外地表明，他们在期货市场的头寸与在现货市场的头寸是同时进行的[1]。这种同时性是交易商和加工商套期保值实操的一贯主题，如佩克（1978）所述[2]。

交易商和加工商不仅会同时建立两个头寸，而且他们会同时终止期货头寸以及在其他市场的交易。当一个空头套期保值者通过购买多头合约来对冲期货空头头寸时，就是"解除套保"。这种行动并非偶然。相反，它与出售库存或出售另一个远期承诺相一致。同时性是期货合约复杂平仓方法中的一个特征。通常，当一个做空者卖出其谷物或棉花时，他知道交易的另一方也想用期货合约来平仓。如果合约是在同一个月，通过同时买卖粮食就相当于

---

[1] 有时，谷仓和加工商会在现货交易之前就在期货市场上建仓，因为交易所的关闭会迫使他们在下午晚些时候或第二天早上提前交易。

[2] 在本卷中，特别参见 Virgil A. Wiese 的《套期保值的个案史》，第 19 页；M. D. Guild 的《终端谷仓对商品市场的使用》，第 108、110–111 页；Richard O. Westley 的《商品市场与终端谷仓》，第 116–117 页；Ben Raskin 的《终端谷仓管理的动态》，第 125 页；Ellis D. English 的《磨坊主对商品交易的利用》，第 145–146 页；Fred W. Lake 的《磨坊主对商品交易所的使用》，第 156 页；Richard Williams 的《大豆加工商如何利用期货市场》，第 173–175 页；W. C. Miller 的《加工商和期货市场》，第 187 页。

双方在"场外"互换并取消期货合约。也就是说，交易不是在交易所场内的交易池进行的[①]。

　　显然，这些空头套期保值者不会在现货市场上购买商品，而是在考虑了风险后决定在期货市场上建仓。如果在现货市场上没有同步交易，他们也不会平仓。从单一一笔结果理想但却不同于其中任何一笔显性交易结果的隐性交易角度来看，他们会构想并执行两笔交易，其中一项涉及期货合约。

　　更令人信服的证据表明，期货合约交易商在交易的同时也发生了其他交易。这里将着重阐释的是"基差交易"。在多数本地商品市场，现货市场是隐性的。在市场贸易中，讨价还价的不是当地现货价格，而是针对某一主要市场特定期货合约的折价或溢价。这种折扣或溢价被称为"基差"。基差交易实际上是表2.2中B体系的一种。

　　基差将好几种费用整合进一个价格。本地销售商品的基差是由四种隐性价格组成的净价差：（1）将本地等级商品清理成可在期货合约上交割等级的价格（或更高等级的溢价）；（2）运输到期货合约规定的交割地或从交割地发出的运价；（3）实物仓储成本，包括保险费和资金成本；（4）商品使用费。实际上，这四项费用以及其他几项附加费用加在一起就等同于把一种商品转换成在另一地点晚些可交割的价格。图2.1展示了在皮奥里亚立即交割的三等玉米与在芝加哥未来交割的二等玉米假设的价格结构背后的组成部分。在这里，只有皮奥里亚玉米的主人才有权收取使用费。因此，皮奥里亚玉米价格"低于"芝加哥玉米价格。

[①] 有关这种实践的描述，请参见 Richard O. Westley 的《商品市场与终端谷仓》in Peck（1978：118）。在金属市场，这一过程很常见，它被称为"实物交换"，而在其他一些市场，术语是"产品交换"（Paul，Kahl 和 Tomek，1981：112–113）。期货交易所的清算所在一两天内登记完毕，并将这些合约从其账目中移除。

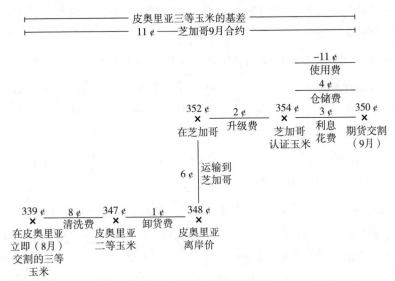

图2.1　基差的组成部分

　　即使包含了几项费用，基差仍然是一个显性价格。基差交易是半显性市场的一个例子。在这个市场中，即使商品或服务本身是由其他头寸构成的，其价格也是显性的。在本地拥有商品的证明和期货合约是一同使用的，而不是单独一个证明就能让持有人将此时的本地商品转换为在主要市场进行未来交割的商品。一份针对1900年5月4日布法罗（Buffalo）春小麦的早期市场报告阐述了基差交易的机制和起源[①]：纽约7月的收盘价为73.25美分：

　　1号硬小麦现货，74.75美分，升水1.5美分

　　1号北方小麦现货，72.75美分，贴水0.5美分

　　2号北方小麦现货，70.75美分，贴水2.5美分

　　1号北方小麦c.i.f.，71.75美分，贴水1.5美分

　　2号北方小麦c.i.f.，69.75美分，贴水3.5美分

　　5月4日这一天布法罗当地的价格是"基于"7月交割的纽约期货合约的价格，这就是"基差"一词的由来。作为参考的期货合约的到期时间比从布法罗到纽约市（New York City）运输小麦的时间要远得多。不仅是现货价格，到岸的小麦价格也都是基于纽约期货的价格。"c.i.f"（或"CIF"）是"成本、保险和已付运费的到岸价"一词的缩写，指的不是已经抵达布法罗

---

① 布法罗商业广告商，1900 年 5 月 4 日。

的小麦，而是预计在之后的时间到达，可能在一两周内。尽管市场报告记录了显性的现货价格，如1号硬小麦的现货价格为74.75美分，但布法罗交易所的实际议价仅体现在第二列数字上，即"贴水"或"升水"的金额。布法罗市场的观察者永远不会听到有人提到现货价格，只会听到纽约期货价格和基差。报纸计算的是隐性的现货价格，是为读者服务的（现代报纸也是如此，因为很少有显性的现货价格）。

几乎每个在布法罗交易小麦的人都会同时在纽约期货市场持有或终止头寸，最常见的是7月合约。这种同时进行的交易产生的是到纽约的运费或者与纽约期货合约可交割等级相比的等级差的隐性头寸。由于交易者只关心到纽约的运费或等级差异的隐性头寸，所以他们可以直接就这些价格讨价还价。

因此，我们可以得出这样的结论：只要有基差交易，就现在大多数有期货市场的商品来说，交易者就可以利用期货合约构建完全不同的商品或服务的隐性头寸。否则，如果他们所关心的只是即时交割显性交易或未来交割的显性交易，交易员将不会继续根据基差报价。

八、期货市场作为隐性借贷市场

这里重申本章的主要结论：空头套期保值实际上相当于在一段时间内借入一种商品并贷出现金。同样，一个典型的多头套期保值活动通常是隐性的商品远期贷出的一部分。由于在期货市场上，多头和空头套期保值以及跨期套利构成了大部分头寸，因此，一种商品的期货市场是该商品隐性借贷市场的主要部分。我们可以回想一下得出这个结论的几个步骤。第一，借入和贷出可替代的商品（如铀、生铁和粮食）是很常见的。第二，从结果来看，回购协议就像是借贷。第三，套期保值实际上是一种回购协议。因此，构成套期保值的两笔交易具有在贷出现金的同时借入商品的经济效应。

从设计一个隐性的商品借贷市场的角度也可以得出同样的结论。假设一个人想要借入或贷出商品，同时贷出或借入一笔对等的资金。虽然没有纺纱服务那么明显，但商品借贷提供了一段时间内拥有该商品的服务。同样，仓储、保险、放弃的资本和损耗的成本都是实物仓储的结果。因此，设计借贷市场的人首先要考虑这样一个等式：今天的商品减去一段时间内商品的使用费加上一段时间内的商品仓储费等于未来某一天的商品。用价格来表示，立即交割的价格（P_{ID}）减去商品的使用费（P_{UC}），再加上实物仓储的两种价格（仓储费P_{WF}和资本支出P_{CE}）应等于未来交割的价格（P_{FD}），即

$$P_{ID} - P_{UC} + P_{WF} + P_{CE} = P_{FD}$$

从目前来看，在代表时间价值的三种价格关系中，商品的使用费远比仓储费和资金的使用费重要。因为仓储商品的一方通常也是使用它的一方，从商品的使用费中减去仓储费在商业上很方便，然后可以把他们结合成一个价格，即为借贷的价格（P_L）。从借入者的角度来衡量，根据使用费和实物仓储成本的相对大小，借入价格有时为负，有时为正。因此，基本平衡条件为

$$P_{ID} - P_L = P_{FD}$$

按照现在熟悉的说法，在这一系列市场中，三者之中有一个是多余的。未来交割的所有必要交易都可以通过显性借贷市场和显性即时交割市场交易的适当组合来隐性实现。同样，即时交割的市场可能隐性地由其他两种方式的组合得到。最有趣的是第三种排列组合，即时和未来交割的市场是显性的，而双重借贷的市场是隐性的。如果某个交易商或加工者想要以提供存储服务和一笔对等资金的方式来借入商品，等式可变为

$$P_L = P_{ID} - P_{FD}$$

换句话说，他可以隐性地完成双重借贷，即买入商品立即交割，同时卖出商品未来交割。这组同时发生的交易恰恰是所有期货市场常见的交易，通常称为空头套期保值。

所谓的加工商和交易商的套期保值，是两种交易中的一种，相当于一种借入商品并作为回报贷出资金的安排。由于加工商和交易商被观察到在这组交易中进行其他交易，因此这样的结论是不可避免的，即他们打算将其在期货合约中的头寸作为一种间接借入商品的方法的一部分。因此，对于交易商和加工商来说，真正的问题不是他们为什么要套期保值，而是他们为什么要借入商品。他们为什么要进入商品借贷市场？回答这个问题将是第四章和第五章的目标。但首先，隐性市场的概念可以在第三章中用来揭示对于期货市场的公认解释（那些基于风险规避的解释）的不一致性。

第三章 期货市场与风险厌恶

既然等价交易方式和隐性市场的概念已经建立起来，现在是时候将这些观点应用到"为什么存在期货市场"的理论探讨中了。本章的目的是基于套期保值相当于借贷的结论，建立一种期货市场的新理论。但在着手这项任务之前，有必要对期货市场现有的主要理论进行质疑。

大多数学者都是从风险厌恶的角度来研究期货市场的。这种观点导致了两种紧密联系但又截然不同的理论：早期常见的现货溢价理论；当前占主导地位的套期保值投资组合理论（portfolio theory of hedging）。这两种理论都把期货市场的主要功能描述为把风险从商品的持有者转移到更愿意承担风险的人身上，并在极端的情况下，把期货市场描述为仅仅是抵御价格波动的保险市场。在这些理论体系中，加工商或交易商根据对风险的厌恶程度，用期货合约头寸对实物商品头寸进行套期保值。

这两种基于风险厌恶的理论都错误地将期货市场视为孤立的、显性的市场。虽然这两种理论都承认期货合约中的头寸是参照实物商品中的头寸来确定的，但它们都将期货合约作为事后才想起的决定，而不是将其视为在实物商品头寸决策中不可或缺的一部分。

由于所受学院教育的影响，特别是在现代金融理论方面所接受的训练，经济学家很自然地从风险厌恶的角度来研究商品持有者的行为。对任何厌恶风险的投资者来说，持有除通用汽车以外的福特汽车股票等多种头寸都是有利的。很明显，典型的进行套期保值的商品持有者持有多种头寸，一种是实物商品，另一种是期货合约。因此，经济学家们遵循他们所受的科研训练：各种各样的头寸表明对投资组合多样化的尝试；分散投资的意愿源于风险厌恶；商品持有者之所以卖出期货合约是因为厌恶风险。

然而，即使是对投资组合多样化概念最坚定的支持者也必须承认，前述理论对股票市场上某些头寸组合的描述是很糟糕的。没错的是，如果一个投资者持有100股福特汽车和100股通用汽车的股票，那么几乎可以肯定的是他在试图做分散化投资。但如果这位投资者卖出了100股福特汽车的股票，而不是买入呢？与其将福特的头寸描述为对单独持有通用汽车的风险的回应，不如将福特和通用的头寸描述为一种针对通用汽车与福特汽车相对业绩的投机方法。

至少，头寸组合不应被理所当然地假定为是对风险厌恶的反应。首先，典型的套期保值包括实物商品的多头和期货的空头，看起来更像是第二种，做多一只股票和做空另一只股票的操作，而不是同时做多两只股票。正如做多通用和做空福特的组合一样，人们可以怀疑风险厌恶和分散投资并没有抓住套期保值的真正动机。

如果考虑到几种资产的头寸可能是作为对风险厌恶的一种反应，也可能是作为一种隐性地构建另一种单一头寸的手段，人们该如何才能认识到组合头寸的目的呢？一个合理的标准是这些头寸是否同时被设想，并同时被执行。如果有一种共同执行某些交易的模式，那么多种资产形成的头寸很可能应被视为一个交易。相反，投资组合多样化显示的则是在不同时间进行的交易。当然，这个标准并不是万无一失的。一位寻求多样化的寡妇也可能在同一天购买通用和福特的股票。另一个更为严格的标准是，组合头寸本身是否具有经济内涵。购买100股福特汽车和100股通用汽车股票，不能用其他方式来解释。但卖空100股福特汽车股票的同时买入100股通用汽车股票，可以被描述为通用汽车相对于福特汽车业绩的一个头寸。因此，这两个头寸的目的并不是组合多样化投资。

从这两个标准来看，基于风险厌恶和投资组合多样化的角度来分析商品持有人的组合头寸是不合适的。第一，交易商和加工商通常被观察到同时进行期货合约与实物商品的交易。第二，也是更重要的是，构成套期保值的头寸组合具有经济内涵。空头套期保值相当于立即借入商品。多头套期保值相当于对加工服务的远期销售，有时还包括预先借入一种商品的操作[①]。

要证明套期保值具有可识别的经济内涵，就不应再讨论其部分交易头寸的内涵，即期货市场头寸是由风险厌恶所驱动的。不幸的是，期货市场与风险厌恶之间的联系太过牢固了，尽管沃金（Working）1962年的研究已经将

---

① 根据这些标准，Schrock（1971）基于投资组合多样化对期货市场投机者采用的典型跨期套利头寸的解释是错误的。Peterson（1977）在他对 Schrock 的评论中也忽略了一点，即跨期套利有足够的经济内涵来解释为什么交易者会在其中建仓。

这种联系定性为不成立。幸运的是，我们依然有可能否定现货溢价理论和套期保值投资组合理论。这就是本章的目的。

受风险厌恶概念的限制，现货溢价理论和套期保值组合理论都未能充分解释期货价差的显著特征。而且，它们的逻辑论据在其内部也都是不一致的。现货溢价理论只考察了同时发生的一系列交易中的一笔交易，因此完全错误地描述了该交易的影响。就本部分要研究的而言，套期保值的投资组合理论则错误地描述了套期保值的回报问题，因为该理论没有把它们视为隐性头寸。如果对套期保值的回报进行了正确的描述，那么该理论本身就会表明，交易者利用期货市场的决定取决于其投机意愿，而不是所假定的风险规避意愿。更重要的是，套期保值投资组合理论存在的问题是其从一个不恰当的、预先裁定的头寸来开始进行分析的。如果选择了正确的起点，那么与该理论最初假设完全相反的预测就会被推导出来。因为事实上，风险厌恶越多就越会导致商品交易商越少的使用期货合约。即使对于所谓的基差风险来说也是如此。

一、风险厌恶观点的主导性

在关于期货市场的学术文献中，从以风险厌恶为出发点的分析中或许可以看到两种观点。第一种观点来自现货溢价理论。该方法与凯恩斯（Keynes）有关，其他许多人对这一理论作出了更多的改进[①]。凯恩斯的现货溢价理论解释了负价差之所以普遍存在是因为商品持有者向投机者支付保险费以保护自己免受存货价值波动的风险。当人们购买人寿保险或火灾保险时，往往是基于自身的效用函数。因为他们中的大多数人对任何特定商品的边际效用都是递减的，对于具有相同均值的商品，他们更喜欢特定的数量而不是可变的数量。也就是说，他们在效用函数中表现出的风险厌恶促使其购买保险，因为保险能提供确定性。

第二种观点是基于投资组合理论的。就像股票投资者选择证券组合来减小整个投资组合收益率的方差一样，商品持有者被假定使用期货市场来实现收益率均值和方差的最佳组合。一家厂商在多大程度上利用期货市场往往取

---

① 例如，Hicks（1946：137-140）重申并扩展了凯恩斯的理论，因此这个理论也与他的名字有关。

决于其所有者或经理人对风险的偏好程度。套期保值的投资组合理论认为，一个厂商对风险的厌恶程度越高，其对期货市场的利用程度也就越高。

有关风险的学术讨论，如现货溢价理论和套期保值的投资组合理论，将风险与风险厌恶区分得非常清楚，其程度远远超过通常的使用需要。"风险"是世界上固有的、不可避免的随机性。"风险规避"是指厂商或交易者对风险的态度。风险厌恶对应的是一个非线性的效用函数，例如，厂商或交易者对于具有同一均值的结果而言，更喜欢确定的，而不是可变的结果。虽然所有人在给定情况下对风险范围的看法一致，但风险厌恶的程度取决于个人。有些人是风险中性的，因为他们认为具有相同平均值的确定结果和可变结果并无不同，而另一些喜欢赌博的人更喜欢风险，但大多数人是厌恶风险的。厌恶风险的态度促使了包括经理和厂商在内的所有者去购买保险、限定资产等，以使其面临的情况更加确定。

现货溢价理论和投资组合理论等理论的流行使风险厌恶与期货市场的联系超出了学术关注的范畴。部分原因是外行人对风险厌恶的定义与学者不同。对于外行人来说，风险规避通常意味着避免下行风险，而对于学者来说，则意味着避免上下波动。外行定义可能符合交易者使用期货市场的理由，尽管学术上的定义并不如此。因此，实用主义者可能不会与理论主义者产生矛盾。但不管出于什么原因，研究此类交易的文献较为流行还是反映了对风险厌恶概念的依赖。例如，当一个商品持有者买入或卖出一个期货合约时，其交易就被称为风险"对冲"。与此同时，芝加哥期货交易所在其宣传资料（1972：3）中坚持认为，"对冲的目的是保护现有库存的价值，并在可能的情况下赚取仓储回报。"最后，国会在1974年成立商品期货交易委员会时认为，商品的持有者把利用期货市场"作为一种对冲价格波动可能带来的损失的手段"[1]。

二、现货溢价理论

将期货市场与风险厌恶研究联系在一起的现象是长期存在的。一位保险

---

① 《美国法典》第7篇，第一章，第5节，决议宣布商品期货交易的危险趋势。

专家收集到了关于期货市场的第一个文集，该文集于1911年出版[1]。那些早期文献和现代经济学教科书一样，将期货市场描绘成可以为防范存货价值[2]波动而提供保险的场所。这些理论认为，使用期货的厂商是为了获得资本收益以抵消库存价值下降而卖出一份与现货买入相反的期货合约。人们认为，现货和期货价格大致平行的走势可使这种"保险"成为可能。一个典型的例子是，磨坊主以3美元/蒲式耳的价格买进小麦，然后以3美元的价格卖出期货合约。如果期货价格跌至2.50美元，他将从有利润的空头头寸中赚回因现货价格同时下跌而损失的资金。同样，如果小麦现货价格上涨1美元，将被期货市场每蒲式耳同时下跌1美元所抵消。人们天真地认为，期货合约抵消了其所持有库存的"价格风险"。

在20世纪30年代和40年代初，包括凯恩斯（1930）、卡尔多（Kaldor，1939）、陶氏（Dow，1940）和布劳（Blau，1944）在内的多位英国经济学家都简单地把期货市场描述为应对价格风险的保险市场。布劳（第10页）简明扼要地阐述了他们的立场：期货交易体系是建立在现货和期货价格同时波动的基础上的。显然，套期保值的有效性（即通过在期货市场上假设相反的风险来有效地中和现货市场上价格风险）必定会由于现货市场和期货市场的价格走势出现分歧而受到一定程度的损害。

虽然布劳认为期货市场与保险市场相似，但他也认识到期货市场不可能像标准的保险市场那样运作。通过将许多个人独立的风险如火灾、盗窃或死亡集合起来，保险公司可以接近地预测出实际遭受损失的人数，从而大大降低自身的风险。与火灾或盗窃不同的是，所有厂商的收益或损失都取决于其库存，库存的价值则由市场价格决定。但是，将市场风险集合在一起并不能降低风险。如果无法将持有库存的风险集中起来，期货市场怎么能像保险市场那样运作呢？据布劳所说，他们这样做是将持有商品的风险从想要避免风险的一方转移到其他人身上：商品期货交易所是专门为转移商品价格未来可能出现的未知变化而设立的市场风险转移组织；这种风险是普通保险不能承保的风险。

---

[1]　政治和社会科学学院编年史（1911）。

[2]　例如，参见查尔斯·贝尔德的《价格与市场：中间微观经济学》，第二版（圣保罗，明尼苏达：西部出版，1982），其中有一整章专门讨论期货市场。

现货溢价理论和套期保值的投资组合理论都假定商品拥有者使用期货合约是因为他们厌恶风险，希望将存货的风险转移给他人。许多交易商卖出期货合约也是与其存货相连的。其他交易商，尤其是出口商和加工商，会提前几个月与客户达成交易。这些交易商经常交易与其原料相关的期货合约。不管他们在期货市场是做空还是做多，套期保值者都是将期货头寸与其他头寸组合在一起，这些头寸或者是"现货"（cash）市场头寸或"实际货物"（actuals）头寸。

有时，空头套期保值者所卖出期货合约的买家会是该商品的另一个交易商，也就是多头套期保值者。然而，空头套期保值的数量通常大于多头套期保值数量①。如果更多的套保者希望卖出而不是买入期货合约，那么就必须有人买入所超出的卖出数量。根据现货溢价理论，愿意承担风险的投机者买入超量部分。一般来说，投机者是从事期货交易但并不从事与该实物商品有关的业务的人，因此可以通过回避期货市场来规避整体的风险。

是什么诱使投机者承担期货头寸的风险呢？这个问题的答案是凯恩斯首次提出的现货溢价理论的核心。凯恩斯（1930：143）认为，当库存处于平均规模时，现货价格必然超过远期价格，超出的部分就是生产者为了"套保"（为避免在生产期间价格波动的风险）而准备牺牲的金额。因此，在正常情况下，现货价格要高于远期价格时，也就是说存在现货溢价。

投机者因承担风险而获得溢价，因为期货价格是对未来将起主导作用的现货价格的有偏下行估计。这些关系如图3.1所示。

现货溢价理论的核心是观察到套期保值者整体持有净空头。这一事实来源于两个观点：套期保值者是在寻求保险，而且假定必须支付风险溢价给投机者才能获得保险。正是空头套期保值者明显的卖出压力导致了期货价格的偏差；当套保者对冲他们的头寸时，随后的购买压力会使价格回升，投机者会从上涨中获利。如果投机者持续持有多头头寸，并且整体投机者持有的多头头寸和套保者群体持有的净空头的头寸相当，那么他将从期货合约到期时价格上涨的总体趋势中获得一个平均利润（随着到期日的临近，它们的有偏性会降低，最终它们必然与现货价格相等）。当然，有时多头也会赔钱，比

---

① 近年来，由于出口商增加了多头套期保值，多头套期保值已在几个市场（如玉米市场）与空头套期保值相等或占主导地位。

如在价格普遍下跌的时候；在其他时候，他会赚的比风险溢价更多。由于在远期合约中做空套期保值可以在较长一段时间内提供保险，所以空头套期保值者必须对投机者提供更大的吸引力，这就加大了远期合约价格与即期价格的偏差。

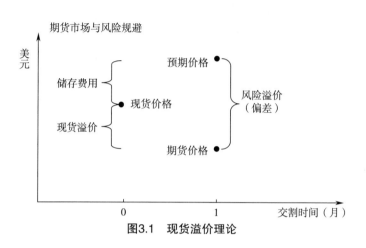

图3.1　现货溢价理论

现货溢价理论的关键预测是期货价格是存在偏差的。正是这种偏差导致了价差中神秘的负值组成部分。根据凯恩斯的理论，正常情况下的风险溢价足以大到使期货价格偏离到现货溢价的程度。如果真实的预期价格是可见的，它们就更有可能在价差中显示出全额持仓费。

三、对现货溢价理论的评论

对现货溢价理论的批判性思考可以揭示一些问题。不仅该理论的主要预测"价格存在偏差"失败了，而且其解释力也极其有限，因为它无法完全解释对期货市场价差极为重要的多样性和波动性问题。最重要的是，这个理论存在逻辑上的矛盾。

首先，人们可以对现货溢价理论所预测的期货价格是下行有偏的有效性提出质疑。关于有偏性的一个测试关注的是，随着时间的推移，期货价格是否上涨以贴近现货价格，或是现货价格下跌以贴近期货价格（当然，当期货合约到期时，两者必须相等）。此测试必然是不精确的，因为即使现货和期货价格趋同，它们也会大幅波动。然而，为了支撑现货溢价理论，期货价格的平均涨幅应该与期货价格低于全额持仓费的平均幅度相等。

如果说有什么共识的话，那就是期货价格不存在显著的偏差。当期货合约接近到期时，它们没有系统性的上升趋势。期货价格存在偏差的问题仍然存在争议，部分原因是很难用过去几十年的通货膨胀来计算价格上涨的趋势。特尔赛（1958，1960）研究小麦和棉花市场后声称没有发现偏差，而库特纳（1960）在对特尔赛的数据进行重新计算后得出结论，认为存在一定的偏差。格雷（1960，1961）试图平衡两者，得出的结论是，在像玉米这样的大市场实际上不存在偏差，而较小的、相对不活跃的期货市场可能存在偏差。洛克威尔（Rockwell，1967）的著作涵盖了更多的商品，虽然有些商品呈现出向下偏的趋势，但也有许多商品呈现出向上偏的趋势。他的结论是，该理论显然并不适用于所有的期货市场，在25个市场上进行的方差分析是否表明单一市场有着显著大于零的正收益，是值得怀疑的。

所有这些研究都是通过假设期货交易者会在给定的现货和期货价格序列下赚多少钱来探索偏差问题的。然而，这些研究却在选择样本和假设头寸方面存在着差异，特别是在这种"选择"的大小是否应随套保程度的不同而有所变化方面。杜萨克（Dusak，1973）从一个不同的角度处理偏差和风险溢价来避免这些问题，即一个投机者需要赚多少钱才能诱使他进入期货市场。她的结论是，一个投机者不需要被风险溢价所吸引。她的出发点是现代金融理论家所信奉的观点：因为所有其他风险都可以被分散，投机者只需要对其系统性风险得到补偿。系统性风险可以很好地通过一个例子来定义。如果通用汽车公司的股票价格相对于其他股票的价格随机变动，那么持有通用汽车公司股票的风险就可以与持有其他股票的风险集合起来，这样一来，通用汽车公司就不会给整个投资组合增加多少风险。因此，对于这种可分散的风险，通用汽车的价格将不存在风险溢价。但是，如果通用汽车的价格与其他股票的投资组合（如以标准普尔500指数等广泛的指数为代表）呈现系统性的变动，那么持有通用汽车股票的风险就无法分散。持有通用汽车股票的人将要求对这种系统性风险进行补偿。由于这种风险溢价，通用汽车股票的回报率会更高。在期货市场的环境中，投机者只需要为所承担风险中的系统性风险接受补偿。因此，期货价格预期的偏差量等于期货价格随经济中广泛的资产组合系统性变动的程度。杜萨克认为在期货价格的变动和广泛的市场组合的变动之间没有系统性的联系[1]。因此，没有理由期望期货价格包含风险溢价，也就是说，没有理由期望期货价格会有偏差[2]。

对于在期货市场中寻找偏差可能总是存在一些令人质疑的地方。如果存在偏差，那么发现偏差的难度大就意味着它一定很小。但除了巨大的、容易识别的偏差以外，任何东西都可以反驳凯恩斯的现货溢价理论。凯恩斯明确指出，在平均库存时期，观察到的价差与已知持仓费中的利息和仓库费之间的差距完全可以归因于风险溢价。这就是该理论被称为"正常现货溢价"的原因。凯恩斯（1930：144）估计，由于投机者必须承担相当大的风险，这种典型的风险溢价大约为每年10%。当然，如果存在每年10%的偏差，那么在期货价格中就很容易看出来[3]。

如果你仔细观察期货价格中价差的实际模式，就会发现更多令人不安的事实，至少会让现货溢价理论感到不安。首先，该理论无法解释那些价差等于全额持仓费的时期。凯恩斯认为，当库存高于正常水平时，投机者应该获得最大的风险溢价，因为对他们来说，库存大的时候风险最高。此外，如果现货溢价理论是正确的，那么价差就不应该达到全额持仓费，除非空头套保刚好与多头套保相平衡。他的预言与事实完全相反，在一个套期保值者确定能支付储存商品的所有费用时，价差有时真会达到全额持仓费。但达到全额持仓费的这段时期常出现在作物年度的早期，此时大量库存在仓库，空头套期保值不论在绝对数量还是相对于多头套期保值的数量上都是最多的［霍萨克（Houthakker），1968］。由于套期保值的空头和多头失去平衡，因此

---

[1] 她对玉米、小麦和大豆的"贝塔"估值均在0.05左右。相比之下，通用汽车的贝塔值在0.60左右，市场投资组合的贝塔值为1.0。Carter，Rausser和Schmitz（1983）质疑Dusak是否正确地构建了广泛的市场投资组合，无意中导致她低估了期货市场头寸的系统性风险。Marcus（1984）则认为Carter、Rausser和Schmitz在构建其广泛的市场投资组合时，错误地倾向于寻找系统性风险。如果马库斯的结果可以作为结论的话，那么商品几乎没有系统性风险。

[2] 一个相关的论点是，如果投机者真的只想赚取风险溢价，他们会在许多期货市场持有多头头寸，因为这将减少他们对单一市场变幻莫测的风险敞口。相反，最大的投机者专门从事某个特定的市场。

[3] 凯恩斯之后的所有人都对期货的偏差进行了实证研究，他们都承认偏差很小。因此，所有人都承认，即使存在偏差，也无法单独解释商品价格中存在的现货溢价模式。

应该正是这段时期风险溢价最大，以吸引更多的多头投机者①。凯恩斯也在试图解释这一矛盾。他认为，在价差达到全额持仓费的时期，期货价格和当前的现货价格都是向下偏的（所以它们看起来是全额持仓费）。但凯恩斯的解释并不充分。如果现货价格本身向下偏，那么期货价格是现货价格有偏估计的假设会发生什么变化？此外，是什么决定了当前现货价格不再下偏的时期？显然，该理论的一个主要矛盾在于，在多头和空头套期保值不平衡的情况下，同时还存在着全额持仓费现象。

此外，凯恩斯对偏差的强调，即使是合理的，也不足以解释价差的波动。因此，该理论是严重不完整的。有时，随着一两周时间的推移，价差会上升或下降相当于商品现货价值的几个百分点，如1979年9月时的1979年10月大豆合约价差变化。凯恩斯会将这种波动性归因于风险溢价的变化。但仅仅是风险溢价的变化不足以引起这种波动。首先，从假定的保险需求方面来看，尽管投机者的供应相对缺乏弹性（这一点几乎可以肯定），但空头套保与多头套保之间的不平衡不会变化那么快以致造成价差那样剧烈的波动。其次，投机者，也就是所谓的保险提供者，不会在一周内改变他们对多头头寸风险的估计，以使其所要求的风险溢价达到翻倍或减半的程度。

出于同样的原因，该理论难以解释为什么同一种商品的价差走势不同。有时，两个相邻交割月之间的价差更接近全额持仓费，这可以被解释为风险溢价变小，而两个相隔较远合约之间的价差则朝着相反的方向移动。在几个小时或几天的时间里，保险需求在一段时期内减少，而在一段时期内扩大，这似乎是难以置信的。保险供给的行为似乎也无法解释这种变化。

然而，价差的波动正以一个更重要的原因损害着现货溢价理论。根据以凯恩斯和布劳为代表的学术观点，波动的价差会损害期货市场。作为价格保险的期货交易体系是建立在现货和期货价格平行波动的基础上的；这种趋势越接近，保险越好，交易商越想进行空头套保。根据定义，波动的价差意味着现货价格和期货价格不会平行波动。当价差剧烈波动、价格保险不足时，市场远非不活跃，反而恰恰是期货市场活跃的时候。

尽管现货溢价理论很少得到实证支持，但检验过该理论的研究人员，

---

① 与此相关的一点是，多头套期保值者主导市场。在没有做空套保者对期货价格的下行压力的情况下，这些市场不太可能产生全额持仓费。反而，这些市场的价差低于全额持仓费用。

包括那些对该理论持怀疑态度的人，坚持认为该理论的有效性是有实证根据的。他们从未质疑过其根本逻辑。然而，整个理论的出发点是有问题的。套期保值者和投机者之间交易方式的轻微改变，虽然没有改变交易的效果，但却从根本上改变了该理论对交易动机的看法。

现货溢价理论的核心是空头套期保值者和多头投机者之间的关系。典型的空头套期保值始于磨坊主在现货市场上从农民手中购买小麦。磨坊主反过来再把期货合约卖给投机者，以避免库存价值波动带来的风险。根据这个理论，为了说服投机者承担这个风险，磨坊主必须以折扣价出售期货合约。

但是，如果为了达到同样的经济效果而以稍微不同的方式进行交易，那么用同样的方式推理磨坊主和投机者之间的关系将是站不住脚的。可以想象一下磨坊主不直接购买小麦，而是与农民签订回购协议的情况。这种回购协议的作用是，磨坊主能在此期间使用农民的小麦，就像借用的一样，与此同时，农民能使用磨坊主的钱，也像是借用的一样。一旦回购协议的第一步通过，磨坊主现在就持有小麦，农民持有钱，那么农民就有义务从磨坊主那里购买小麦，而磨坊主有义务把小麦卖还给农民。除去这些现象，协议的回购部分是为了将小麦和钱还给原来的主人。然而，假设农民决定不再持有他的小麦。他可以等到期拿到归还的小麦后直接卖掉，或者也可以通过卖给投机者一份期货合约提前卖掉小麦。但由于他已与磨坊主签订了回购协议，他也就已经拥有了一份将会获得小麦的合约。与其从磨坊主那里得到小麦，然后再把它交割给投机者，不如让磨坊主直接把小麦交给投机者，这样不是更容易吗？磨坊主当然想要回他的钱，所以农民和投机商必须就如何归还磨坊主的钱达成一致。不管农民和投机者之间交易的细节如何，投机者将承担农民与磨坊主之间的义务，因此看起来就像磨坊主已经向投机者出售了一份未来交割的合约。如果农民很快卖掉他的回购合约，这种现象就会特别明显。

磨坊主从农民手中购买小麦，同时向投机者出售期货合约，其效果相当于磨坊主与农民签订回购协议，农民独立向投机者出售期货合约。磨坊主和投机者之间不需要有任何关系；他们唯一的联系就是努力减少将小麦运回农民手中然后再运到投机者手中的运输成本。这样，现货溢价理论的核心，即磨坊主建立空头头寸，投机者相应地建立多头头寸，就消失了[①]。由于这种重新表述并没有改变任何实质内容，因此该理论不可能抓住这种交易的动机。

解释套期保值时的困惑，源自只看整个回购协议的一半。单独来看，磨坊主卖空小麦的决定似乎会压低未来交割小麦的价格，而该厂商也购买了立即交割的小麦，这种购买应该会提高小麦的价格。综上所述，我们根本不清楚这两种交易对价格水平有什么影响，因为现货和期货价格都不会受到另一种交易的影响。从这种双重交易中可以明显看出，套期保值应该会影响即期和远期交割价格的价差。套期保值有可能对小麦远期价格产生影响，但影响的方向并不明显。如果这种需求是持续的，那么很有可能这种借入小麦的表观需求会推高未来交割的小麦价格，甚至会改变价差[②]。也就是说，套期保值可能同时提高现货和期货价格，甚至会提高现货价格（相对于期货价格而言）。无论如何，套期保值（同时进行两笔交易）是否会导致期货价格较预期现货价格普遍有偏下跌，而不是简单地改变期货价格和预期现货价格，这一点还远不清楚。

人们倾向于孤立地看待涉及期货市场的回购协议部分，这是很自然的，因为利益的中心是期货合约的使用。但是做卖空交易的小麦来源也不容忽视。如果磨坊主通过买入期货合约以等待交割的方式获得小麦的同时，卖出一个未来月份的合约，那么很明显，这两笔交易就应该放在一起进行考虑。即使他是在现货市场上买进，这种方法也是合适的，因为现货交易实际上只是从即期到远期整个合约范围的另一种合约。

四、套期保值的投资组合理论

另一个主要理论即套期保值的投资组合理论所假定的风险厌恶，也有内

---

① 译者注：作者认为现货溢价理论的核心是空头套期保值者和多头投机者之间的关系。典型的空头套期保值始于磨坊主在现货市场上从农民手中购买小麦。磨坊主反过来再把期货合约卖给投机者，以避免库存价值波动带来的风险，磨坊主与投机者同时建立相对应的头寸，而通过回购协议的方式，磨坊主和投机者之间的联系消失了。

② 换句话说，一家决定借入法郎三个月的法国公司会对法郎兑美元的 90 天远期利率有什么影响？

在矛盾。问题并不在于投资组合理论本身，而在于其在套期保值中的应用。投资组合分析的主要假设是，在平均回报率相同的资产中，人们倾向于风险最低的资产。当然，更高的预期回报率可能会诱使人们持有风险更高的资产。风险和回报之间的权衡促使人们将多种资产组合成一个投资组合。这是因为一般来说，资产组合的风险比任何单一资产都要低。

在20世纪50年代投资组合理论形成后，其最初的应用之一就是商品交易商的套保问题。约翰逊（Johnson，1960）和斯坦（Stein，1961）认为，从事商品业务的厂商会考虑两种资产的混合：已套保库存和未套保库存，前者的回报率较低，但相对稳定；后者的回报率更高，但风险更大[1]。交易商或加工商根据对风险的偏好，会卖出期货合约来对冲部分库存的跌价风险。套期保值投资组合理论的基本结论是，更大程度的风险厌恶会促使交易者或交易商更多地利用期货市场。

以其最简单的形式表示，套期保值投资组合理论始于这样的假设：已套保和未套保库存是两种独立的资产，商品交易商可以根据回报风险程度将这两种资产合并成一个投资组合。未套保库存就是库存中的商品，而已套保库存实际上是两种资产的组合，即库存中的商品和期货市场中的空头头寸。由于已套保库存的这一资产含有期货合约的卖出，因此卖出的期货合约数量取决于投资组合中已套保库存的比例。斯坦（1961：1015）以图形的方式描述了已套保库存的数量的选择，如图3.2所示[2]，在A点，投资组合中的所有资源都被套期保值，也就是说，对应所有库存的期货合约都已卖出。在B点，所有的资源都是未套保库存，也就是说，没有卖出任何期货合约。连接这两个点端的曲线代表了已套保和未套保存货的各种组合的期望回报和回报的方差。曲线中点对应50%的已套保份额。这条曲线的形状取决于这两种资产的回报率之间的相关性；相关性的负值绝对值越大，曲线越向左弯曲。如果将与厂商风险偏好相对应的无差异曲线叠加在图上，那么特定厂商选择的投资组合将与曲线上的点相对应，进而可以计算出厂商对期货市场的使用情

---

[1] 鉴于头寸的风险，Telser（1955）选择套期保值，虽然没有建立在当时刚刚出现的投资组合理论的分析框架上。还可参见 Ward 和 Fletcher（1971）。

[2] 这一选择也可以用代数方法来表示，如 Anderson 和 Danthy（1981），但风险对冲投资组合理论的问题最容易用图形表示出来。

况（如图3.2所示约有70%为已套保）。每个交易商都会根据自己对风险的偏好，或多或少地选择套期保值。如果一个交易商对风险是中性的，就会选择期望回报最高的资产，而完全忽略资产的方差。在所画出的选择下，该交易商将不做任何套保。因此，厌恶风险似乎会促使交易商更多地使用期货市场，所以投资组合分析似乎支持的观点是，期货市场的活力关键还是要取决于交易商和加工商的风险厌恶程度。

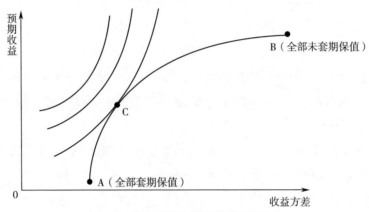

图3.2　已套期保值库存的数量的选择

在这种将套期保值表示为选择最优投资组合的方法中，规避风险是最基本的原则，这已成为期货市场研究的主流。拉特利奇（Rutledge，1972：239）在研究大豆加工厂商对期货合约的需求时，使用了一个"风险和期望回报都被用作决策变量"的模型。佩克（1975）在一篇关于鸡蛋生产商的文章中使用了投资组合理论，莱乌托尔德（Leuthold）和莫克勒（Mokler，1979）在一篇关于养牛的文章中使用了投资组合理论，罗尔福（Rolfo，1980）在一篇关于可可生产商的文章中使用了投资组合理论。埃德林顿（Ederington，1979）将投资组合视角应用于金融期货市场。安德森（Anderson）和单森（1980，1981）将投资组合的观点应用于一家公司，该公司的产品（如高粱）并不完全是期货市场上交易的商品，而巴特林（Batlin，1983）考虑了时机不成熟的影响。贝泽尔（Baesel）和格兰特（1982），本尼卡（Benninga）、埃德（Eldor）和杰尔恰（Zilcha，1984）。斯坦（Stein，1979），斯托尔（Stoll，1979），安德森和单森（1983a，1983b），布里托（Britto，1984）均致力于将单一厂商的这些模型扩展到许多此类厂商联合行动所产生的均衡。可见，套期保值的投资组合理论一直是一个引人注目的成长性领域。

五、套期保值投资组合理论中的误解

尽管套期保值投资组合理论很受欢迎，但它考察了不适当的资产，并错误地描述了与商品市场头寸相关的风险。在对头寸风险进行正确的阐释后，人们可以利用投资组合分析的规则，对该理论所做预测的有效性提出相当大的质疑。根据该理论，交易者越厌恶风险，就越有可能利用期货市场。但对磨坊主、大豆压榨商或出口商所面临风险进行更仔细地分析后就会发现，相反的做法恰恰可能是最常见的。如果以拥有加工设施而不是以库存的风险作为起点（考虑到其对厂商的重要性这也是合乎情理的），那么投资组合理论则会表明，最厌恶风险的交易商使用期货市场的可能性最小。

套期保值投资组合理论对视角或起点的微小变化十分敏感。如果将厂商的加工设施的风险回报也包括在理论分析中，结果会有什么不同？在期货市场做多的新加工商的动机是什么？如果库存可以在期货合约中交割，结果会如何？这些细微的变化都会使套期保值投资组合理论出现问题。

由于结果对起点所具有的敏感性，我们从最简单的情况开始做分析可能会更好。假设芝加哥一个磨坊主的小麦库存达到了期货合约交割等级，无论何时，磨坊主以部分库存为标的卖出一份期货合约都会按该合约交货。当然，也可以把磨坊主想象成从事仓储业务的人，拥有一个谷仓。在本章后面的章节中，将讨论磨坊主不拥有可交割等级商品的复杂性，即所谓的"基差风险"问题，也将考虑磨坊主经常"解除套保"而不交割的复杂性。套期保值投资组合理论的标准版本就是从这些复杂性开始的。然而，从这些复杂的问题入手，并没有得到更广泛的结果，反而会在分析中隐藏一些误解。

以一个拥有可交割库存的交易商做简单出发点进行分析，可以揭示套期保值投资组合理论的四个问题。第一，涉及可交割等级商品的套期保值操作并不存在风险[①]。这是因为尽管现货价格和期货价格都在各自波动变化，

[①] 如果该公司无法通过其期货空头头寸交割自己的存货，则可能存在风险，这将在第三章第七节和第八节中讨论。译者注：作者在上一段已经假设这个交易商拥有可交割等级的商品并且会按合约进行交货，相当于在期货市场卖出商品。

实际上这两种价格最终会不可避免地收敛于一起。第二，套期保值投资组合理论实际上是基于对现货溢价理论的不信任，即期货价格有向下偏的倾向。第三，对套保程度的决策很可能是由投机意愿所决定的，而不是出于风险厌恶。第四，也是最重要的一点，如果把套期保值者的加工设施包括在分析框架内，投资组合理论本身就意味着，最厌恶风险的交易商和加工商将最少、而不是最多地使用期货市场。

通过参考图3.2中套期保值程度的选择，能很好地揭示前三种误解。这并不是说该图完全准确地表示了加工商可能的投资组合（事实上，恰恰相反）。相反，即使假定该图背后存在假设，即只能在两种资产之间作出选择——已套保库存或未套保库存，并且未套保头寸赚取更高的平均回报，该图也存在一些问题。

最首要的是，与图3.2所示相反，只要被讨论的小麦在期货合约上是可交割的，那么已套保的小麦的回报方差就应该为零。用一个简单例子就能解释其中的困惑。假设今天是1月1日，套保的是3月小麦合约（交割将在3月下旬）。想象一下，当下立即交割的小麦价格比3月的期货合约价格低12美分/蒲式耳。很明显，在3月下旬的交割日，现货价格和该期货的价格之间的差值一定是0美分/蒲式耳。这是因为在那一天，两个合约都代表着即时交割的同一品种的小麦。价差的所有变动都是现货和期货价格的趋同。套期保值投资组合理论错误地将这种必然趋同所导致的变动，视为套期保值的风险。这不是一种风险，是完全可以预测的。

格雷（1984）在对套期保值投资组合理论的批判和对沃金替代解释的辩护中强调了这一点。然而，沃金本人却进一步认为已套保库存是一种回报不确定的资产，而不是一种回报确定的资产。他指出（1953b：547），"套保的有效性……取决于现货价格波动和期货价格波动之间的不等性，以及对这种波动的合理可预见性"。然而，与沃金的论述相反，这一变动不是相对价格的变动，而是随着合约到期日临近，现货和期货价格的趋同。如果它们参考的是同一等级和同一地点，就必然发生这种趋同。沃金意在强调现货和期货价格的趋同，以及它们之间的紧密联系，但所选择的方式却给人留下了完全相反的印象。考虑到这种误解的可能性，需要对要点进行重复。芝加哥即时交割的合约等级的小麦价格必须与套保所用合约的期货价格趋同，因为期货合约到期时将是该类型小麦的即时交割合约。因此，对冲与芝加哥合约相同等级的小麦的回报是确定的[1]。

通常，正如布劳所说，完美的套保出现在现货和期货价格相互契合且相关性达到+1.0的时期内。但由于现货价格和期货价格必然会收敛，它们之间不需要完美地相互契合在一起共同变化。例如，可以考虑期货价格一直都是3美元/蒲式耳的情况，现货价不管是从几个月前开始的，价格比如最初是2.80美元/蒲式耳，最终会变为3美元/蒲式耳。这种情况下，现货与期货的相关系数为0，但套期保值并没有任何风险。

即使期货合约的价格没有稳定地收敛于现货价格，可交割等级存货的套期保值回报仍然存在确定性。在进行套期保值后，假设一种情况：在套期保值的12周内，计算的每周收益率是1美分/蒲式耳，而芝加哥地区小麦供应出现突然短缺，可能会使以新的收益率计算的持有小麦收益率大幅下降[2]。即便如此，最初的套期保值者仍可坚持下去，按约定交货，每周能赚到1美分/蒲式耳。同理，如果套期保值的新回报收益率因为芝加哥小麦突然供过于求而上升，交易商仍然无法获得比之前合约确定的更高回报。为了以更高的价格出售仓储服务，他必须以相同的价格买回之前的承诺。

接下来的两个错误认识可以借助于对套期保值定义的简单运用而显露出来。通常的看法是可以将套期保值操作看作是一种打包资产（a package of assets），即在未套保库存基础上加上一个期货空头头寸。同样地，也可以合理地将未套保库存，看作是一个打包资产，可以把这一资产看做是在已套保库存基础上加上一个期货多头头寸。总之，人们只需要想象一个明显可见的凭证，它以数个已套保库存来命名同时又相当于单一商品而不是资产包。在这种情况下，未套保小麦的资产不再是单一商品，而是代表已套保小麦的单一金融工具和代表小麦期货合约多头头寸的金融工具组合。这样，已套保和未套保库存都既可以被视为单独的工具，也可以被视为资产组合。因此，只要提到未套保库存，就可以用已套保库存和期货多头头寸之和来代替。

---

[1] 人们可能会反对这种说法，因为即使货币回报是确定的，它的购买力却不是。这和国库券是否有无风险回报是同一个问题。然而，这个问题与此无关。这种复杂性无疑为套期保值投资组合理论中所描述的两种资产增加了其他资产。如果这一理论具有任何有效性，它就不应该依赖这样一种神机妙算。

[2] 译者注：此处的收益不是指现货收益，而是指套期保值的综合收益。

　　上面提到的这种未套保库存本身就是已套保库存加上期货多头头寸的组合的观点，改变了期货市场分析的重点。因为其视角从考虑厂商为什么做空期货，转向了考虑厂商为什么做多期货。当然，在实际上其并没有被观察到买入期货合约，这一头寸只是所决定的套保数量少于全部库存的隐性结果。当然，无论是隐性地还是显性地做多，这些厂商都应该有同样的动机。因此，我们有理由问，他们为什么要做多？

　　交易商和加工商使用期货合约的问题，为何会转变成了持有多头头寸的问题，而实际上他们却被观察到在做空？所有这一切都不只是一种处理技巧。每种资产组合都会形成一个净头寸。套期保值投资组合理论认为，厂商是从持有未套保的资产开始，然后通过卖出期货合约来实现所期望的投资组合。然而，从所有已套保存货的起点开始，同样可以很容易地得到已套保存货和未套保存货的最终组合。在这种情况下，厂商通过购买期货合约来实现最终的组合。或许，通过设想一个新的所有者并购商品加工商就可以更好地理解这种争论的本质。由于对风险的偏好与之前的所有者不同，他希望调整所承接投资组合的已套保和未套保库存。如果现有的投资组合偏重未套保库存，不符合偏好，他就会卖出期货合约。如果现有的投资组合过于偏重已套保库存，他就会做多（实际上是取消一些未平仓的空头头寸）。在极端情况下，其所承接（也就是说最起始的）的头寸可以是全部已套保的头寸，也可以是全部未套保的头寸。为了使套期保值的投资组合理论具有有效性，就必须解释新的所有者对任何现有头寸作出调整的决策。因此，关于交易商利用期货市场做多的问题是完全合理的。

　　对于套期保值投资组合理论而言，不幸的是，当分析的起点是一个未套保的头寸时，它可以提供一个决定卖空的看似令人信服的解释，但当起点是全部已套保库存时，貌似就有理由做多，这与该理论的设想大相径庭。我们有必要思考一下，究竟是什么原因促使交易商在期货合约中做多，无论是假设的显性头寸还是实际上的隐性头寸。一般来说，交易商在期货市场做多有两个看似合理的理由，即投机或规避风险。虽然这两个目的相互矛盾，但都与厂商为了规避风险而做空期货的观点背道而驰。如果一家厂商在投机，显然它并不是在规避风险。或者，如果一家厂商打算做多以规避风险，它也不可能做空。因此，无论是证明交易商在投机，还是证明他通过不套保来规避风险，都足以破坏套期保值投资组合理论的声誉。

　　在开始这些证明之前，将未套保库存视为头寸组合的认识将面临已套保库存与未套保库存的预期回报率之间的差异问题。人们很可能会问，为什么在图3.2中列出了已套保和未套保存货以及它们的方差和预期收益率的特定组合，为什么未套保存货享有较高的预期回报率？只有在期货价格向下偏的情况下才会出现这种情况。套期保值投资组合理论隐含着对现货溢价理论的依赖，然而这是一个不可靠的理论基础。由于未套保库存等于已套保库存加上期货多头头寸，这两种收益率的差值取决于期货市场多头头寸的预期收益率。与现货溢价理论相反，我在第三章第三节中对持有期货合约多头的实证和逻辑分析中得出预期收益为零。在这种情况下，已套保小麦和未套保小麦的预期收益是相同的，图3.2中的A点和B点应该画在相同的水平上，而不是B点高于A点。

　　由于当存货为可交割等级时，已套保存货的收益率无差异，因此应重新绘制期望收益率和收益率方差图，如图3.3所示。首先，因为已套保小麦有一个确定的回报，所以它的点现在在轴上。它的高度取决于套保时现货价格和期货价格之间的价差（套期保值获得正回报，表明最初现货价格低于期货价格）。其次，未套保小麦的预期收益与已套保小麦的预期收益相同。这是因为未套保小麦隐含的多头头寸只有在期货价格存在下行偏差时，平均收益才高于零。根据投资组合模型本身，考虑到从全部套保到全不套保的可能投资组合的重组，任何最小风险厌恶的厂商都会选择完全套保。它承担未套保头寸的额外风险不会获得额外回报。

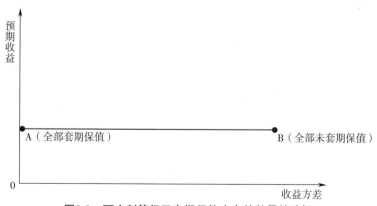

图3.3　可交割等级已套期保值库存的数量的选择

　　即使做多期货可以获得额外的回报，但对于厂商套保一定数量的可交割等级商品的决定来说，交易商的任何特殊动机也都是无关紧要的。这一结论对套期保值投资组合理论的损害，甚至超过了将其建立在现货溢价理论基础上的问题。这一结论否定了套期保值投资组合理论的最初假设，即交易者的动机是特殊的，因为他是实体交易商。如果不进行充分套保，交易商就是在进行投机性多头交易，并像做多的投机者一样做决定，而这些决定完全不依赖于交易商的身份。对于交易商是如何扮演投机者角色的，可以再次通过已套保库存和未套保库存的定义来了解。虽然套期保值投资组合理论被认为是比较两种资产，即已套保小麦和未套保小麦，但一种资产（可交割等级的已套保小麦）的收益是固定的，其包含在代表另一种资产——未套保小麦的资产组合包中。因此，已套保小麦资产可以被完全从分析中剔除，让该厂商考虑在期货市场持有多大的多头头寸[①]。但在不受库存规模影响的情况下，这一决定不再包含商品交易商的特殊属性或特殊情况。尽管厂商对风险的态度肯定会影响其在期货合约中的多头头寸，但这对任何投机者的头寸也是如此。

或许，用一个将投资组合理论应用于商品以外资产的例子就可以让这个问题变得更清晰。想象一个投资者正在考虑无风险的国库券或共同基金的份额这两种投资品的投资比例。根据投资组合理论的标准观点，投资者通常会被建议最好通过不同的国库券和共同基金份额来构建不同组合，以实现预期收益和收益方差。所选择的组合既取决于美国国债的表现，也取决于共同基金的表现。但假设投资者仔细观察后发现，共同基金本身大量投资于美国国债，而其他资产是通用汽车股票。这样，无论投资者直接购买共同基金的份额还是美国国债，实际上都在购买美国国债。因此，唯一留给他要决定的是买多少通用汽车的股票。美国国债的表现对这个决定无关紧要，因为美国国债是没有风险的。同样，正如套期保值投资组合理论所描述的那样，向商品交易商开放的两种资产是重叠的。未套保小麦资产实际上是一个共同基金，包含两种资产：已套保小麦资产和小麦期货多头头寸。事实上，根本就没有投资组合的选择，只有一个关于小麦多头头寸范围的决定。此外，由于已套保小麦资产对交易商来说才是特别的，因此剩下的问题就与交易商无关了。

这样，套期保值投资组合理论的核心就可能存在投机行为，尽管该理论

---

① 这一点可以从另一个方向考虑：如果其中一项资产是无风险的。投资组合的前沿将是一条直线。

试图向交易者解释特殊的行为，但投机行为并不取决于厂商是否为商品的持有者。更糟糕的是，该厂商的这种投机行为与投资组合理论所假定的恰恰相反。根据套期保值的投资组合理论，交易商不同于投机者，因为交易商的行为是将风险敞口最小化，而投机者的行为是追求风险。然而，当交易商不进行对冲交易时，他的行为就像一个投机者。

那些持有可交割级别存货的厂商，如果选择不完全对冲，就会承担风险，就像投机者一样，但他们本可以完全避免这些风险。这一观点与霍尔索森（Holthausen，1979）与费德（Feder）、贾斯特（Just）和施密茨（Schmitz，1980）的观点相关。他们提出，一个在产量上没有不确定性的厂商，如一个铜矿，应该把生产决策完全建立在期货价格上，也就是说，应该表现得好像已经远期销售了所有的产量。任何基于价格预期的投机行为都是独立的决策[①]。由于其生产水平，这类生产商一开始可能会大量做空，但任何通过减少空头头寸的规模来隐性做多的决定，都与投机者一样。

毫无疑问，可以从完全套保小麦或完全未套保小麦的起点进行分析，从而得出最终的已套保小麦和未套保小麦组合。现有的套期保值投资组合理论总是从完全未套保存货的初始头寸开始。在强调风险厌恶的分析中，考虑到包含可交割等级的已套保头寸提供无风险回报，完全套保库存作为起始点似乎更自然。至少，对交易商行为的描述可以被重新定义，以使其看上去是在寻求风险，而不是在规避风险，这就冲击了现有的套期保值投资组合理论。实际上，投资组合理论，尤其是套期保值投资组合理论的缺陷在于，其对预先确定的头寸非常敏感。

六、不为风险厌恶而进行套期保值

鉴于投资组合分析对厂商预先确定头寸具有敏感性，因此应从厂商的基础资产入手来对交易商使用期货合约的原因进行恰当的分析。对于一个厂商来说，其基础资产是加工设施，而不是库存。库存可以被使用或快速补充。相比之下，面粉厂在规模上要比约翰逊（1960）、斯坦（1961）和其他将库

---

① Marcus 和 Humble（1984）表明，即使在生产中存在不确定性，出于所有实际目的，这两个决策也可以分别作出。

存作为预先确定的头寸假设的人，更经得起时间的考验，也更灵活。更重要的是，由于面粉加工和其他商品销售利润实际上是可变的，比如，当机器故障或罢工减少了产量，或者当收成的规模或质量波动影响了面粉的需求等，所以约翰逊和斯坦在他们的分析中排除了重要的风险资产。

将有风险的加工和销售设施排除在外，是套期保值投资组合理论中第四个也是在许多方面最重要的误解。从表面上看，加工和销售设施在分析中的缺失似乎是合理的，因为分析的目的是探究对库存的套保。毕竟，与涉及三个资产的模型相比，涉及两个资产的模型所具有的简单性是一个优势。然而，只有在主要结论保持不变的情况下，这种简单才是恰当的。碰巧的是，以销售设施开始的分析推翻了套期保值投资组合模型的标准预测。换句话说，当投资组合理论应用于合适的初始资产时，它的预测是更多的风险厌恶意味着更少地使用期货市场。以往理论之所以被推翻，不是因为三资产投资组合的某种内在东西，而是因为加工设施的回报与期货合约的头寸回报之间的特殊关系。

对风险厌恶和商品市场开展调查研究，首先要确定厂商在制粉、纺纱或出口设备方面的头寸。拥有一家面粉厂，磨坊主可以说是始于制粉的多头头寸。由于制粉多头头寸的回报存在波动，磨坊主会想知道还可以持有什么其他资产，使得该资产的回报与制粉回报的组合相比，单独持有制粉头寸能给其一个更好的预期收益和收益方差，这就像应用投资组合多样化原则一样[1]。可能与制粉密切相关的头寸是持有小麦远期和货运远期头寸。如果通过这些资产确定的一个头寸的回报与制粉的回报呈负相关，那么这些头寸就是厌恶风险的磨坊主会纳入自己投资组合的合理头寸[2]。

例如，小麦远期的回报似乎与制粉的回报呈负相关。由于难以确定制粉等资产的回报率，计算制粉与小麦期货多头头寸等资产之间的相关性就变得复杂。因为这里的目标只是发现信号，而不是为了得到相关性的确切值，精确地定义回报就像考虑制粉的资本收益和损失一样，是没有必要的。面粉价格的变化与小麦价格的变化之间的关系与短期内两种资产的收益之间的关系

---

① 下面的例子也适用于纺纱商、出口商和销售商。

② 对相关性的强调限制了米勒的效用函数（它是二次的），但是放松这种限制不会改变分析，只会使它变得更复杂。

非常接近。

所有现有证据都表明，加工利润率与原料价格之间存在负相关。实证证据很难找到，主要是因为像面粉这样的商品的价格是零星报价的，这使得计算加工利润有相当大的误差。在芝加哥，从1884年到1892年，制粉价格和小麦价格之间的相关系数为–0.30［威廉姆斯（Williams），1980：305–306］。拉特利奇（1972：表2）计算了20世纪50年代和60年代13个作物年度大豆价格与加工利润变化之间的相关关系。在13年中，有11年呈负相关；超过一半低于–0.5。保罗（Paul）和韦森（Wesson，1966）对几乎相同时期的大豆进行了类似的计算，其比较的是作物年份间的表现而不是一个作物年份内的表现。他们发现：大豆价格与加工利润之间存在明显的负相关关系。总的来说，他们的结论是"加工商的利润与农产品价格呈反向变动关系"。他们的结论非常合理。毕竟，农作物产量大会压低农产品价格，同时也会使加工商、经销商和托运人的产能受到影响。矿工罢工提高了铜的价格，同时降低了制造利润。但也可能有例外。铜成品需求的激增会提高铜的制造利润和铜价。因此，一般来说，当下游需求激增时，价格和利润率会同时上升；当供应增长时，价格和利润会同时下降［加德纳（Gardner），1975］。美国的农业部门是全球领先的生产者，供应激增必然占据主导地位。因此，制粉多头收益与小麦多头收益是负相关的，尽管不是完全的负相关。

由于小麦价格与制粉价格之间存在负相关关系，风险厌恶型的磨坊主会在现有制粉多头头寸的基础上合理增加小麦多头头寸。即使磨坊主从未在日常经营中持有小麦库存，也会想要增加小麦多头头寸。这一结论搅乱了整个套期保值投资组合理论。然而，这种搅乱或损害并不是立刻就显而易见的，因为磨坊主在日常经营中确实存有小麦存货。假设厌恶风险的磨坊主的工厂在芝加哥，作为业务的一部分，其持有可交割的存货，完全不考虑风险厌恶。由于这种小麦是可交割的，如果对它进行套期保值，就会有确定的收益，这正如第三章第五节所讨论的那样。因此，已套保库存的头寸规模不能直接影响磨坊主对风险的反应。然而，已套保库存的头寸会影响磨坊主最终的表观头寸。为了增加小麦期货的多头头寸，他会回购一些空头合约，这些合约是其无风险空头套期保值的一部分。或者，他也可以通过不完全套保所购买的新库存来达到同样的效果。在这两种情况下，他的风险厌恶程度会影响对期货市场的最终使用：磨坊主的风险厌恶程度越高，对期货合约的使用就越少，因为他对小麦期货隐性多头头寸的需求更强烈。这种不套保的决定是对风险厌恶的反应。如果磨坊主对风险持中性态度，就会完全套保，对期货市场的使用也会更多。

假定拥有加工设备中的头寸，对商品交易商的投资组合问题进行仔细分析，结果表明风险厌恶情绪抑制了他们对期货市场的使用，因为加工设备的回报可能与原材料多头头寸的回报呈负相关。第三章第五节表明厂商决定不进行套保可能是出于投机的动机。无论厂商是为了投机还是为了应对其加工业务的风险而不进行套保，其行为都与套期保值的投资组合理论的假设完全相反，即风险厌恶会促使厂商使用期货合约。因此，人们一定会得出结论：（1）期货市场并不类似于保险市场；（2）套期保值投资组合理论并不能解释为什么厂商利用期货市场。

七、解除套期保值的风险

当然，这些关于套期保值投资组合理论的疑问是建立在套期保值的收益是确定的这一前提之上的。实际上，进行套保的厂商反复验证了套保所存在的风险。套期保值操作的无风险性来自以下假设：（1）所涉及的库存是可用于期货合约交割的；（2）任何卖空的库存实际上都是可被交割的。一旦当实际商品无法交割时，不管是因为其不在芝加哥，还是因为其和交割等级不一致，厂商就会承担"基差风险"。无论何时，只要计划交割的合约提前被平仓，就会产生"解除套保"的风险。然而，尽管这两种风险是实际套期保值中经常存在的两个方面，但都不能来证实套期保值投资组合理论。

虽然解除套保的风险可以被归类为基差风险的一种形式，但每种风险在分析中都需要有不同的侧重点。对基差风险和解除套保风险的讨论所基于的是第三章第五节对可交割存货分析中所确立的三个原则。第一个原则是，涉及可交割库存的套期保值是无风险的。任何其他类型的存货都可以被认为是可交割的存货加上一些等级或地理位置的价差。正是这种价差造成了风险，因此应该明确地研究它。第二个原则是，投机头寸可能与交易商的复杂头寸交织在一起。然而，这种投机本身并不依托于交易商的身份。因此，分析的一个目标应该是将交易商的投机头寸与那些依赖于交易者身份的头寸区分开来。第三个原则是，与库存相关的期货头寸可能是对加工设备等更基本资产风险的反应。

考虑到这些原则，解除套保的风险将是第一个需要考虑的复杂问题。解除套保的风险源于厂商空头套期保值的常用操作，即选择不履行合约，而是在合约到期前用对冲平仓的方式注销合约。这种做法源于那些厂商在对冲芝加哥合约交割等级以外的小麦的需要，因为他们没有标准等级的小麦。然而，对于拥有可交割小麦的厂商来说，在期货合约到期前的某个时间买回他们的空头头寸也有发生。

不是套保本身，而是提前解除套保的做法，会带来风险。如果一家厂商套保了储存在芝加哥谷仓里的合约交割等级的小麦，那么就没有什么因素能迫使厂商提前解除套期保值。如果是这样，就必须假定该厂商是理性的并且追求利益的。在一个意外的机会下采取行动不应该被归为套保风险。

然而，投资组合理论的一些表述表明，持有已套保库存的一个原因，恰恰是为了在出现波动时提前解除合约从而获利。但这是对套保收益的一个不恰当的定义。它将无风险的套期保值和投机头寸结合在一个远期价差中。在这种情况下，第二个原则应该适用。这个分析应从交易商的特定头寸中分离出投机头寸，而不是将它们结合起来。如果做到了这一点，解除套保的风险将被认定为纯粹的投机行为。

作为解除套保风险中隐含的投机行为的一个例子，想象一下一家厂商发现从1月到3月持有可交割的已套保小麦是有利的。它购买的是即时买入交割的小麦和卖出3月交割合约组合包。假设这家厂商认为3—5月的价差很可能在3月前下降。为了对预期进行投机，应该买入3月合约，卖出5月合约，并将这两个头寸视为一个组合，通过该组合相当于买入了3—5月的价差。如果检查这两个合约包，就会发现一个操作中购买了3月合约，另一个中出售了3月合约。为了避免这种重复，该厂商可选择购买新的一揽子资产，将空头头寸放在5月合约，而不是3月合约。尽管在外人看来，这一庞大的一揽子计划是一项涵盖1月至5月的单一的套期保值，但它实际上是一项产生固定回报的套期保值与一项远期价差投机的组合。当3月到来时，该厂商可以通过回购5月的一份合约并立即交割小麦来解除组合资产。实际上，该厂商正在出售其投机价差。这一价差的价格与1月价差的价格之差，就是持有远期价差头寸的盈亏。该厂商将把这些利润或损失记录在其账簿上来作为套保收益的一部分。更恰当的做法是，厂商应该将其账户分开，以便将其对远期价差的投机与纯粹的套保区分开来。在这种情况下，很明显，套期保值本身的收益是不可变的[①]。

大多数解释实际套保操作的困惑都源自投机与纯粹套期保值的混淆。套保的风险实际上是自愿承担的投机头寸，即对远期价差的投机。尽管交易商可以自由地将价差中的投机头寸与纯粹的套保结合起来，但他可以通过避免将套保延伸至远月来避免远期价差的风险。从由于风险厌恶所以他们的行为与投机者相反的角度来研究那些不进行套期保值或将套期保值期限延伸至远月的交易商，完全是对他们的误解，因为在这种情况下，他们的行为与投机者无异。

我们可以通过期货市场以外的一个例子，更清楚地看到解除套保的风险和回报问题。假设一家石油公司以每月5万美元的价格租用一个钻井平台6个月。一个月后，市场租金已增至每月7.5万美元。既然租金上涨了，公司可能会重新计算自己的使用费，发现已经不能覆盖7.5万美元的机会成本了，如果是这样的话，公司会把钻井平台转租给其他人。在合同的剩余5个月里，它将每月获得2.5万美元的意外之财。在这种情况下，公司租赁钻井平台的最初动机不是投机远期租金。相反，该公司根据每月5万美元的固定租金做出了理性的计算。因为5万美元的费用是确定的。相比之下，如果这家石油公司计划使用钻井平台3个月，但租了6个月，那么6个月后的重新租赁显然是投机。即使租金波动，前三个月也没有风险，这一点是否仍然明显？在制订计划时，公司把最初的三个月已经确定下来了。

随着时间的推移，任何产生服务的资产都会出现投机和风险。服务的远期费率会改变。在石油钻井平台的案例中，由于石油钻井平台的远期合同市场存在不完善，想要投机远期租金的人可能不得不立即开始租用钻井平台。但这种限制不适用于在期货市场交易的商品。任何人都可以在不成为交易商的情况下对远期价差进行投机。因此，提早解除套保的利润所得对真正的套期保值来说并不重要。可交割存货的套期保值者可以将套期保值的收益视为固定收益，即使他可能会随着时间的推移重新评估自己的头寸。套保中许多明显的风险来自公司将风险较大的投机头寸与无风险的纯套保操作结合起来

[①] 当然，1976年1月进行的3个月期套期保值的收益与1982年5月进行的3个月期套期保值的收益是不同的。不变的是特定可交割库存的套保收益。

的决策。

八、基差风险

基差风险来自运输或等级差异中的隐性头寸。在伊利诺伊州的南部地区，为了实现交割，一家厂商必须回购其期货合约，并在当地市场出售即时交割的小麦。如果运费同时下降，那么该地区的套期保值者赚的比他预期的要多，因为当地市场的小麦相对于芝加哥的小麦更受欢迎了。另外，如果运费同时上涨，套期保值者的收益将低于预期[①]。套期保值的投资组合理论认为基差风险是不受欢迎的。相反，经销商可以很好地计划承担基差风险，以抵消加工和销售设施带来的更重要的风险。

在分析基差风险时一定要谨慎。如第二章所述，"基差"是指本地现货价格与下一个到期期货合约价格之间的差价。因此，一些基差变动实际上是现货价格与期货价格的收敛趋同。由于是可预测的，基差那部分的运动不应被归类为套保风险。真正的基差风险是基差的变动过程中那些不属于现货和期货价格趋同的部分，真正的基差风险来自运费的改变或不同交割等级的升贴水[②]。如果在套保时，当地市场的现货价格总是同芝加哥的现货价格关系一样，如果运费保持不变，那么套保不可交割库存的回报也将是确定的，就像套保可交割库存的回报一样。

对不可交割的小麦进行套期保值实际上是一系列头寸的组合。这里以持有芝加哥低等级小麦的套期保值为例。一般来说，对清理小麦的承诺是隐性的，因为一旦低等级小麦清理后就会变成合约等级小麦。因此，对芝加哥低等级小麦的套期保值可以被看作是两个头寸的组合：一个是对可交割小麦的套保，另一个是所隐含的清理服务的空头头寸。类似地，用芝加哥以外的合约等级小麦进行套期保值，就相当于运抵芝加哥的运费空头头寸与可交割小麦套保头寸的隐性组合。这就好像是该厂商通过购买州内小麦，卖到芝加

[①] 关于基差风险的文章，都在传统的套期保值投资组合理论中，见 Vollink 和 Raikes（1977），Ward 和 Dasse（1977），Bobst（1979），Hayenga 和 DiPietre（1982）。

[②] 尽管其中的一些波动可能被预测到，因此，准确地说这不是套保的风险。但一些不可预测的方面通常存在。

哥，然后进行套期保值：在芝加哥购买小麦并卖出用于未来交割的方式来卖出运费一样。由于芝加哥的现货买卖取消了，很难即刻观察到相关的两个头寸。更复杂的套期保值也可以（也应该）分解为这样的组合头寸。

所有这些复杂交易的共同之处在于其中都包含了可交割小麦的套期保值。这种套保操作就其本身来说就是一种无风险头寸。与基差风险相关的是剩余的远期清理和远期运费等服务的隐含头寸。无论是在等级差异还是运费方面，在分析中明确这些隐含头寸是有意义的。涉及可交割库存的纯套保的思路反而可能会被抑制。这一观点与套期保值投资组合理论形成了鲜明对比。

从它们自己的角度来看，运输和清理业务中的隐含头寸以及它们所造成的基差风险，并没有拯救套期保值投资组合理论。就像将套保延伸到较远期月份以作为一种对远期价差投机的手段一样，在清理和运输方面产生基差风险的隐含头寸可能纯粹是投机行为。这些对经销商和加工商来说并不特别。它们本身也可能是对更基本头寸风险的一种反应，如制粉。因此，尽管基差本身存在风险，但接受基差风险可能是对风险厌恶的理性反应。与套期保值投资组合理论相反，交易商和加工商实际上可能乐于承担基差风险，因为这有助于抵消他们主要业务的风险。

要更清楚地了解这是如何实现的，请想象一下伊利诺伊州皮奥里亚的一位磨坊主，他通过一份要求在皮奥里亚交货的期货合约对小麦库存进行了套保。由于套保是在皮奥里亚期货市场，小麦是可以交割的，因此磨坊主的头寸是纯粹的套期保值，没有风险。对磨坊主来说，有风险的是在制粉上的回报。实际上，他持有着大量制粉服务的多头头寸（除非其已经卖出了自己的远期服务）。出于风险规避的目的进行分散化，假设他决定增加一个将小麦从皮奥里亚运输到芝加哥的空头头寸，一个与运费空头头寸负相关的制粉服务多头头寸。由于远期运费没有显性市场，因此他必须通过在皮奥里亚购买未来交割的小麦并在芝加哥卖出交割小麦来构建自己的运费空头头寸。因此，作为纯粹套保的一部分，他已经卖出了准备将来在皮奥里亚交割的小麦，买和卖都取消了。所以，作为增加一个运费远期的隐性空头头寸的方法，磨坊主将其套期保值从皮奥里亚期货市场转移到了芝加哥期货市场[1]。他的运费隐性空头头寸的回报依赖于芝加哥价格相对于皮奥里亚价格如何变动。然而，磨坊主并没有被这个基差风险所困扰，而是接受了部分风险，以抵消在制粉业务中的风险[2]。

因此，即便考虑库存无法通过期货合约进行交割，对磨坊主的投资组合问题进行适当分析后也可得出结论：基差风险并不妨碍套期保值。传统的套期保值分析存在着误导，认为期货市场依赖于商品交易商的风险厌恶。考虑到加工利润率、原料价格和产品价格之间的相关性，情况可能正好相反。

九、总结：风险厌恶的交易商对期货市场的使用

本章对套期保值投资组合理论提出了许多批评，其通常需要对这种或那种隐含的头寸进行复杂的排列。实际上所提的批评主要基于三个直截了当的命题：首先，涉及可交割库存的套期保值回报是确定的。其次，期货价格是无偏的。最后，加工、仓储、货运、出口等服务价格与商品价格呈负相关关系。第一个公理是不容置疑的。第二点长期以来一直是争议的焦点，但即使出现了任何实证和理论上的共识，也无法证明现货溢价理论和期货价格有偏的观念。关于最后一点，只有少量的实证研究。能支持这个命题的内容太少了。因此，这三个公理似乎是合理的。

既然我们接受了这三个命题，我们就必须摒弃套期保值的投资组合理论，以及期货市场的功能是将持有存货的风险从商品持有者转移到投机者身上的流行观点。交易商和加工商之间的风险厌恶既不是期货市场存在的充分条件，也不是必要条件。如果说有什么关系的话，那就是风险厌恶会阻止商品的持有者利用期货市场。

---

[1] 与制粉负相关的另一项资产是牛市价差，即磨坊主可以通过隐性地购买近月合约并同时售远月合约。他已经卖出了一份近月合约，因此，在他的投资组合中增加一个牛市价差的效果是，将套期保值放在一个较远期的交割月。一开始是在皮奥里亚进行的卖空交割，现在变成了在芝加哥进行的卖空交割，交割日期要晚得多。

[2] 当然，正如第三章第六节所讨论的，这位厌恶风险的磨坊主可能也会考虑在他的投资组合中增加小麦的多头头寸，使得他的一些小麦在芝加哥期货市场上不做套保。确切的数额将取决于所有这些资产之间的相互关系。但事实是，一个交易商的风险厌恶程度越高，他对期货市场的利用就越少。

第四章 借入商品的需求

现货溢价理论和套期保值投资组合理论的核心问题在于，它们没有考虑为什么厂商会先持有库存。每种理论都描述了一个风险厌恶型的厂商，该厂商拥有预先确定的库存，库存价值的波动引起了担忧。显然，避免这种风险的最有效方法是不持有任何库存。

一个更全面的理论应开始考虑为什么厂商会在价差低于全额持仓费的显性成本条件下持有存货。在第2章的术语中，价差低于全额持仓费的部分是商品的使用费。因此，一个更全面的理论应研究厂商是否会支付商品使用费来取得商品控制权。这样的质疑立即有了这一结论，即风险中性的厂商有充分的理由使用期货市场。风险厌恶只不过是转移注意力的方法而已。

本章提出的持有存货的理论与厂商以放弃利息为代价持有货币的原因相类似。持有货币的原因不仅类似于厂商持有存货的原因，而且也说明了低于全额持仓费的价差的存在，毕竟利息就是以百分比表示的货币使用费。或许最重要的是，传统货币需求模型表明即使是风险中性的厂商也希望持有现金。

与持有货币一样，持有库存至少有四个原因：为平稳消费而进行的纯粹性储存、投机性需求、交易性需求和预防性需求。事实证明，前两者对于价差和期货市场的分析并不重要。后两个则促使厂商在价差低于全额持仓费并且商品使用费为正时借用商品，因为在运输和加工不灵活的情况下，借入商品可为厂商提供有保障的原材料供应。因此，尽管风险和不确定性很重要，交易商的行为也可以在没有风险厌恶的情况下得到解释。一旦考虑了这一点，原材料可获得性的观点与沃金的储存供应概念便可进行对比。最后，几个主题在一个关于为什么厂商可能会借入商品而不是直接拥有商品的理论探讨中联系在了一起。

最后一种模式是将借入与直接购买进行对比。这是核心所在，因为只有借助它才能确定风险中性厂商使用期货市场的原因。对厂商为何持有库存的探究表明，他们会显性地借入原材料。人们很容易把这种交易想象成类似于

19世纪60年代在芝加哥运作的仓单借贷市场。但是，这种通过套保操作隐性完成的借入会产生两种交易成本。直接购买只涉及一种。一家风险中性的厂商将接受间接借入而非直接买入的额外费用，其原因与解释金融中介机构存在的原因类似。同样，这些原因不涉及风险厌恶。

　　本章使用的模型有意将厂商描述成价格接受者，比机器人稍好些。显然，实际中的厂商并非如此被动。商品交易商会积极关注价格，形成预期，并使用投机头寸。然而，无论厂商是积极的还是消极的，同样的竞争性均衡，同样的价格模式，都会出现。或者更准确地说，正是由于厂商之间的激烈竞争，产生的均衡结果使厂商看起来就像是被动的价格接受者。在微观经济学理论中普遍存在被动接受价格的行为假设，其优点在于分析具有简便性。人们并不需要理解和描述厂商如何形成价格预期，或如何对其库存进行管理。这样的活动，不管厂商实际投入多少，也只是理解价格模式这一目标的烟雾弹而已。

一、纯仓储和投机仓储

　　至少从对期货市场的研究来看，持有库存的所有原因中有两个并不令人感兴趣。首先，用以满足季节性生产和需求的纯库存（pure storage）虽然构成了实际库存的一大部分，但其只在全额持仓费时发生。因此，在差价低于全额持仓费的情况下，纯仓储不能成为仓储悖论的一部分。其次，就投机性储存（speculative storage）本身而言，尽管其可能在理论上存在，但在拥有期货市场的商品上很少发生。期货合约本身就是一种更好的投机工具。

　　由于某些商品的生产具有很强的季节性，为了使全年的消费均衡，必须有人持有库存。表现在价差里的纯仓储成本包括实物仓储的边际成本和投资资本的机会成本。其中，实物仓储的边际成本在所有的仓储层面上看都是恒定的。大宗货物的储存能力可以迅速提高，而且几乎不需要额外的成本，特别是像棉花这样的货物，可以放在外面仅用防水帆布覆盖。同样地，由于资本成本只是利率与仓储价值的简单相乘，所以边际资本成本也是恒定的。

　　在边际实物仓储成本和边际资本成本不变的情况下，如果只考虑纯仓储，价差将是恒定的。然而，价差并不是一成不变的。这是因为纯实物仓储成本和利息支出都是正的，而且当价差为负时，可以观察到厂商的存储行为。所以除了纯存储之外，厂商持有库存肯定还有其他原因。

此外，对于所有商品来说，许多常规使用的仓储设施都不是成本最低的。如果纯仓储是持有库存的唯一原因，那么那些提供最便宜仓储的谷仓和仓库将持有所有库存。因此，除了满足在生产和消费方面的季节性规律之外，应该有更多的东西影响存储。例如，尽管在路易斯安那州的盐丘地区每桶石油的仓储价格是最便宜的，但没有私人石油仓储商选择将储量放在那里。相反，他们会把石油储存在炼油或配送中心附近的昂贵的金属罐里。观察到的仓储空间分布也不符合纯仓储的预期。考虑到一件商品必须储存在某个地方，并在某个时间发货，所以最好推迟发货，因为运输后由运输费用所产生的利息费用会增加仓储成本①。石油和其他大宗商品的仓储地点远离生产中心，虽然这些地点的直接资本费用最低，但在加工和配送中心附近的高成本仓储是常态②。

除了纯库存之外，投机可能是持有库存的另一个原因。有时，"不合理的"低出价会促使商品持有者不去出售而去仓储，等待价格上涨。抱着价格上涨的希望，一些与商品运输或加工无关、但已安排好仓库空间存放其纯投机性购买商品的人，可能也会加入进来。

一些厂商和个人可能会因投机而持有库存，如最近持有高等级钻石作为投资账户的一部分的狂热做法就是一个很好的例子。尽管如此，这种持有库存的理由还是十分罕见的。因为任何纯粹的投机者都必须克服个人和厂商仅仅通过持有库存而获得价值的机会成本。就钻石而言，一个从钻石中获得内在乐趣的人将比仅把钻石作为投资保留的人面临更低的年度贬值。同样，对于普通商品，如果其他厂商不止因为投机的原因想要持有库存，并愿意为自己持有库存而支付溢价，那么投机者在购买商品用来仓储之前必须期望至少能赚取这个溢价。

投机者与那些能在仓储时使用商品的人相比较，无论是为顾客服务还是展示美丽的宝石，都处于劣势。但他们可以通过使用投机工具来避免这种劣势，而不用承担持有闲置库存的负担。例如，商品的投机可能通过合约的未来交割来实现，或者投机者可以暂时把他的库存借给看重这些库存的人，但

---

① 严格地说，这一论点要求运输和分配的远期价格排列在全年的所有时期都显示相同的价格。

② 然而，可可等商品不能仓储在生产中心，因为它们在热带气候中变质得太快。

在这种情况下，投机者将不再仓储这些商品。类似的，还有比囤积现金以投机货币相对于商品和服务价值升值更好的方法。人们可以保留本金，同时通过持有短期资产（如国库券）继续赚取利息。一般来说，只要有人愿意为持有谷物、钻石和货币所带来的好处买单，投机者就必然会选择其他投资，而不是储存商品本身[①]。

二、库存的交易需求

比投机需求或单纯仓储更为普遍的另一个持有库存的原因是交易需求，这类似于现金的交易需求。就目前而言，这种动机的重要性在于，在一个完全确定的世界里，没必要考虑风险厌恶，尽管存在现货溢价，厂商仍会持有一些库存。因此，与纯仓储的需求不同，交易需求与正的使用费相关，这意味着价差低于全额持仓费。

从农民将小麦推向市场的简单模型可以确认几个重要的观点。首先，当价差低于全额持仓费时，仓储是合理的。其次，仓储的数量对使用费的高低很敏感，即价差低于全额持仓费的程度。最后，将一种商品转换成另一种商品或将其从一个地点运输到另一个地点的成本是仓储行为的根源。

想象一下在一个区域营销中心，本周交割的小麦价格P_1高于下周交割的小麦价格P_2。这些价格是如何确定的，或者能否持续下去，目前并不重要。问题是，按照这种模式，该地区的农民是否会等到第二周再出售小麦。如果他们这样做，他们将面临现货溢价。

假设一个普通的农民刚刚收获了W蒲式耳的小麦。他必须决定总量W在第一周销售的数量w_1和第二周销售的数量w_2之间的最佳分配，持有到第二周的数量是他仓储的量。据推测，由于第二周交货的小麦价格较低，而且他可以从即时收入中获得利率为r的利息，所以对于农民来说在第一周将所有小麦卖到市场是最好的。然而，如果他在第一周的送货量受到某种限制，如受到卡车大小的限制，就可能会考虑将货物进行仓储。比卡车运力突然受到

---

① 这并不是说投机者从不持有实物商品。一些投机者可能会注意到，他们可以立即交割购买的一种商品，支付仓储和利息成本，然后以期货合约的形式未来交割，从中获利。但这类仓储者更适合被称为套利者，而非投机者，因为他们的操作没有风险。

限制更有可能的是，处理大量的货物使其无法完成更重要的农场任务，他会感到自己的交付受到越来越多的限制。假设销售的总成本遵循cw^2这样的关系，其中c是某个正的常数。有了这个非线性的总销售成本，农民必须在较早销售的额外收入和较早销售的较高成本之间作出平衡。因此，对农民来说，最好将一些销售推迟到第二周。

规范地来说，农民关心的是如何最大化其在P_1或P_2销售净收入的现值。

$$P_1 w_1 - c w_1^2 + (1+r)^{-1}[P_2 w_2 - c w_2^2]$$

这个等式受$W = w_1 + w_2$的约束。为简单起见，假设仓储费本身是无成本的。第二周销售的最佳量，也就是仓储的量应是

$$w_2 = \{ W + [P_2(1+r)^{-1} - P_1] / 2c \} \cdot [(1+r) / (2+r)]$$

在这个表达式中，$[P_2(1+r)^{-1} - P_1]$是核心，因为它与两个不同交割日期的价差有关。在没有任何仓储费的情况下，第二周的价格比第一周的价格高出相应的利率部分，就意味着出现了全额持仓费的差价。若以全额持仓费持有，表达式中涉及价格的项将等于零，而最优配置，如$r = 0.001$（或每年5.2%），将是在第一周有效地销售一半小麦，第二周有效地销售另一半小麦。然而，即使差价低于全额持仓费，仍会有一些仓储量，虽然还不到初始总量W的一半，只要P_2不低于P_1，$[P_1 - P_2(1+r)^{-1}]$就不低于$2cW$，就有一定的仓储量。因此，由于销售小麦的边际成本迅速上升，只要价格处于现货溢价状态，仓储小麦也会是最优选择。此外，库存量对价差低于全额持仓费的程度很敏感，现货溢价越大，库存越少。

这个模型简单地描述了农民的市场销售问题，适用于大部分的商品加工和运输，因为这些市场活动的边际成本曲线是递增的。即使豆油价格存在现货溢价，压榨商仍将持有大豆库存，因为一旦设备连续运转，它们在短期内无法增加产量[①]。同样地，不管立即装运比延期装运的价格高出多少，昼夜不停运转的出口设施也只能在短时间内轻微地增加装载量。一般而言，从铜冶炼厂到燃油经销商，商品交易商的设备在长达数月甚至数年的时间内都极其缺乏弹性。因此，即使存货失去了价值，为了减少加工和运输商品的总成本，持有存货通常也是值得的。

---

① Paul 和 Wesson（1966）得出结论，压榨服务的短期供应弹性介于 0.13 和 0.24 之间。

正在生产或正在运输的货物也是库存，如果价格合适，这些转换将不仅以更高的产能，而且以更快的速度运行。对实际转换速度的限制也会导致现货溢价。例如，快速交付原油产生的现货溢价（如在1979年发生的）几乎永远不会证明用航空运输原油是合理的。然而，石油公司将以可能的最高速度运转油轮。但是因为油轮只能开这么快，总会有一些原油在运输。尽管存在大量现货溢价，但仍将有大量原油库存被登记在册。当然，高速运输是昂贵的。当需求不那么迫切时，油轮就会以较低的巡航速度行驶，有时几乎会漂泊行进，导致海上的原油库存增加①。在这种情况下，原油库存量对当前和未来交付的原油价格之间的价差程度非常敏感。然而，海上漂浮原油与价差之间的关系真正来源于油轮为更快航行产生的可变且不断上升的成本。如果油轮能以同样的成本以任何速度行驶，原油价差就会达到全额持仓费，这意味着原油运输将会非常迅速，海上不会有任何库存。

正如前面的例子所示，尽管存在机会成本，但是否决定延迟处理或交割要取决于加工或运输边际成本的上升。相似的因素也是现金交易需求的核心。如果可以将现金以无成本的方式转变为能产生利息的资产，那么持有货币就毫无意义；相反，人们会在计划购买之前将可生息资产转换成现金。一旦将现金转换成能产生利息的资产和再次换回具有成本，那么最佳选择是持有一些货币（尽管要放弃损失利息的机会成本）。这种做法在经济上的有趣之处在于，现金存量的大小对货币的使用费非常敏感。

商品的转换成本可能比货币的相关成本高得多。引起现金交易需求的转换成本通常被描述为经纪费、政府证券的买卖价差、在银行排队等候的时间等②。这些将产生利息的资产与货币之间的转换所产生的交易成本并不是因为购买而需要货币，建议命名为现金的"交易"需求。或许一个更好的名字应该是"转换"需求。对买卖成本的类似考虑导致了商品库存的增加，例如，决定不经常大量购买商品。但是，就商品而言，这些与累积库存有关的交易费用虽然在绝对规模上可能很大，但与迅速加工和运输的额外费用相比

---

① 当大多数油轮以低于全速 6 节的速度巡航时，海上漂浮的原油量几乎是所有油轮全速行进时的两倍（埃克森公司，1981）。

② 这些成本通常是线性的，将两种证券转换成现金的费用与一种的费用成比例。但无论如何，这一支出都是正的，与小麦销售成本的大幅上升相对应。

可能很小。

三、库存的预防性需求

即使在一个完全确定的世界里，也会出现由转换成本引起的库存需求。另一个动机，十分类似于对现金的预防性需求，适用于一个不确定的世界。由于存在预防性需求，厂商仍会在现货溢价的情况下继续持有商品，即使他们是风险中性的也会这样做。此外，厂商最希望的是借入商品，而不是直接拥有它们。

这些观点可以用现金的预防性需求这一类似模型来建立。对现金的预防性需求模型考虑了在收入和支出时间不确定的情况下最佳持有货币的问题[①]。同样，银行的最优资产管理模型考虑的是，在存取款时间不确定的情况下，如何利用资产创收与货币储备之间的适当组合[②]。在这些模型中，个人或银行的风险厌恶并不重要。相反，每个人都试图将总成本的期望值（均值）最小化，该成本为以利率 r 持有货币余额 M 的机会成本，加上当货币余额不能弥补支出超过收入的部分时以 c 每单位费用转换某些生息资产的成本。这种支出超过收入的部分，通常称为 e，是一个密度函数为 $f(e)$ 的随机变量。因此，期望总成本为

$$EC = Mr + \int_M^x [(e-M)c] f(e) de$$

当持有货币的边际成本为 r 时，货币余额 M^* 为最优，正好平衡了货币短缺的边际期望成本。

$$r = c \int_{M^*}^x f(e) de$$

这种预防性现金需求模型的重要之处在于，尽管存在机会成本，货币仍被持有。

这个成熟的模型也可用于描述对商品的预防性需求。在磨坊主、纺纱工、托运人和出口商所从事的行业中，下一个产出和销售的时间是不确定的。直接与客户打交道的厂商可能会收到预料之外的订单，而那些通过在有

---

① 在许多关于这个主题的文章中，Tsaing（1969）使用的库存控制理论最正式。

② 参见 Baltensperger（1980）的文献综述。

组织的交易所销售的厂商可能随时会发现有利可图的交易机会。为了提高效率和灵活性，或者为了在紧急情况下保留客户的业务，这些厂商持有一定的库存似乎是很自然的。

然而，单是需求的不确定性并不会促使持有库存，相反，持有库存源于生产中的不灵活性和不确定性。就像如果生息资产可以即时的、无成本的转换成现金，就没有人会持有货币一样，如果厂商能够确定在需要时立即获得所需的商品，并且不需要付额外的成本，就不会持有存货。如果磨坊主可以立即用小麦生产面粉，而且不需要额外的成本，就不会把面粉存放在手边。但是，由于小麦供应不稳定，机器故障，员工旷工，以及制粉需要时间等因素，要想加工的比正常速度更快，额外成本将会极高，磨坊主会很难迅速和自如地应对需求变化。可以认为，厂商自身供应的不确定性和技术上造成的延迟，是其囤积原材料和产成品的充分理由。当然，需求的不确定性也会加剧供应滞后或供应不确定性的影响。

可以去构想有一家代表性的厂商，生产能力固定，而原材料的生产成本可变。如对于一个湖运公司来说，要么全体船员一起进行航运，要么就根本不航运。面粉厂和纺纱厂的生产成本在短期内也是相对固定。只要这些厂商的产品价格高于原材料价格，就会一直试图满负荷运转，因为它们的净收益弥补了部分准固定成本。

每当原材料短缺使厂商无法满负荷运转时，厂商就会损失一些收入。为简单起见，假设厂商所产产品的市场足够大，使厂商所发生的任何事情都不会影响市场价格。因此损失的收入就是厂商产品或服务的价格乘以短缺量。因此，一个拥有固定产能和固定服务价格的厂商将发现其短缺量的成本接近于每单位短缺的一个恒定量。如果可能的话，一个缺少小麦的磨坊主会生产玉米粉而不是面粉，但是即使有这样的替代品，厂商仍然会由于短缺的每蒲式耳小麦而造成一定数量的损失，损失量等于使用玉米和使用小麦的收益之差。假设现在这个独立的厂商无法控制送达厂商的谷物数量，也无法控制到达时间。一段时间内到达的总数 x 可能遵循一种统计模式。设 $f(x)$ 为某一特定数量 x 到达的概率。x 的量当然是非负的。如果 x 小于固定产能 K，减去原材料的安全数量 I，那么厂商遭受短缺的成本是 $(K-I-x)c$，其中 c 是短缺的恒定损失。如果厂商不厌恶风险，那么他就不会有意识地避免极端的短缺成本，而只关心 x 所有可能结果下的平均短缺成本，这个期望短缺成本是

$$\int_0^{(K-I)} [(K-I-x)\,c]f(x)\,dx$$

这样的厂商所面临的问题是，为了避免这些短缺成本，应该保留多少库存。如果库存可以无成本的持有，最佳数量将是无限的。但是由于库存的持有成本很高，为了选择最佳的库存水平，厂商必须解决库存控制问题，即短缺成本与持有成本的权衡[①]。

衡量持有成本的正确方法就是衡量价差[②]低于全额持仓费的幅度。"持有成本"（holding cost）一词本身仅指仓储费、保险、损耗和投资资本的机会成本。然而，如果商品的价值随着时间的推移而升值，其中一些费用是可以收回的。同理，如果商品的价值贬值，这种损失应该加到实物仓储的费用中。库存管理的典型模型隐含地假设了下一时期的库存价格与当前相同。因此，价差低于全额持仓费（如使用费）的部分正是持有成本。显然，持有库存的机会成本可能不是这个，但仍高于零。

厂商本身没有必要拥有原材料或管理库存。它最关心的是确保能立即获得原材料。因此，只要有一种能保证获得原材料的安排就可以了。如果该地区的其他人专门从事仓储业务，该厂商可能会购买获得原材料的权利，从而避免保管原材料的负担。获取原材料的权利就像遵循常见的银行惯例的合同那样正式，允许厂商获得信贷额度。当厂商预期需要一些额外的现金时，就会出现信贷额度的做法。如果厂商确定他需要这笔钱，他就会直接获得这笔钱。否则，它将协商信贷额度，以确保在需要现金时能够迅速获得，而不必担心银行可能需要数周时间来处理其请求。这里重要的是厂商想要获得拥有资金的权利，而不是在于资金本身。同样地，磨坊主也愿意拥有获取小麦的权利，比如，他希望当地的谷仓一通知，就能立刻拿到小麦。

重要的问题是，如果有人对一项保证获得原材料的服务收费，磨坊主愿意为这项服务支付多少钱。I代表类似于信用额度保证的原材料的量，P_A为每单位I的价格。如果厂商持有存货，P_A为其持有成本，为价差低于全额持仓费的程度。该厂商必须支付IP_A不管是否行使原材料的权利。厂商应该选择使期望总成本最小的I值，期望总成本是得到存货服务的特定成本加上预期短缺

---

① 第三个相关的成本，即与下达订单和收货相关的成本，在这里是一个没有必要讨论的复杂情况。

② 现货与期货的价差。

成本之和，

$$EC = IP_A + \int_0^{(K-I)} [(K-I-x)c] f(x) dx$$

I的最优值即为式中I^*，

$$\partial EC/\partial I = 0 = P_A - \int_0^{(K-I^*)} cf(x) dx$$

也就是说，最优库存是当持有边际单位库存的价格等于预期短缺成本时得到的。因为持有成本是确保得到库存服务的成本，所以这个解决方案可以解释为厂商为得到库存I^*愿意支付P_A。

这种为可获得并保证原料供应而付款的意愿是一个重要的结果。风险中性的厂商将支付正的使用费。即使价差低于全额持仓费，风险中性的厂商也有充足的理由持有存货。厂商在机会成本和由于原材料供应或生产过程中的不确定性而产生的短缺成本之间进行权衡。

预防性现金需求的标准模型和库存需求的类似模型都包含这样一个直观的概念，即不确定的流动，无论是小麦还是美元，都会促使厂商为一些现成的供应品买单。然而，这种预防性需求模型没有回答为什么厂商会遭受不规律的流动问题。许多厂商都可以将订单与库存结合起来，从而进一步降低原材料供应的不确定性。例如，面粉厂和出口商可能会与供应商联系，提前一段时间订购原材料。同样地，公用事业公司已经开始允许其客户将他们估计的燃料账单分摊成十二个月等额付款。因此，他们的客户只需平均持有少量的现金即可。

虽然厂商可以通过提前订货来减少供应的不确定性，但消除不确定性是不可能的。对于订单，由于天气、罢工和运输瓶颈，订单是否会如期到达的不确定性仍然存在。订单可能到得太晚而不能使用，或者太早而不能存放在仓库中[1]。即使一个厂商坚持用合同来惩罚延误发货，也只能将问题转移到供应商，类似地，公用事业公司在要求用户等月支付预期消费的操作下必须承担在意外寒冷的1月这段时间消费燃料所带来的融资风险，并持有相应的现金储备。虽然供应商可能更有能力控制或承受交货的不确定性，但他

---

[1] 如果处理多余的订单是免费的，那么尽可能多地订购而不支付库存费用将是最便宜的，因为当公司订购了大量的货物时，就不会出现短缺。因此，订购太多肯定会有一些成本。

们也不能完全消除这种不确定性。因此，厂商仍然必须付费才能获得其确定的原材料供应，或者直接通过以机会成本为代价持有库存或向愿意在合同中包含惩罚条款的供应商支付更高的价格，并且供应商以机会成本为代价持有库存。

库存的预防性需求包括订单的选择和与供应商的谈判，其更普适性的模型远非更复杂的库存控制问题。有时，没有解决明确的最佳下单量以及最佳在库库存量是可能的。例如，如果下达订单至交货的时间是随机的，那么交叉订单，即订单的货运可能会延迟很长时间导致后续订单先到货，这一数学上的棘手问题就会出现［卡普兰（Kaplan，1970），利伯拉托尔（Liberatore，1977）］。

无论何种情况下，都有可能对更现实的库存控制模型总结出一个普适性的解决方案：为手头上的货物而不是订单来支付溢价是值得的。虽然小麦还是小麦，棉花还是棉花，但是包含在库存和订单中的原材料有一个很大的区别。库存中的原材料肯定是随时可用的，然而订单中的原材料完全不能确定有多少会按时到达。手头上的小麦与定购小麦的区别正是在于前者的可获得性得到了保证①。

尽管保证可用性的概念暗示了一种保险形式，但最重要的是不要将这种不确定性问题与风险厌恶联系起来。根据其风险偏好的性质定义为风险中性的厂商，仍然持有存货，以防范收货、订购材料或销售中的不规律行为。这样做是为了尽量减少平均成本，去除这些费用的可变性。由于存在预防性需求，一个风险中性的厂商会安排可靠的原材料获取途径，就像它会为同样的目标安排获取资金一样。

四、市场用语与库存控制理论

一些商业术语本身也证实了期货市场关注的不是风险厌恶，而是不确定性和有保证的可获得性。对此基本性质，可以通过贸易商和商业记者的有关表述来了解，因为对这些贸易商和商业记者来说常常需要区分货物的差异，

---

① Carlton（1977）使用这个的可用性概念来解释餐馆、航空公司、零售商店和类似企业的价格模式。Maccini（1973）和 Carlton（1979）发现的最优交货时滞问题也应用了类似主题。

特别是区分为什么它们以不同的价格出售。如果本质区别是在商品与嵌入保险的商品之间，也就是现货溢价理论所预测的区别，那么人们就自然会想到记者常说的保险、溢价和风险等术语。与之相反，商品交易商用于区别已有材料与订购材料的术语也正是库存控制理论所强调的。在商品交易商的词汇中，"套期保值"一词意味着风险。此外，它也是非常连贯和准确的商业术语集中的一个相对较新的应用。

各种商业用语在19世纪40年代表现得最为明显。在那个时期，用于描述交易的用语被用在各种场合和组合中，这表明它们还没有成为今天的语言定式[1]。1847年3月24日，《布法罗晨报》对纽约的市场作了如下报道：

> 面粉和谷物粗粉仍在现货市场达到可观的需求量，并且价格稳定；5月交货的价格为每桶6.12美元，销量为1.3万至1.5万桶；6月交货的价格为每桶5.87美元。运到哈德逊河河口的价格为每桶7.12美元，到岸量为1500桶。

记者用价格很清楚地区分了已经在纽约的现成面粉和预计将在未来某个时间到达的面粉，所作的主要区别是现有货物和定货货物。因此，交易者的术语揭示了他们对最优库存模型处理问题的关注。现货市场的商品当时指的是在纽约的库存，但却并没有说如果延迟的话什么时候能送到。黑麦的现货价是每桶90美分，晚到的价格是每桶80美分[2]。

在这些关于早市的报道中，商品销售中"到货"（to arrive）这一附加条件强调了到达时间的不确定性："两到三周内到达，可能以5.75美元每桶获得面粉"[3]，或"提前到达，需要花费更高的价格"[4]。1847年4月23日在布法罗，出售"5月10日之前到达的马西里安（Masillion）（俄亥俄州）的1万桶小麦以及6月到达的7800桶圣约瑟夫（St. Joseph）（密歇根小麦）"[5]。在6月任何一天都有可能到货给交货日期造成很大的不确定性。声明中只提到"5000桶西部的（面粉）会以价格5.87美元/桶至6.5美元/桶到达，整个5月均可交割"，这意味着记者又补充道"由卖方选择发货日

---

① 这些旧的商业报道也很有趣，因为货物在未来某个不确定日期的价格与现有货物的价格经常出现明显的现货溢价。

② 布法罗晨报，1847年1月27日，纽约市集报道。

③ 同上，1846年10月7日，纽约市场报道。

④ 同上，1846年10月8日，纽约市场报道。

⑤ 芝加哥日报，1847年4月28日。布法罗市场报道。

期"①。这个神秘的评论告诉读者"面粉，整月都是9.20美元/桶；而现货价为9.50美元/桶"②。这足以分辨出该货是在一个月内某个不确定的时间到货，还是立即到货。

到货时间的不确定性不仅体现在那些给出一个月交货时间余地的交易中，也体现在那些与特定自然事件相关的交易中。例如，纽约市场经常有"哈德逊（Hudson）河开航后到货"③的面粉和谷物的销售。哪一天哈德逊河或五大湖的冰能够融化的确是不确定的。在1847年，会出现比平时晚近一个月的情况。这使5月底的合约很难如期履约到达纽约市。在布法罗，有一次销售的小麦在俄亥俄运河开通后20天才到达，还有的小麦销售标明"乘第一艘船到达"，即任何时候都可能到达④。

在19世纪40年代，"到货"一词适用于从"即将到手"（near at hand）到提前数月预定交货这一区间⑤。与较远期到货的术语"未来交割"（future delivery）一词常可互换使用⑥。当然，这一术语在现代用法中仍然存在。就安排接收货物的人而言，除了将货物放入仓库有额外费用之外，用来自刚抵达的轮船的货物或来自在仓库存放已久的货物来交割并无区别。无论何时用来自船的货物交货，都可以很自然地把交货合同称为"到货"销售；当货物来自仓库，则更普遍的称为"未来交割合约"。不管商品是如何交付的，未来交付自古至今都是不确定的，特别是当交付日期由卖方决定的时候。

"现场交货"（on the spot）的同义词还强调了现有货物与未来交货不确定的货物之间的区别。显然，"立即交货"（immediate delivery）的销售与"现场交货"指的是相同的交易，因为只有那些已经存在的供应品才能立即交货⑦。"现货"（cash）是"现场交货"的另一个同义词，因为大多数合同，无论是即时还是未来交付，都是"货到付款"（payable on delivery）。

---

① 布法罗早晨快车，1847年3月13日。

② 芝加哥日报，1847年6月9日，纽约市场报道。

③ 布法罗早晨快车，1847年2月20日，纽约市集报道。

④ 同③，1847年3月25日。

⑤ 在今天的用法中，"to arrive"指的是几周内到达的合同，"future delivery"指的是几个月后到达的合同。

⑥ 例如，比较一下布法罗晨报，1847年1月28日和29日的纽约市场报道。

⑦ 例如，1846年11月12日，纽约市场报道。

因此，把对现金的迫切需要同立即交货联系起来是很自然的，并把这种付款方式称为"现货"销售。

虽然"到货"和"未来交货"适用于同一交易，但它们绝不能与"现场交货""立即交货"或"现货"互换。价格的关键区别就在于，货物是否是现成的，而如何交割以及如何支付没那么重要。如今，"现场交货"已被缩写为"现货"（spot），"未来交割的合约"（contract for future delivery）被缩写为"期货"（futures）。这些术语的起源表明，最优库存模型的观点对于理解现货和期货价格之间的关系至关重要。此外，这些术语以缩写继续使用表明，自19世纪40年代以来，商品托运人的根本问题并没有改变。碰巧的是，在1984年的春天，一场季末的冰塞导致五大湖的航运关闭，就像1847年一样。

五、对可获得性的需求

由于种种原因，风险中性的厂商愿意以低于全额持仓费的价差为代价来持有存货。首先，对原材料安全供应的预防性需求促使厂商为持有库存而付款。如第四章第二节所述，即使存在确定性，与加工和转移商品相关的转换成本急剧上升也会促使厂商损失机会成本来持有存货。但由于这种机会成本反映在低于全额持仓费的价差中，因此投机性仓储很可能为零。虽然有时纯仓储可能占总库存比重的很大一部分，但为平滑消费而进行的纯仓储与所观察到的价差特殊模式几乎没有关系。预防动机或交易动机都足以解释为何以损失机会成本为代价进行仓储。但事实上，这两种动机都存在。当然，这些持有库存的原因并不是相互独立的，对库存的综合需求并不是所谓的纯仓储、防范和交易动机的简单叠加，多个动机会让库存行为更有意思。

从航运和加工商品的诸多不确定性来看，在价差低于全额持仓费的情况下，预防性动机很可能是持有库存的更重要原因。然而，从整体上看，转换成本产生的问题是持有库存的更根本原因，预防性动机实际上是转换成本的一个函数。如果一接到通知，小麦就可以免费送到小麦短缺的磨坊主手中，那么磨坊主就没有理由持有自己的小麦库存。换句话说，如果没有边际转换成本，就不会有库存的预防性需求。就货币而言，如果出售美国国债的经纪佣金微不足道，那么所有为应对紧急情况而持有的资产都将是可生息的美国国债，而不是现金。对于货币而言，实际上有许多"准货币"，即很容易转换成货币的资产，几乎和货币一样有用。但就商品而言，将其他资产转换成所需资产的成本是巨大的。例如，一个磨坊主如果在偏僻的地方，收货的正常节奏就会被打断，仓库里会几乎没有小麦，也没有小麦的不完全替代品。

无论是磨坊主，还是任何商品的持有者，其困境的核心是小麦加工和运输的极端非线性的边际成本（无论是以产量还是以速度来衡量）。以快于农民、乡村谷仓和铁路的正常速度运输小麦会使成本大幅增加，这促使磨坊主自己持有小麦。此外，还有运输方面的种种不便以及其工厂生产能力不灵活等原因。如果能轻松地调整工厂规模，磨坊主就可以通过调整产量而不是持有库存来应对到货的中断或激增。反过来，面包师们担心磨坊主无法调整产能，就会开始担心自己的原材料供应。因此，这一累积反应的结果是几乎所有的厂商都渴望获得商品。

这样，由于转换成本高，厂商渴望获得商品。在交易需求的模型中，无论是货币还是小麦，可获得性与考虑转换成本一样重要。由于难以迅速获得资金或小麦，人们和厂商就要确保有现成的供应。另外，在预防性需求模型中，可获得性是分析的中心，而转换成本则处于次要地位。尽管不同模型的重点不同，转换成本和可获得性显然是密切相关的。当转换成本很大时，对可获得性的需求就很大。

尽管转换成本是可获得性需求的根源，但在解释商品（无论是小麦还是货币）价格模式的情况下，对可获得性的需求才是最有吸引力的。可获得性的需求表现为持有库存的愿望，直接影响着价格。

在某种意义上，可获得性是一种普通的投入，比如劳动力或机器。它对生产的贡献是可以减少预期的短缺成本和转换成本。正常情况下，可获得性应该是达到其边际产出等于其价格的程度。与其他投入类似，有一个关于可获得性表现良好的派生需求曲线。回忆一下在简单存货预防性需求模型中成本最小化的明确条件，

$$0 = \int_0^{(K-I)} cf(x)\,\mathrm{d}x - P_A$$

这个方程隐含地以价格 P_A 定义了 I。这种关系类似于图4.1，在价格下降时需要更大的可获得性。而如果使用交易需求模型，则可以得出可获得性需求曲线形状的类似结论。然而，在这种情况下，可获得性需求更应该被认为

是一种机会成本。

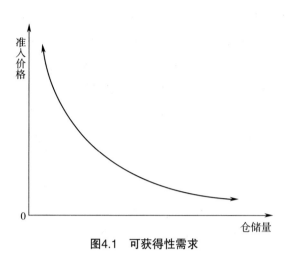

图4.1　可获得性需求

厂商可以通过多种方式购买可获得性。他们可以直接在附近的仓库安排商品的借入权（a line of credit）。厂商通过借入权获得的是按现行价格购买商品的权利，而不必担心一些问题，如漫长的谈判或仓库无货[1]。借入权的显性收费类似于电话系统的连接费。接入网络的费用，即通过电话进行通信的费用，与每次通话的费用是分开计算的。类似接通这样的费用也包含在电价中。电力公司高峰负荷定价的文献研究了合理的电价结构，即不仅对实际用电量收费，而且对潜在用电量也收费[2]。在这一高峰负荷定价问题中，重要的特征是短期发电能力是极端不灵活的，就像在加工和运输商品方面的不灵活性导致获取这些商品的需求增加一样。

获得原材料的另一种方式是通过显性的商品借贷。借贷是借入权的进一步发展。借入商品后，该商品明确归厂商所有，在此期间可以使用。借入一种可替代的商品，就等于购买了可获得性。如果厂商突然需要原材料，它可以立即使用它所借的原料，然后从容地找到同等的商品用于归还。如果一家厂商想要的只是在一段时间内获得原材料，他可能会倾向于借入这种商品，而不是直接购买。

---

[1]　参见 Campbell（1978）关于信贷额度和循环信贷的模型。

[2]　特别参见 Dansby（1978），Saving 和 De Vany（1981）。

现货商品可以被认为是两种不同商品的组合：一种是订单商品（good on order），另一种是可获得性商品（a good called accessibility）。可获得性商品并不是一种有形的商品，而是现货商品所特有的属性。现货与已订购的货物是不同的，因为在此期间现货可以提供原材料的可获得性。当这段时间过去后，物品就难以区分了。当一个磨坊主或纺纱厂主以现货购买时，实际上是同时购买了两个特性，即对未来商品的所有权和在这段时期的安全的可获得权。因此，得到可获得性的一种方法是厂商购买现货商品，然后卖出在将来的某个时候拥有该商品的权利。这就是构成套期保值的两个同步交易。

正如之前所讨论的，空头套期保值，即卖出期货合约的同时买入现货以备未来交割，等同于借入商品。商品交易商可以将套期保值作为一种隐性购买可获得性的方法。这些厂商利用期货市场不是因为他们厌恶风险，而是因为他们需要可获得性。

重要的是要明白，使用期货合约本身并不是购买可获得性。做空套期保值者出售期货合约并不能保证持有原材料。当与其他交易结合在一起时，期货合约允许商品交易商以隐性的方式购买可获得性。实际上，进行套保的厂商是通过购回其卖空销售，也就是说通过解除套保，来行使其信用额度。在期货交易所解除套保要比在现货市场迅速找到原材料容易得多。

六、价差的解释

对于现货商品来说，可获得性的价格就是其溢价（premium）。也就是说，小麦（或其他任何商品）的现货价格与期货价格之间的价差就是厂商愿意为借入小麦而支付的金额。忽略额外费用，如仓储费用和资本支出，小麦现货价格（P_{SPOT}）和未来交割价格（P_{FUTURE}）之间的关系可用数学表达为

$$P_{SPOT} = P_A + P_{FUTURE}$$

因为现货小麦包含两个商品：远期小麦和可获得性，所以现货小麦价格包括这两个商品的价格，即未来交割的价格和可获得性的价格（P_A）。

严格地说，这种关系只在正常情况下才成立。一家厂商之所以现在愿意为小麦支付溢价，是因为担心在未来的一段时间内，小麦将无法以任何价格买到，或者非常不方便购买。如果没有一个正常运转的现货市场（也就是说，在支付任何价格都不能立即得到商品的情况下），人们就不能恰当地谈

论现货价格与期货价格之间的价差。现在的问题是，在现货市场能够正常运转的情况下来解释价差模式。当一个人在周五下午去银行取钱时，就可以观察到，由于放弃了利息，他要比周一取钱承担更多成本。在周六，他不能谈论货币的现货价格相对于周一的价格，因为银行已经关闭，无论以什么价格他都无法获得货币。正是这种在星期六和星期天取款的困难导致他在星期五取款，在这个过程中他要支付所放弃的利息。

类似的关系也存在于未来不同交割日期的价格中，一个交割日期要比另一个早。因此，它们之间的价差就是提前交割的溢价。当一个合约是即时交割的，现货价格的溢价就是最早可交割的溢价。一般来说，近期合约的价格等于远月合约的价格加上在这段时间内可获得性的价格，即

$$P_{NT} = P_A + P_{DT}$$

两个期货合约之间的价差就是未来一段时间内可获得性的价格。远月价格也是当近月合约成为现货价格时的预期价格。期货价格之间价差的变化无非是可获得性远期价格的变动。

如果用近月合约价格减去远月合约价格（$P_{NT} - P_{DT}$），并计算仓储和资本成本，价差的意义将会简单得多。相比之下，两个不同月份的小麦价格之间的差价，按惯例是用远月交割合约的价格减去近月交割的合约价格（$P_{DT} - P_{NT}$）来计算的。在许多情况下，这个差值是负数，并且在计入仓储费用和利息费用后，总是小于或等于零。正确的解释并不是说持有小麦的厂商会赔钱，而是说小麦越早交割，它的价值就越大，因为小麦的可获得性有助于厂商降低短缺成本或转换成本。与其比较远月交割相对于近月交割的价格，还不如比较近月交割对于更远月交割的价格。交割时间距离越远，远月合约价格作为基点就越好。近月合约相比于远月合约来说会存在溢价，因为在此期间可以获得商品。这个溢价就是这段时期内可获得性的价格。

也许在第二章中提出的术语可以使这一点更清楚。均衡关系是即时交割的价格加上仓储费加上资本支出减去商品的使用费等于未来交割的价格。在代表时间价值的三种价格中，商品的使用费是最重要的。在此均衡关系中使用费前是负号。由于正的价格更为自然，因此这种关系的等式两端应该调换位置。此外，还应去除仓储费和资本支出，因为它们是主要的干扰。剩下的商品使用费就是本章所说的可获得性的价格。也可以称为商品的租赁费或提前交货的溢价。这也是第一章提到的价差中神秘的负组成部分。不管怎么称

呼，它都是不同交割日期的价差的核心。

期货价格之间的价差之所以令人困惑，正是因为没有将使用费与仓储费和资本支出分开。分开后计算就很简单。表4.1列出了1979年9月6日起小麦价格的调整，这是第一章中讨论的一系列期货价格。在表1.1的每一项中，除了即时交割那项外，当时每月4美分的仓储费和当时月利率为1%的利息费（保险费太小，所以不重要）已经被减掉了。结果是，如表4.1第一列所示，价格是按当期美元计算的，而不是按交货时美元计算的。这些价格似乎也表明，在与仓库保管员进行的附带交易中，提货的人必须自己支付仓储费，而不是向交货人偿还已经支付的仓储费。如果原来的价格达到了全额持仓费，调整后的价格将是相同的。实际上，交货期越远，调整后的价格越低。这些调整后的价格之间的差异，即较早的交货日期减去较晚的交货日期，就是该期间的使用费。当有人购买小麦时，如果提前交割会比安排一个较晚的交割日期多支付一笔使用费。

表4.1　1979年9月6日起货币和小麦的利率

10000美元短期国库券			
到期日	当期美元价格	期间使用费（美元）	年利率（%）
1979年9月6日	10000	—	—
1979年9月27日	9940	60	10.49
1979年10月25日	9861	79	10.50
1979年12月27日	9.686	175	10.56
1980年2月21日	9531	155	10.69
1980年4月29日	9341	190	10.95
1980年6月24日	9186	155	11.08
1980年8月19日	9049	137	11.22

1蒲式耳芝加哥小麦合约			
交割月	当期美元价格	期间使用费（美元）	年利率（%）
即时交割	4.175	—	—
1979年9月	4.170	0.005	2.4
1979年12月	4.005	0.165	13.9

1蒲式耳芝加哥小麦合约			
交割月	当期美元价格	期间使用费（美元）	年利率（%）
1980年3月	3.832	0.173	16.1
1980年5月	3.705	0.127	17.7
1980年7月	3.315	0.390	29.4
1980年9月	3.225	0.080	28.1

一旦转换，小麦的价格看起来就像货币的价格，即在国库券中所表现的那样。人们通常谈论的是国库券的贴现率，以百分比的年利率表示，而国库券是政府在未来某个时候以美元作为交付商品而签订的一份合同。在调整时间跨度后，贴现率是指低于1.0的比例，未来的美元相对于当前美元的售价。当前美元在未来不同日期的交割价格可以从表4.1中看出，与表4.1中小麦价格的下降趋势相同。一定时期内的货币使用费是指两个不同交割日期的价格之差。这种使用费可以表示为未来美元价格的百分比，并将该百分比转换为每年的利率。那就是货币的利息。以小麦为例，相同的转换可以通过使用费除以相关期间结束时交割的小麦价格，并根据相关的时间跨度进行调整来计算得出①。这种百分比就是小麦的年利率。从1979年9月6日起计算的小麦年利率见表4.1。

在每一组期货价格的后面，是这种商品的利率期限结构，这些利率不是针对那种商品的货币利率，而是商品本身的利率。这样的利率代表了如果你借了一蒲式耳小麦，你将不得不归还的额外小麦。除货币外的其他物品也有利率，期货价格反映的是商品本身特有的利率。

关于一系列期货价格中的商品自身特有利率的想法并不新颖。它至少可以追溯到凯恩斯（1936：第17章），他借用了斯拉法（Sraffa，1932：49-50）的观点。但人们对这个想法却知之甚少。不管斯拉法的观察多么深刻，它都只是一篇书评中的一个简短评论。凯恩斯在其宏观经济学分析中极力突

---

① 是用商品价格的百分比来表示商品的使用费用，还是用单位美元来表示，这取决于库存的数量（或为可获得性而愿意支付的费用）是否依赖于商品的价格。

出货币，他声称，与货币利率相比，商品本身的利率是无趣的。但实际上，商品本身的利率才是最有趣的，遗憾的是凯恩斯的论断阻碍了对商品利率进一步的理论和实证研究。更令人遗憾的是凯恩斯关于商品市场的两篇研究。早先那篇论述现货溢价理论的文章已成为期货市场文献的经典。后来那篇对商品本身利率的评论却使第一篇变得没有信服力。如果注意观察现货溢价理论，商品本身的利率将会打开期货价格的内容。

一系列期货价格的内容被忽视有三个原因。首先，主要关注点是期货价格之间的价差，而不是期货价格本身。其次，仓储费和货币利率掩盖了这些价差。最后，商品的使用费是用单位美元表示的，而货币的使用费是用百分数表示的。去除这些理解期货市场的障碍，用货币市场来类比，价格就变得容易理解了。显然，在表4.1中所列的国库券和小麦条目是有可比性的。

当然，关于可获得性需求的观点是基于单一厂商的动机，而与价差相关的观点则适用于整个市场。每一家厂商都发现，无论如何安排，确保获得某些原材料都是有利的。只有在特殊情况下，一家厂商才可能不用支付使用费就可以持有存货。许多其他厂商也遵循同样的逻辑，他们的总需求会产生一个正的可获得性的价格，P_A。这是因为对于农产品或金属等生产成本高的商品来说，库存的供应是有限的。同样，尽管有利息成本，许多厂商和个人想要持有或借入资金，因为货币的供应不是无限的，所以是他们的综合需求导致货币的利率为正。

一般情况，厂商的精确需求曲线取决于其特定的短缺和转换成本。很可能一家厂商认为获得商品的价格过高，而另一家厂商愿意支付。因此，库存将被吸引到那些最愿意花钱持有的人那里。例如，如果在当地市场有人会为获得小麦付钱，农民或其他任何拥有小麦的人就会为那些最渴望获得小麦的人供应。如果可获得性对留库存的人没有好处，那么其他人就没有必要利用它，就放弃了可获得性的价值。

与库存会被吸引到最有用的地方这一观点相悖的是，因可获得性需求而存储的人，他自己肯定也需要可获得性。对一个储存小麦的农民来说，即使他这样做是为了使自己的运输总成本最小化，但他这样做也是想拥有可获得性。不管农民或磨坊主持有小麦的原因是什么，如果他们其中一个人存储了，就是在购买可获得性。因此，对可获得性的需求适用于存储小麦的每个人。市场范围内的需求曲线是所有可能在该地区为可获得性而持有存货的单个需求的总和。

可获得性的市场供应是该地区所有库存的总和。如果一个经销商发现自己在一段时间内持有多余的库存，可以把它借给其他更迫切需要它的人。然而，经销商之间的这种再分配达到了他们共同持有的库存数量的上限。在一个小地区，从周边地区发货可以相对较快地补充供应，但最终当前可获得性的供应是固定的；目前世界上只有这么多小麦和铜。这些供应将在下一个收获或生产周期中得到补充，尽管供应并不总是会扩大到足以满足可获得性需求的程度，即使是暂时性满足。毕竟，生产额外的小麦或铜是有成本的。从整个市场的角度来看，相比超额生产的成本，厂商以一定的损失持有存货是值得的。然而，有时一种商品的充足供应会使其可获得性的溢价降至为零，这就是少有的达到全额持仓费的情况。

对于某一特定商品，不同交货日期的价格序列表现出一个复杂的均衡关系。即时交割的价格既代表了为当前消费而提取的存货价值，也代表了仓储商品的价值。仓储商品的价值等于它们在一段时期内提供的可获得性的价值加上它们在该时期结束时以未来消费或未来存储来衡量的价值。当存货被提取用于消费时，可获得性的供应将下降，而使用费将上涨。这就是为什么价差在作物年度的晚期会趋于负值，就像表1.2和表1.3中小麦和豆油显示的那样。随着新作物的生长，或随着一个主矿的开采，供应将会增加，远期使用费将会下降。因此，最远月价差不太可能是非常负的值，如表1.4中铜的价差模式所示。

显然，排列中的所有价格都会对新信息作出反应。例如，如果作物的产量大于预期，就需要在收获前的一段时间内调整均衡价格排列来增加消费。消费增加的一个结果是，随着库存下降，收获前一段时期的价差将更加远离全额持仓费。相比之下，那些收获期之后的价差更接近全额持仓费，因为预期的可获得的数量会增加，从而导致远期使用费下降。不同的使用费代表未来不同的时期，其反应不是相同的，这就是期货合约有多个交割月的原因。

七、可获得性需求和仓储供应

将价差的神秘负的组成部分解释为借入商品的价格，与霍尔布鲁克·沃金的理论有关。他提出了仓储供应的概念，以解释价差的悖论（1948、1949

和1953b）。沃金是从持仓费角度而不是商品使用费角度来处理这个问题。从商品使用费角度比从持仓费角度，有几个重大优点，下面将说明这一点。价差和总库存关系的实证证据可以用可获得性需求背后的正式理论更好地解释。尽管如此，沃金的库存供应概念肯定了期货价格的基础——价差行为。

沃金的第一个观点（1949：1258）是这样的：

在本质上，已知的仓储回报就是仓储的价格。仓储费并不是直接报价，但肯定可以由两个不同交货日期的小麦报价之差得出，这一事实对经济学推理来说是无关紧要的。价格差……在所有基本层面都是仓储的价格，是由寻求提供仓储服务的人在自由市场上通过竞争来决定的。

在沃金之前，没有人充分解释过"反向持仓费"（inverse carrying charges），即负价差①。在卡尔多（1939）之后，沃金认为，每当厂商需要及时完成订单或平稳生产时，存货就能产生"便利收益"（convenience yield）②。为了便利收益，厂商将产生反向的持仓费。厂商需权衡便利收益的优势和维持库存的成本：仓储费、保险和利息。为了确定仓储多少，厂商经常比较每一级存货的净边际仓储成本与隐性储存成本。也就是说，谷仓或面粉厂的行为同传统产品产量大于仓储量的厂商一样。因此，所有持有小麦的厂商的总体行为只是一个简单的仓储行业的供应曲线。

正如在第一章中提到的，沃金和许多其他人已经观察到总仓储行为和价差之间存在很强的关系。图4.2描绘了沃金对小麦的供应——仓储函数的概括，之前已在图1.2中描述。在图4.2中，仓储的数量与仓储的隐性价格相对应。在存储量小时，边际便利收益占主导地位，因此仓储的隐性价格为负。

尽管有如此强有力的实证支持，仓储供应理论还是未能解决诸多重要问题。首先，正如第四章第一节所指出的，无论仓储小麦的数量是多少，实物存储的成本几乎是恒定的，因此不必考虑价差的模式。然而，便利收益（convenience yield）肯定会影响价差的变动。其次，尽管理论将这两部分作

---

① 然而，Vaile（1948）反对沃金将仓储的价格定义为残差（residual），认为没有公司关注残差。但如第二章所示，隐性价格具有显性价格的全部经济意义。

② Weymar（1966）修正了沃金理论中的一个技术性缺陷。Goss（1970）和Plisker（1973）也对仓储供应理论作出了贡献。译者注：便利收益是指当现货对期货产生风险溢价时，投资者持有现货的可能收益。

为一个整体来分析，但这两部分通常有各自独立的市场。最后，也是最重要的一点，当单独考察便利收益时，它完全不像传统的供给曲线那样，相反，它表现为传统需求曲线的镜像。

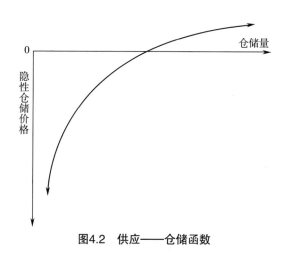

图4.2　供应——仓储函数

可获得性需求的另一个概念可以完美地解释仓储供应理论所涵盖的一切。当仓储供应理论将实物仓储服务的成本与便利收益结合起来并将其作为一个整体进行分析时，可获得性需求理论则清楚地区分了这两个部分。厂商因实物仓储服务收取的费用与厂商为可获得性支付的价格的组合有时是负数，这并不奇怪。

可获得性需求理论还强调了与长期持有商品有关的两个组成部分中较重要的那部分。实物仓储本身只构成仓储供应的一小部分，而且由于其价格实际上是恒定的，所以它对理解价格变动并不重要。仓库、保险等供应代表的"仓储供应"（supply of storage）才是这个术语更好的应用，而不需要考虑纯仓储成本。

如果仓储的实际成本是在一个单独的市场中支付的，那么现货价格和期货价格之间的价差只会反映出边际便利收益。在这种情况下，人们必须明确地与市场打交道，以获得便利收益。这种纯仓储与便利收益率的分离可以在现实中发生，而不仅仅停留在概念里。磨坊和县里的谷仓可能拥有他们保管的谷物，但是，例如芝加哥的公共仓库就会小心地将仓储服务与拥有谷物的便利性区分开来，后者由持有仓单的人拥有。尽管期货合约的价格反映了这些仓储费用，但实物仓储服务的交易是在一个单独的市场进行的。

无论如何，在拥有期货市场的城市，稳定的仓储费让人们很容易从隐性仓储价格中得出隐性便利收益价格。类似的调整可以在图4.2中仓储总供应曲线上进行。图4.3展示了包括利息费在内的恒定边际实物仓储成本被扣除后，剩下的边际便利收益的供应曲线。

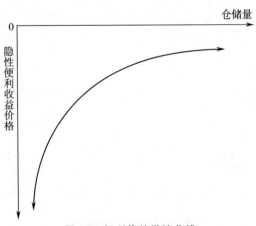

图4.3　便利收益供给曲线

便利收益供给曲线看起来不像一条正常的供给曲线。首先，商品和服务一般通过正的价格进行供给，而不是像图4.2那样是负的。其次，价格通常必须增长得越来越多（或者负值的绝对值变得越来越小），才能拉动每一个额外的单位服务。但在图4.3中，情况并非如此。事实上，这条曲线看起来就像传统需求曲线的镜像，如图4.4所示。

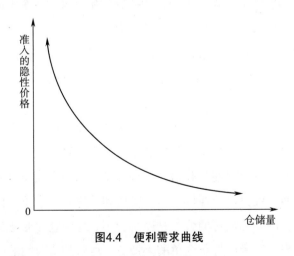

图4.4　便利需求曲线

便利收益的供应，以及与之相关的所谓仓储供应正在被上下颠倒过来看。它只是可获得性需求的镜像，如前面的图4.1所示。尽管持有库存的好处与持有成本是需要平衡的，但不管问题是被称为仓储的供应还是可获得性的需求，将价差和仓储之间的关系视为可获得性需求更为自然。

通过考虑货币市场，可获得性需求视角的优势可以得到体现。持有现金的厂商要么放弃利息收入，要么必须为贷款支付银行利息。然而，无论哪种情况，该厂商都被描述为为它所需要的现金支付价格，即利息。虽然现金避免了非流动性资产转换的高昂费用，但参考货币便利收益的供给几乎是不明智的。对于库存中的其他商品来说，这种做法也不明智。

货币市场也证明，将纯仓储成本与长期持有商品的其他成本分开是明智的。早期的储蓄银行仅是存放硬币的仓库，金匠自然对这种仓储服务收费［理查兹（Richards），1929：35-37；霍斯菲尔德（Horsefield），1977］。然而，金匠们很快发现，通过支付利息来吸引存款是有利可图的，因为他们可以反过来把货币借给那些愿意支付更高溢价的人。因此，作为原始储蓄银行家的金匠们同时在做两件事：供给硬币库存和寻求需要立即使用货币的需求（记住，银行家从储户那里借钱）。同样，现代银行通常对每张支票和月结单单独收费，这些服务相当于小麦等商品的实物仓储。然而，银行向储户支付利息，这相当于商品的使用费。利率，而不是服务费用，在货币市场上是最重要的，就像仓储等服务费用在商品市场上是最重要的一样。

与沃金的仓储供应理论相比，这里提出的可获得性市场理论是获得类似结果的更简单、更有用的方法。一个价格为正而非负的可获得性市场更容易理解。此外，它更明显地类似于许多其他市场，尤其是货币市场，这使得来自这些市场的理论可以应用于期货价格之间的价差。

这种方法还可以扩展对仓储供应概念的理解，因为人们的印象仍然是，仓储的隐性价格虽然对库存的配置很重要，但与期货市场的主要目的无关。在某种程度上，仓储价格概念的全部含义还没有被认识到。甚至沃金（1962：442）带头指出，不对冲所有库存的厂商"在价格形成过程中提高了他们参与的效率，而不是退出这种参与，就像他们在日常处理持仓费或套期保值时所做的那样。"这句话暗示现货交易和期货交易对价格的影响是相互抵消的，这完全违背了沃金关于仓储供应的主要观点。常规的套期保值在决定价差方面很有帮助。套期保值就是简单地购买可获得性。如果经销商没有进行这么多的套保，比如，因为他们对可获得性的需求下降，使用费就会降低。经常进行套期保值的交易商通过改变商品的使用费来参与价格形成过程，从而改变价差。如果沃金都可能会犯这样的错误，那么一些研究人员仍然会误解期货价格与现货价格和隐含仓储价格之间的关系，并开发出与仓储供应理论不一致的模型，也就不足为奇了。

八、借入商品的原因

可获得性需求视角的真正优势在于它暗示了厂商使用期货市场的原因。从仓储供应的角度不能说明厂商为什么使用期货市场，至少不能直接说明。沃金论证道，价差就是仓储的隐性价格。但他并没有强调厂商将如何在他称为库存的商品上构建包括实物仓储服务和便利收益的隐性头寸。当然，厂商会通过空头套期保值，买进现货，卖出期货，也就是说，他们利用期货市场作为系列交易的一部分，在价差中建仓。

仓储供应理论没有回答厂商是否需要使用期货市场。现货价格和最近期的期货价格之间的价差的确指导了厂商在现货市场购买多少存货。但是，是什么决定了他是否针对现货买入而卖出期货合约呢？为什么需要卖出期货合约？不管是否卖出期货合约，平均而言，厂商都能赚取仓储的隐含价格。实际上，由于期货市场的交易成本，如果厂商采用套期保值而不是直接购买，平均收益会更低。从表面上看，期货合约只对那些风险厌恶的厂商有用。一个风险中性的厂商会满足于赚取平均收益，而不用求助于期货市场。因此，仓储供应理论无意中支撑了一种观点，即厂商利用期货市场是因为他们厌恶风险。即使承认了仓储供应的概念，期货市场的故事仍将遵循其熟悉的路径：或许为了卖出期货合约，厌恶风险的仓储商必须支付风险溢价。也就是说，价差可能会下降作为对仓储的回报，实现的平均仓储收益将会更高。因此，在沃金的仓储供应理论中，没有任何东西可以取代期货市场作为风险规避市场的观点。

然而，沃金（1953b，1962）在其他地方指出，厂商把期货合约作为后续安排商品销售合约的临时替代品。就其本身而言，这一论点似乎还暗示，使用期货市场的动机是规避风险。但风险中性的厂商为什么会关心他们是否有一个临时的销售合同替代品呢？尽管其原因可以在便利收益现象中看到，沃金后来也试图在搜寻理论和金融中介理论中阐明这些观点。如果沃金将这两个论点进行正式的综合，他就能够证明风险中性厂商有理由使用期货市场。

　　然而，可获得性需求理论认为，即使风险中性，交易商也会利用期货市场。从可获得性需求的角度出发，可以很自然地得出一个综合结论，既可以解释厂商为什么持有存货，又可以解释它们为什么使用期货合约，这一切都取决于转换成本的层次结构。这些转换成本既包括加速加工或运输的成本，也包括特定市场的交易成本。获取材料以实现即时交割的转换成本最高，其次是快速销售的成本，再次是提前安排购买或销售的成本，最后是完成之前达成的协议的成本，也是最低的成本。由于这种转换成本的层次结构，风险中性厂商会持有库存，其中一些是借来的，就像它们持有的现金有些是借来的一样。

　　可获得性理论通过对厂商持有存货的原因进行深入研究，认为厂商持有存货是由于短缺成本和转换成本。考虑便利收益也可能是揭示持有存货的原因，但没有人仔细研究便利收益。因此，没有人意识到厂商持有存货是为了获得安全的商品供应。他们不想要商品，能够获得商品就足够了，他们可以通过借入商品而不是直接购买来获得使用权。在商品借贷和出售要约之间进行选择，他们会选择借贷。如果通过套期保值隐性的操作，借入一种商品就涉及期货合约，这种期货头寸并非源于风险厌恶。

　　可获得性的价格可以用现货价格与期货合约价格之差计算，是隐性的。当然，这个价格可以是显性的；可以通过一个正式的、有组织的交易所来进行交易。如果存在这样的市场，以单位可获得性为主导的合约就可以进行交易。然而，正如第二章所强调的，如果一家厂商通过套期保值而不是直接借贷，通过隐性地而不是显性地购买可获得性，本质上不会发生任何变化。

　　这种厂商满足于隐性借入的论断忽略了一个问题：隐性构建借贷会涉及额外交易成本。由于隐性借贷需要两笔交易成本，而直接购买只需要一笔交易成本，因此直接购买可能更可取。也就是说，通过套期保值隐性的借入商品，需要收取初始建仓和后期对冲期货头寸的经纪费用。在一个显性借贷市场，一个显性期货市场，和一个隐性现货市场组成的体系中交易，显然风险中性的厂商愿意借入而不是直接拥有商品，因为这两个交易一个是在借贷市场，另一个在期货市场，可以创建出现货市场的交易效果。但是，一家风险中性的厂商为什么要支付更高的隐性借贷费用，而不是直接持有呢？（不过请注意，套保的这些成本是经纪费，而不是强调风险厌恶的理论所假定的现货溢价）交易成本，无论在活跃的期货市场上多么小，是否阻碍了风险中性厂商对期货市场的使用？

在关于货币需求的文献中，借贷与直接拥有的问题也被忽视了。例如，现金交易需求的标准模型并没有研究厂商是应该直接持有现金还是借款，但与理解持有货币的原因同样重要的是理解长期控制货币和短期借贷的实践经验。假设一个季节性需求较强的玩具制造商需要现金，那么他是否应该发行足够的股票或长期债券来满足其可能的最高现金需求，还是应该依赖银行提供的临时贸易信贷呢？这个问题的答案取决于玩具制造商在季节性休市期间如何利用手中的闲钱。如果银行是一个比玩具制造商更有效的中介（银行应该更有效，因为中介是银行的主要业务），那么玩具制造商应该借款。事实上，玩具制造商会发现至少通过临时贸易信用借入一些现金是有优势的，虽然临时贷款比长期融资更昂贵[①]。也就是说，风险中性厂商会发现以年利率10%从银行借款几个月是完全理性的，即使它可以发行年利率8%的长期债券（利率差是银行提供中介服务的服务费）。原因是如果厂商发行长期债券，它必须在短期需求过后找到这些资金的用途。当他试图放贷时，由于业务条件不佳，只能获得7%的年利率。所以他将为短期借款支付溢价，以避免自己成为放贷者。短期借款允许厂商把钱还给银行，而银行则面临着再把钱借给谁的问题。实际上，短期贷款提前为厂商安排了在季节性需求过后现金的处理方法。

与短期贸易信贷类似，商品的隐性借贷为交易商或加工者提供了一种比直接拥有商品更好的优势，使他们在处理过剩库存方面更容易。在极端的情况下，一家厂商可以简单地交割其期货合约，从而避免仓促使用现货市场所带来的任何成本。因此，即使是风险中性的交易商或加工者也会发现，隐性地借入至少一部分库存是明智的，即便期货合约中额外的经纪费用会使借入成本高于直接持有成本。也就是说，风险中性的厂商有理由使用期货市场。

这些主题中的几个可以放在最后一个正式模型中，最后一种模型突出了两个重要特征：（1）厂商是风险中性的，只关心平均成本，不关心其方差；（2）利用期货市场会产生经纪费。与本章之前的模型一样，厂商下一

[①] 有关同时处理现金需求和借款比例的模型的例子，请参见 Gupta（1973）或 Aigner 和 Sprenkle（1973）。

阶段对原材料的需求是不确定的。因此，该模型除了提出对库存预防性需求的衍生问题外，还提出了一个更深入的问题，即库存商品与期货合约中已售商品的比例。

为简单起见，让对原材料x的需求在0到标准1.0个单位之间均匀地变化；$f(x)$服从均匀密度函数。凡是厂商手头上没有的东西，都得赶紧到现货市场去买，然后赶紧运到工厂去。想象一个芝加哥的磨坊主，他必须四处奔波，寻找一个卖家，可能因为匆忙买入而需要给卖家一个溢价，而且他必须为快速货运支付溢价。让t_b代表所有匆忙购买的成本。为了避免这种匆忙购买的高单位成本，厂商可以选择提前获得库存I。如前文，保持单位库存成本P_A不变。

在这种情况下，厂商也会选择最优数量的期货合约H来做空。期货市场上的交易，无论是建仓套保还是解除套保，都会产生成本t_f。由于这种交易成本，厂商似乎没有理由出售任何库存。但是，如果厂商对原材料的需求太大，导致库存过多，厂商也必须考虑该怎么办。假设他必须在第二阶段结清所有头寸，无论是期货还是库存。如果他有太多的库存，他必须在现货市场以单位交易成本t_s出售。尽管该厂商必须完成就像在需要快速买入时的反向操作，恐怕也没有像磨坊面临空转威胁时那么紧迫，因此t_s可能小于t_b。更重要的是，期货合约的交割成本t_d比t_s要低得多。因为t_d的优势在于，交割是已经安排好了的一笔交易。因此，我们可以合理地假设一个成本层次结构为$t_b > t_s > P_A > t_d > t_f$。对于这个问题，更符合实际的假设是使所有的交易，无论是在期货市场还是在现货市场，都成为交易额的递增函数，而不是常数函数。这种复杂性将妨碍对商品库存数量和套保数量的显性解。实际上，厂商必须平衡现货市场中快速获取原材料的成本与持有库存的成本，并平衡期货合约的经纪费成本与相对较小的交割成本。

风险中性的厂商，试图将期望成本最小化，

$$EC = \int_I^{1.0} [t_f H + t_b (x-I)]\, dx + \int_{(I-H)}^{I} \{ t_f [H - (I-x)] + t_d (I-x) \}\, dx$$

$$+ \int_0^{(I-H)} \{ t_d H + t_s [(I-x) - H] \}\, dx + P_A I + t_f H$$

公式中五项中的第一项适用于原材料需求大于库存水平的情况。新的供应是通过在现货市场上直接购买和通过套保平仓间接获得的。第二项适用于原材料数量少于库存数量但多于期货合约未承诺交割的数量的情况。那些期货合约必须买回。第三项适用于库存过多的情况。后两项不涉及随机变量x，它们是在第一阶段中设定的。通过求解一阶导，得到库存最优量和空头套保最优量的公式，

$$I^* = (t_b - P_A - 2t_f) / (t_b + t_d - t_f)$$

$$H^* = I^* - 2t_f / (t_f - t_d + t_s)$$

从这些公式中可以明显看出，一家风险中性的厂商会不顾经纪费用卖出期货合约，他将空头套保（尽管这是风险厌恶的象征，但这么说已不再恰当）。例如，如果t_b=2%，t_s = 1.5%，在涉及的时间长度内，P_A =0.75%，如果t_d=0.5%，t_f=0.1%，那么厂商将持有0.44单位的原材料（其平均需求为0.50单位），并将卖出相对库存58%的期货合约。换句话说，因为这些成本，该厂商希望在现货市场上保留0.44单位的产能，直接持有该量的42%，同时借入另外58%的量。影响其套期保值程度（借入比例）的不是其风险厌恶的程度，而是期货市场的经纪费用（或更普遍的买卖价差）以及借助期货合约处置过剩库存的相对优势。具体而言，支付t_f是值得的，因为t_d小于t_s，随着现货市场处置库存与期货合约处置库存的差异增大，套期保值的库存比例增大。随着经纪费用的下降或期货市场流动性的增加，套期保值的库存比例增加。

这种模式也适用于那些不在中央期货市场交割点的交易商。事实上，这个模型可以帮助解释为什么期货市场变得集中化。正如已经发展的那样，该模型可以解释为什么，如果期货市场是本地的，交易商就会使用它。如果t_f，期货合约的交易成本在集中化的交易所内较低，他们就会有动机将交易转移到那里。但另一方面，通过中央期货市场处置过剩库存的成本相对较高。事实上，乍一看，t_d似乎高于t_s。对于一个远离中心市场的交易商来说，要处理过剩的库存，他必须在本地销售并解除套保。因此，t_d似乎等于$t_f + t_s$。但一个强有力的案例可以使t_d一直低于t_s。首先，经销商一直有把他的过剩库存运到中央市场的权利（假设商品的自然流动就是这个方向）。由于之前已经安排过到那里交割，他唯一的费用就是安排运输的费用，这应该小于t。其次，经销商的搜索成本会随着他可以交易的对手的增加而降低。考虑这样一个交易者，他在中央市场的一个仓库里拥有商品，但是他在那儿持有与放在当地市场的渴望出售的卖方没有区别。那个商人可以给那个急

切的卖家一个交换的机会。如果此时卖家不得不担心在中央市场上急切的出售，那么这种交换对他几乎没有好处。然而，如果他已经通过期货合约，作出了承诺交割的安排，他就可以高枕无忧了。因此，在 t_d 低于 t_s 的情况下，一个风险中性的交易商，不管他的设施在哪里，至少在某种程度上，有理由使用中央交易所的期货合约。

当商品是货币而不是小麦或豆油时，厂商利用期货市场的原因与他们利用银行的原因大致相同。银行降低了厂商的搜索成本、监控成本和安置成本，否则这些厂商将需要自己投资闲置资金。期货市场提供了一种类似于金融中介的服务。因此，货币市场和期货市场的联合关系到厂商的视野格局。人们必须相信专业化有一定的好处，因为大多数厂商都是专业化的。相信专业化的好处就等于坚持认为产能与管理的技能是非线性的。以商品交易商为例，管理范围的限制使得厂商将其自身限制在库存控制上而不是投机上，这是明智的，也就是说，借入商品而不是直接拥有它们。人们也可以稍微改变一下观点，归因于厂商消化信息的能力有限。沃金（1953a，1953b，1962）一再强调，期货市场允许厂商专注于价格关系，而不是价格水平。无论如何描述，厂商产能的非线性再次成为厂商为什么使用期货市场的关键。但同样地，它们的效用函数是非线性的。这与风险厌恶无关。它体现在厂商自身的技术和组织特征上。

可获得性需求的角度与仓储供应的角度只有细微的不同。然而，角度上的细微变化得到了一个关于期货市场功能的强有力结论。所有关于期货市场的有趣特征，特别是负价差的存在和持续，都可以不借助风险厌恶来解释。负价差是指厂商愿意为借入商品以使其预期交易成本、转换成本和短缺成本最小化而支付的金额。厂商买卖期货合约使得交易更加复杂，因为他们相当于隐性地借用商品。厂商满足于借入商品而不是直接购买，因为他们需要的是在一段时间内快速而安全地获得商品，而不在于商品本身。这种对可获得性的需求，以及由此产生的使用期货合约的需要，成为隐性购买可获得性方法的一部分，即使对风险中性的厂商也是如此。

仔细观察，除了商品交易者会使用期货市场，许多被认为是风险厌恶的反应的活动其实并不是。例如，正如哈特曼（Hartman，1976）研究的那样，在产出价格不确定的情况下，不灵活的生产过程可能导致投入需求的变化。在他的模型中，他假定：

当厂商选择资本投入（准固定投入）来最大化长期利润的期望值时，他是风险中性的。这一假设的一个明显含义是，所有的不确定性都……源于技术的非线性本质而非风险厌恶。

库克文（Cukierman，1980）使用贝叶斯的框架研究了风险中性厂商在投资方面的反应。梅耶斯（Mayers）和塞勒（Thaler，1979）重新研究了备受关注的黏性工资现象，即支付固定的小时工资或周工资。他们认为，黏性工资并不像人们通常认为的那样是对员工风险厌恶的一种反应，而是可以用与不断重置工资相关的交易成本来很好地解释。即使是保险本身，似乎也可以不用风险厌恶来解释。根据梅耶斯和史密斯（Smith，1982）的观点，风险中性的厂商有充分的理由为财产和责任保险支付保费，而不是对自己投保，以减少破产涉及的预期交易成本，实现索赔管理的效率，并降低预期的税收责任。同样，在不依赖风险厌恶的情况下，能够令人满意地解释期货市场的相悖特征，也是本章和本书的重点。

第五章 期货市场的贡献

前一章强调，厂商持有库存是为了应对快速生产、运输和加工商品的成本问题。对于不灵活和不确定的生产和加工，还有其他可能的应对方法，如垂直整合、水平整合或使用多功能设备。但是，即使在某种程度上厂商会采用这些方法，但在许多情况下，材料可获得性的成本才是最低的。通过期货合约的套期保值隐性地借入一种商品，是在一段时间内获得可获得性的一种方法。因此，可获得性的需求使期货市场为有组织的隐性商品借贷市场作出了贡献。本章将把期货市场的贡献放在一个更一般的背景下，并将试图解释为什么期货市场是借贷商品的主要场所。

当然，还有一些人认为，期货市场的贡献不只是组织隐性的商品借贷市场。期货市场作为价格保险市场的概念在第三章已经讨论过，作为信息市场的概念将在下一章讨论。文献中的另一种观点强调了期货市场作为有组织场所的特点，认为合约标准化、保证金制度和清算所运作是期货市场的特殊之处。对生产和加工商品中缺乏灵活性的讨论自然会延伸到对这一理论的考虑，即期货市场优于非正式的远期市场，因为期货合约是一种非个人的、高度组织化的交易方式。尽管这是事实，但期货市场的这些优势不应被过分强调。仔细观察就会发现，期货市场从远期市场借鉴了许多，更重要的是，许多远期市场本身就是高度发达的场所。此外，许多显性的借贷市场也有标准化的合约、保证金对合约的强化，以及清算所。

因此，如果人们认为期货市场的特殊之处在于其组织化程度，那么对期货市场之所以存在的原因的研究就不会特别有成效。相反，期货市场之所以存在，并不在于其提供像显性借贷市场那样的等价交易，而是在于法律体系赋予该交易系统的小优势，以及在安排特定模式的交易时所获得的小便利。这些针对隐性借贷市场的交易和法律因素将在本章的后半部分深入探讨。

一、一般均衡下的可获得性需求

尽管人们可以根据持有库存的不确定性以及快速生产、运输和加工商品的成本，推断出持有库存的原因，但人们不太容易看出为什么这些不便和不确定性会持续存在。事实是，它们会持续存在，因为没有它们的话代价往往更大。

再次用货币进行类比是有帮助的。考虑到经常去银行的不便和收支的不确定性，持有现金是很自然的。另外，似乎很容易减少收入和支出的不确定性和不匹配。人们可能希望通过重新安排收付款的方法和模式来避免持有现金的机会成本。如果一个租客有固定的工资，且必须在租金到期之前将闲置的资金保留几天，他可能会与他的房东重新签订合同，更早地支付较少的租金，或与他的雇主重新签订合同，更晚地获得更多工资。类似地，如果不用现金支付（不会收回不足额的资金），顾客可能会给商家一个小的溢价，相当于从计息账目中开一张个人支票。这种保留货币的潜力激起了许多关于无现金社会到来的预测。

无现金社会的预言者们之所以没有看到新世界的到来，正是因为重新安排支出和收入的方法和模式成本高昂。放弃的货币利息比其他方法更便宜，如保付支票——确保商人从陌生人那里收取的付款是没有问题的。如果每个雇员都能在对自己最适合的那一天领到工资，就必须为以后或以前的支付做一整套溢价和折扣的方案，那么雇主的管理成本将远远高于雇员闲置资金的利息。此外，员工的愿望很可能加剧厂商为将闲置现金控制在最低水平的收支协调问题。

持有货币的原因源于赚取利息的资产来回转换成现金的成本、监测信用评级的成本、管理支票账户的成本以及提前计划收支的成本等一系列经济问题的平衡。当然，降低这些成本的创新可能会促使人们减少现金持有。例如，自动柜员机的发明降低了去银行的成本，尤其是时间成本，并改变了对货币的需求。类似地，如果有像计算机处理工资单这样的一些发明，雇主会更容易根据雇员的模式调整工资支付计划，人们会更少地持有货币。但货币仍然会存在，因为它通常是进行许多商业交易最方便、成本最低的方法。

对获得原材料的需求同样来源于最小化短缺成本和转换成本的各种可能方法之间的微妙平衡。除了持有库存之外，厂商还可以纵向整合，横向整合，或者雇用灵活的工人和机器。对于初级商品来说，这些方法是相对无效的，因此，初级商品的囤聚储存将在最小化短缺和转换成本的各种方法中占有突出地位。

通过垂直整合，厂商可以改善订单与需求之间的协调问题，并避免供应商的机会主义行为，因为供应商知道他们交付的投入品是很重要的[①]。同样，提升可靠性也可以通过重复使用相同的供应商来非正式地完成，这样双方厂商就会相互依赖。厂商也可以通过横向整合或类似的扩张来应对供应的不确定性，因为如果贸易阻碍是相互独立的，那么材料、备件和劳动力的储备可能相对于工厂规模增加得较少。

然而，需要更多管理投入的横向和纵向整合并不是没有成本的。此外，由于商品在数量上起伏不定的内部不确定性不可改变，以及厂商的规模经营缺乏弹性，纵向或横向整合都不能消除对于原材料可获得性的需求。

厂商对不确定性的另一种完全不同的反应可能是减弱对某一业务线的专业化。如果一家厂商不断面临原材料供应中断的问题，同时又受到产品需求大幅波动的冲击，那么它可能会安装更灵活的机械设备，减少雇用只擅长一项工种的工人。面粉厂可能有一系列的设备来磨不同硬度的小麦，甚至可能可以灵活地转换成玉米粉生产。

然而，这种灵活性牺牲了专业化的优势。此外，对于许多商品加工商来说，与专门从事某一业务相比，灵活性的成本高得令人望而却步。尽管养猪者很容易用谷物代替饲料，但他们很难从养猪转向养鸡，就像大豆压榨设备在设计上必须是压榨大豆而不是其他商品。铜厂商发现很难建立起足够灵活的冶炼厂来处理不同含硫量的铜矿石，更不用说冶炼铅了。

所有这些反应，即横向整合、纵向整合、灵活的设施和原料储存，都是源自担心承诺及时交付一定数量原料的合约无法履行。对这种焦虑最简单的反应似乎就是更严格地执行合同（当然，这种方法也不是没有成本的，无论是产生更多的担保债券，还是产生更多的庭审和律师费用）。然而，原材料的承诺可能被取消，这不是因为供应商不诚实，而是因为任何人都有可能无法完成预定的交货。无论是种植还是运输作物，变化无常的天气都会影响大片地区。在这种情况下，原材料库存要比横向一体化、纵向一体化和灵活的设施更有效。当磨坊主自己的农场与其他农场都出现小麦短缺时，纵向一体化几乎无法弥补供应的中断。如果所有的磨坊都同时出现小麦短缺，那么

---

① 大量文献，包括 Goldberg（1980），Klein，Crawford 和 Alchian（1978）以及 Williamson（1979）探索了机会主义行为的反应，包括垂直整合的反应。

将一个地区的几家磨坊合并成一家大型厂商几乎没有什么好处。如果该地区所有其他面粉厂同时转变为磨制玉米，那么面粉厂在磨制玉米粉方面的灵活性也会大打折扣。因此，在处理或加工初级商品（如在期货市场上交易的商品）的工业中，对于原材料可获得性的倾向将十分明显。

在这种背景下，获得原材料显然也不是没有成本的。在任何时候，任何一种商品的数量及其可获得性的供应都是有限的。因此，价差往往低于全额持仓费。特别是，由于农产品的供应受到收成的限制，因此即使有了新粮，原材料的库存可能也不会增加到满足可获得性需求的程度。毕竟，为了增加库存而增加种植是很昂贵的。一般来说，一种商品的产量只会增加到其边际成本等于交割原料的价值这个点，或者换句话说，即为下一生产周期结束时的原料价值之和加上这段时间的可获得性的价值。这就像在金本位制下货币市场对金银的需求和开采黄金的成本之间的平衡。尽管黄金越多越会降低持有货币的机会成本，但只有当黄金的货币价格，即所有利息的现值，大于或等于开采黄金的当前成本时，才会有额外的黄金供应。

二、仓单和粮食银行

在任何给定时间内，无论对在生产、运输和加工商品方面的不灵活性和不确定性的反应作出什么平衡，新的平衡都在不断形成。所有反应都是昂贵的，管理技术、仓储设施或机器设计的任何改进都会改变这些成本。例如，较之于机械的灵活性，纵向一体化更有优势，会增加原材料的获得机会，各方面的均衡反应程度都在发生变化。

这种降低成本的压力同样适用于持有存货的成本。包括期货市场在内的许多商品交易组织都可以被理解为一种巧妙的尝试，因为它们可以更有效地利用现有库存来降低持有库存的成本。它们许多都是自发的创造，但往往不被视为进步。

其中一个降低商品仓储成本的尝试是19世纪中期芝加哥等航运中心公共谷仓发行的可流通仓单。通过一张易于流通的纸来转移谷物所有权，可流通的仓单减少了谷物本身的运输费用和损失。这项发明可与17世纪威尼斯和阿姆斯特丹兴起的硬币转账银行（girobank）[①]相提并论。客户可以通过书面或

---

① giro 来自拉丁语，意思是"旋转"。

口头命令将资金转到另一个账户，从而大大减少消除债务的时间和费用。新持有人可以将这些资金作为在银行进行进一步转账的基础。

一个转账银行只是一个仓库，总得有足够数量的硬币在手，从而为所有的存款背书。部分准备金制度是转账银行的自然演变。银行可以以支票账户（银行里的钱）或印刷钞票的形式创造信用。作为一种支付手段，银行信贷的采用，无论是支票还是钞票，都使社会使用更少的实际法定支付媒介——金币或银币。通过汇集许多个人的存款，银行可以减少紧急情况所需的总准备金。实际上，部分准备金银行体系无须增加更多的资源就降低了持有货币的价格。因此，它使得以银行票据的形式持有货币比调整收款时间等方式更有吸引力。

19世纪60年代，芝加哥粮食谷仓也作出了类似的努力，通过扩大有效供应来降低库存成本。芝加哥的仓库管理者针对谷物实行了一种早期形式的部分储备金体系（Fractional Reserve Banking）。然而，他们的活动是秘密的。只能从一些丑闻中推断出来——当谷仓被发现底部有问题时，或者当失火后保险公司会收集到超过谷仓承载量的仓单[①]。

从现有的证据来看，芝加哥的仓库管理员在使用部分准备金方面相当老练。和传统的银行家一样，仓库保管员有两种主要的超额发行仓单的方法。首先，他可以加快印刷仓单的速度；其次，一个表面上很有道德的仓库保管员，可以只对入库的粮食开收据，同时偷偷把粮食运到自己的名下，这样就留下了比粮食还多的仓单。从现有的少数情况来看，仓库管理员似乎只需要持有50%的储备就可以按需交付粮食。

许多农民、粮食托运人和佣金商人根本不认为粮食仓单的超额发放是一项可以与部分准备金银行制度相媲美的伟大发明，而是将仓库保管员的行为视为简单的欺诈，违反了对储户的受托责任。早在1851年，伊利诺伊州的立法机关就禁止仓库保管员签发谷物收据，除非这些财产确实存在仓库里。尽管这项法律没有任何制裁，但芝加哥仓库保管员保存在库的数量与发行在外的仓单面额经常存在差异。1859年，芝加哥期货交易所的董事们对这种做法表示了反对。尽管如此，在1862年到1867年，人们还是怨声载道。1870年，

---

① 在 Williams（1984）中可以找到关于粮食银行的详细描述，以及关于粮食银行为非法的参考资料。

人们谴责仓库发行假收据与铁路合作垄断仓储业务。这推动建立了一个州代理机构，该机构承担了一个工作系统，用来注册所有新到达仓库的仓单，并取消所有已发货的仓单。

尽管有法律上的禁令，芝加哥的仓库保管员们仍然持续地发行超额仓单，就像现代银行依赖于部分准备金制度一样。正如银行可以相对确定只有一小部分储户会在同一时间取款一样，大型公共谷仓也可以确定每个人不会在同一时间将粮食运出。一些人在接收货物，另一些人在安排运出。因此，总额的一部分，无论是钱还是粮食，都足以应付取出。如果仓库管理员能够合法地使用部分准备金制度，那么，考虑到快速装船的问题，托运人就会以同样的机会成本持有更多的按需支付的仓单（或者以更低的价格持有相同数量的仓单）。粮食银行的部分准备金制度本可以降低持有库存的成本。

三、期货市场的经济功能

尽管伊利诺伊州禁止粮食的部分准备金制度，但允许发展期货市场，这是另一项降低库存成本的发明。简单地说，期货市场的贡献是成为有组织的商品隐性借贷市场的一部分。一个正常运转的商品借贷市场，会随着时间的推移，改善储备的分配，并随时改善那些持有库存的人之间的配置。借贷市场将库存直接提供给最需要的厂商。这种对储备分配的改善有效地降低了持有它们的价格。

如果一家厂商无法借到原材料，只能直接购买，那么这个问题或许可以通过考虑该厂商获得了什么来理解。现货商品有两个联系在一起的特点：一是经过一段时期获得商品，二是获得在该时期结束时的使用权。期货市场的贡献正是融合了这两个独立的市场，一个是可获得性市场，另一个是商品的未来使用市场。它将商品分割成不同的时期，从中有效地产生出许多东西。如果没有期货市场，想要安全获取商品的厂商就必须直接购买全部的量。有了期货市场，购买现货的厂商可以通过签订合约以未来交割的方式出售其对这种商品在未来的权利。厂商只保留真正想要的，即为第一阶段的可获得性。正如电话和电话服务的独立市场给人们更大的灵活性和选择的余地一样，独立的可获得性市场和远期小麦或棉花市场可以使厂商能够更好地适应生产过程中的不确定性和延误。

这种性质的争论在货币问题上更加明显。厂商对现金的短期需求往往大于长期需求。很难想象，如果没有正常运转的货币借贷市场，情况会怎样。一般来说，公司通过发行股票来筹集长期资金，因为股票从来不要求公司偿还资金。如果公司只能通过出售股票来筹集资金，那么它需要卖出足够多的股票来筹集最多的一次性所需的投资资金和现金。很难想象一家公司会定期持有远远超出其需要的现金，因为它会尽一切可能减少闲置资金，也许它将采取烦琐而昂贵的程序来回购自己的股票，只在季节性需求高的时候才会重新发行。很明显，一个有着多个到期日的活跃的货币借贷市场可以让公司在管理现金上有更大的灵活性。有效借贷市场的结果是平均持有少量的现金，这对整个经济而言，相当于发现或创造了更多的货币。通过借贷市场，现金会流通到当时最需要它的公司，然后在其他公司更需要现金的时候再次流通。

商品借贷市场以类似的方式改善了实物库存的分配，降低了厂商必须持有的平均数量。例如，假设磨坊主预测面粉需求量会暴增，将导致其持有更多的小麦。然而，磨坊主的邻居可能会很享受下一个暴增，在那个时刻到来时需要获取库存。无论在什么时刻，如果库存在某时总是在最需要安全获得商品的商人手边，那么其将会被更好地使用。在这种情况下，对每个磨坊来说，短期借用小麦比直接购买更有意义。如果每个磨坊只在一个特定的时期需要可获得性，为什么还要在其他时期拥有允许获得的远期小麦？期货市场使这两家面粉厂改善了对库存的使用，就像银行通过把钱借给那些急需但只是暂时需要的厂商从而改善资金的使用一样。

因为一个单一的期货市场允许在几个不同的月份进行交易，所以每种特定商品都包含了几个隐性借贷市场。一个借贷市场涵盖从现在到最近期交割的期货合约，同时需要期货市场和现货市场。这个构成正是为什么期货市场是商品借贷市场的一部分的原因，如果即时交割的合约包含在一系列不同交割日期的合约中，那么期货市场就包含了现在的借贷市场。另外一个隐性借贷市场完全在期货市场中，时间跨度为最近交割月到下一个期货合约，属另一个市场的下一对期货合约。不同交割月之间的价差代表这些时期的远期商品借贷利率。交易中的交割合约月份数越多，换句话说远期借贷的范围越大，厂商在选择可获得性的借贷期限和额度时就越灵活。

当然，如果商品存在显性的借贷市场，期货市场的贡献将是多余的。即便如此，在经济上最重要的是建立某种形式的借贷市场。借贷市场是显性的还是隐性的就不那么重要了。同样，无论借贷市场是交易商通过电话交易的非正式集合，还是像芝加哥期货交易所这样正式的中央交易所，都不那么重要。通过非正式的显性借贷市场还是有组织的隐性借贷市场对商品进行分配，只有细微的差别。它们本质上是等价的交易方式。然而，如果没有任何形式的借贷市场，商品的配置将非常不同。

关于期货市场的贡献，人们有很多困惑，这是因为在界定给定情况时遇到了麻烦。鉴于商品借贷市场的存在，它是隐性的还是显性便成为一个主要区别。同样，考虑到借贷市场的存在及其隐含性，非正式的与有组织的期货市场之间的区别就变得很重要了。然而，我们不能忘记给定的条件。例如，审视显性借贷市场，无论是正式的还是非正式的，都提供了一个关于期货市场特殊思想的直接测试。

在图5.1所示的树状结构帮助下，可以很好地理解有组织的期货市场的贡献。树的底部是对商品借贷市场的需求，在此基础上延伸出两个分支，一个代表显性借贷市场，另一个代表隐性借贷市场。其中，隐性借贷市场通过显性的现货市场、远期市场或期货市场的结合来实现。这两个分支的末端各有两支细枝，一支代表非正式的市场，另一支代表有组织的、集中化的交易所。更具体地说，给定一个隐性的远期市场，一个分支代表一个非正式的显性借贷市场，就像贷出仓单那样，另一个分支代表一个正式的借贷市场，如核交易公司经营的铀借贷市场。另外，给定一个显性的远期市场，一个分支是非正式的隐性借贷市场，是现货市场和远期市场的组合，另一个分支是有组织的隐性借贷市场，即期货市场。

这个树状图可以作为理解货币市场的一个途径。古往今来，从贝壳货币到电子符号货币，许多不同的物品都充当了交换媒介。更为多样化的是这些不同形式的货币的借贷制度。虽然如此，实业家、监管者和货币理论家已经洞悉了这些制度的表面意义，并且总的来说，已经从根本上认识到它们借贷货币的基础功能。不幸的是，人们对货币交易系统等价于期货市场的交易（例如，粮食仓单的借贷市场）的认识速度较慢，因此错过了所有借贷商品的共同特征。

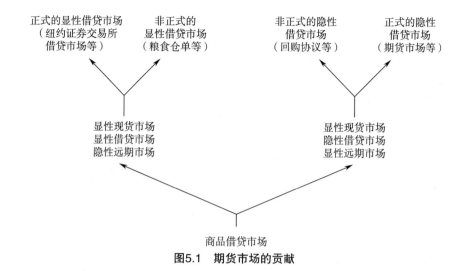

图5.1　期货市场的贡献

　　在许多组成货币借贷市场的方法中，最明显的是有着显性利率的显性借贷市场。显性货币借贷市场的一个容易理解的变量就是贴现。在贴现中，利率隐含在借款人当前筹集多少资金与他承诺在未来某个日期支付多少资金之间的差额中。借款人还必须为借款支付相同的利息，无论是直接借贷还是透支借贷。就此而言，许多大型借款者（如银行和证券交易商）通过含有政府债券的回购协议来筹集资金。虽然第二章强调了这些回购协议的内容，但这些协议也为贷出证券的一方提供了资金。但相比于借贷货币来说，这并不太明显，借贷是一方在一个地点提供资金，以换取以后在另一个地点交付货币的交易（通常在像纽约、伦敦这样的货币中心，或者，在更早时期的佛罗伦萨）。当然，这样的合约被称为汇票。当偿付的货币与获得的货币相同时，归类为国内汇兑；当另一种货币（如弗罗林的荷兰盾）被归还时，交易就涉及外汇。所谓的"干兑换"（dry exchange）是一个更为复杂的资金借贷回购协议。

　　这些不同的贷款机构往往处在非正式的市场而不是有组织的市场的那个细枝上，也就是说，通过交易商经销商关系网而不是中央交易所。然而，这种集中化的机构是存在的，如纽约证券交易所的"货币柜台"。或许每周都有交易商来竞标的美国国库券拍卖也应该被视为一个正式市场，确切地说，它是一个有组织性的隐性借贷市场。之所以隐性是因为国库券是以折价出售，而不是以显性的利率出售。

　　一笔资金的借贷是干兑换、透支还是贴现票据的形式，没有什么区别，都是为了同一个目的。其中一个形式不会比其他的更复杂、更昂贵，所有形式都有着大致相同的利率。同样，在商品领域最重要的是一个有效的借贷市场，许多交易体系都能很好地表现这个功能。在本质上等同的交易体系中的特定交易体系就不那么重要了。

诚然，市场的制度形式对价格有一定的影响，"等价交易体系"一词夸大了机构之间的相似性，虽然很极端，但它却足以应对"不同的机构只是在不同地方的替代品"这一更为常见的夸大说法。如果对一个机构的经济功能、与其他体系的相似之处没有一个清晰的认识，人们就很容易把它的重要性和独特性归因于它的交易方式。很容易把机构执行一项功能的设施与这项功能本身混淆。人们应该怀疑，几种不同的机构形式的共存（如获取货币的借贷市场）首先表明了它们之间的差别是多么小。如果一个机构明显是优越的，它就会在很长一段时间里，在很广的范围内占据统治地位。

即使许多交易体系是紧密的替代品，借贷市场的制度形式也并非没有意义。就货币而言，使用支票账户而不是国内外汇账户的原因仍值得研究。同样值得研究的问题还有：货币市场是高度组织化的、有详尽规则的，还是由缺乏标准化程序的交易者组成的非正式集合。人们还可以研究哪种借贷的机构形式最不容易受到冲击，或者哪种形式允许更多交易者参与。同样，探索期货市场这种有组织的隐性借贷市场为何成为提供商品借贷的主要机构也很有趣。

本章的其余部分对期货市场之所以成为商品借贷的主要机构提出了几个假设。与上面观察到的"各种组织机构的可能性并没有实质性的差异"一致的是，期货市场占据主导地位的理由似乎微不足道。与显性借贷市场相比，期货市场似乎具有交易便利性。在出借方不需要收回商品时（就像农民想要销售他们的作物一样），如果借入方隐性地而不是显性地构建借贷，那么对所有相关方来说都会更容易一些。这样，在为一个机构向另一个机构提出法律理由（legal reasons）时，可以有更坚实的基础。如果一个市场组织形式在法律上处于不利地位，无论是本身已被取缔，还是某些合同在法庭上更容易通过，那么它就不太可能成为占主导地位的市场形式。与隐性借贷相比，显性证券和商品借贷处于不利地位，因为它们在破产法庭上更易陷入困境。实际上，在19世纪，期货合约几乎被法院认定为非法，因为法院将其与被禁止的具有赌博性质的合同混为一谈。

仔细审视一下，就会发现期货市场与非正式的远期市场并没有太大的区别，尽管有大量的文献对这种区别做了诸多阐述。换句话说，为什么期货合约在有组织的交易所内交易，似乎是所有问题中最不重要的一个。通过保证金来保护合同和通过差额支付来平仓的技术也不能解释为什么存在期货市场而不是显性借贷市场。

在下面几节中，将暂时忽略保证金和清算的优点。这并不是要贬低这些技术，恰恰是要表明，由于具有相当大的优势，它们在期货市场以外的许多地方也会出现。因此，它们无法解释期货市场的特殊贡献。在图5.1的树形图中，人们没有察觉到期货市场的存在，因此将与其他市场所共有的属性归于期货市场。

四、期货市场与远期市场

特尔赛（1981）认为有组织的期货市场存在是因为它们优于非正式的远期市场。一个有组织的期货市场有详细的书面规则、调整纠纷的常设委员会和有限的会员。据特尔赛所说，由于保证金制度以及清算所作为所有交易者的对手方为合约背书，因此期货合约格外安全。与期货合约不同，远期合约依赖于合同双方的诚信。根据特尔赛的说法，与标准化的期货合约不同的是，典型的远期合约是通过大量的谈判，根据每一方和特定的商品量身定做的。因此，它们不能被相同的合约所对冲，也没有余地利用结算所的优势和通过差额支付来解决问题。在牺牲许多为了适应特定的情况而定制的合约后，期货市场将交易集中在少数合约上，这大大增加了愿意交易任何一种剩下合约的人数，由此产生的流动性使得期货合约对交易者更具吸引力。

特尔赛认为，期货合约相对于远期合约的优越性可以通过货币和个人支票之间的类比来理解。支票金额可以是任意的，这一优点消除了找零的不便，但它依赖于个人的信用。另外，对于政府背书美联储的纸币来说，因为是非个人的，因此可以在陌生人之间自由流通。有意识地限制纸币面额的数量，通过极大地增加特定面额的流通，可以增加处理货币的便利性。虽然纸币可以反复使用，但支票必须费力地回到他们的签发者那里。简而言之，根据特尔赛的说法，由于货币和期货合约是非个人的和标准化的，因此流动性更强，于是分别优于支票和远期合约。

通过将期货合约视为一种以货币形式存在的临时的、流通的购买力贮藏，特尔赛扩展了沃金对长期持有期货合约的看法。沃金（1953b：560）认为，"期货套期保值是指在商品交易所建立和监督下，以标准条款订立买卖合同，作为预期在以后按其他条款进行买卖的合同的临时替代"。因此，根据沃金所说，规范的期货合约暂时代替了销售合约；一旦谈妥这些特定的合约，期货合约就会被对冲掉。除特尔赛和沃金外，许多其他人都强调了远期合同和期货合同的区别；卡尔多（Kaldor，1939）和道（Dow，1940）是早期的例子。期货合约和远期合约之间的鸿沟被广泛地接受，以至于期货市场上几乎每一篇文章都出现了对远期合约的否认。这种关于期货市场贡献的观点可以简洁地称为"期货市场流动性理论"。

尽管人们通常喜欢用货币来类比，但期货市场的流动性理论强调的是与本书观点截然不同的期货市场的特点。这两种观点不一定矛盾。事实上，就像通常用货币来比喻的那样，两者是互补的。然而，流动性理论关注的是第三个层次的问题，即为什么某些市场是有组织的。

与货币的常见类比可以说明期货市场贡献的两种解释的地位和相对重要性。特尔赛类比的是美联储的纸币或个人支票是交换的媒介。的确，支票账户在减去交易费和最低账户余额后可能会支付一些利息净额，而货币账户则不支付利息，但与持有债券相比，持有任何一种都要付出巨大的机会成本。在研究货币市场时，几乎每个人都把支票账户余额和货币放在一起研究，他们之间的区别是个微不足道的问题。无论是美联邦纸币还是支票账户上的余额，对于货币来说重要的是，其能让人们了解厂商为何持有商品库存以及为何想要借入这些库存。在图5.1代表期货市场贡献的树中，广义上定义的持有货币的全部利率损失，对应的是是否存在某种正常运行的商品借贷市场。进一步的问题是，持有支票账户与货币的利率损失之间是否存在差异。这与商品借贷市场是正式的期货市场还是非正式的远期市场相对应。

也许这种与货币的类比对流动性理论是不公平的。虽然货币和支票之间的区别可能是理解货币借贷市场的次要问题，但期货和远期市场之间的区别可能对理解商品借贷市场更为重要。实际上，远期市场和期货市场之间的实际差异很小。流动性理论假定成熟的期货市场和复杂的远期市场之间存在着鲜明的对比[①]。存在的差异更多的是程度而不是种类。许多所谓的远期市场是极度复杂的，通常也拥有清算和执行合约的手段，与期货市场非常相似。然而，期货合约实际上并不是不带个人色彩的。这些陈述及其在第五章第五节的阐述，并不意味着流动性理论是错误的。相反，这些批评意在纠正过分强调期货市场是有组织的交易所。

　　期货合约实际上并不具有货币那种高度非个人色彩，因为清算所的背书只能保护一小部分未平仓的期货合约。回忆一下，一个清算会员的账户，是在清算所净值的基础上保存的[②]。如果他以佣金商的身份为不同的客户出售20份合约，为其他人购买30份合约，那么他只需将所购买的10份合约的原始保证金存入清算所。同样地，清算所只保证并计算10份净合约的变动保证金。期货佣金商自己必须代表其他20份合约，在客户的账户中转移资金。因此，所有50份合约的履行都依赖于期货佣金商及其监管众多客户信用的能力，以保持他们的保证金账户的当前水平[③]。除了清算所的成员只在自己的账户上交易外，期货合约实际上是清算所成员与其客户之间的协议。对于期货佣金商的客户来说，他们本身不是清算成员，但与清算成员之间有一个特殊的净合约账户，清算所的集体背书对他们来讲则更远了一步。

　　此外，芝加哥期货交易所等的清算所多年来既不充当期货合约的担保人，也不收取保证金。但在19世纪80年代和90年代的谷物期货交易比20世纪70年代之前的任何时候都要活跃。当然，20世纪80年代的市场与19世纪80年代的市场并没有明显的不同。同样，即使伦敦金属交易所没有保证金制度，也没有人会认为它不具备期货市场的优势。伦敦金属交易所的会员数量很少，他们彼此之间没有保证金（即使他们要求客户提供保证金），因为他们对彼此之间的合同履行有信心。从这些事例中，我们可以得出这样的结论：清算所的背书及其在保证金体系中的作用，并不是有组织期货交易所与众不

[①] 流动性理论的问题可以从以下事实中预见到：美联储纸币和支票的相似之处远比 Telser 承认的要多。对于许多交易来说，无论是货币还是支票，对双方都是一样的。Telser 类比的问题也可以在货币史中看到。在硬币之后发展起来的支票，传统上并不像 Telser 所说的那样被描述为低等的，而是被描述为一种减少实际现金转移需要的高级发明。

[②] 一些交易所要求的保证金高于净额基准，但没有一家交易所是基于所有的合约的（爱德华兹，1983）。

[③] 为此，有些人提议，应按全额基准存入初始保证金。

同的原因[1]。

因此，期货合约并不像流动性理论所描述的那样安全。流动性理论还忽视了远期合约通常是怎样不仅仅依赖于合约方的诚信的。例如，对于外汇或政府债券远期合约的一方来说，如果价格对其不利的话，就可能会收到相当于追加保证金的通知，尽管其保证金的调整不像期货市场那样频繁和细致。

远期合约通常也是高度标准化的合约，这一点在外汇和政府债券交易中表现得最为明显。毕竟，大多数此类交易的金额都在数百万美元左右，而银行则发行分别为100000美元和1000000美元面额的存款凭证。

通过对冲和差额支付的实践来取消合约的真正进步不是从非正式的交易池（芝加哥期货交易所的早期实践）发展到正式清算所的，而是从原始的标准化合约发展起来的。远期市场通常是第一个对合约规模、可交割等级以及交割场所（例如，是在火车车厢还是在谷仓交割）进行标准化的市场。期货市场则不是。事实上，有相当多的证据表明，最早的期货市场即在19世纪60年代中期或19世纪70年代早期正式承认期货交易的交易所——芝加哥期货交易所、纽约棉花交易所和利物浦棉花交易所——只是采用了在非正式的远期市场中已经标准化了的合约（Williams，1982）。在19世纪40年代和50年代报道的面包原料远期合同已经显示出交易手数，500或1000桶面粉，1000或5000蒲式耳谷物，这些后来都在芝加哥期货交易所的期货合同中使用。与之类似的是，最近一些年那些新的期货合约几乎以完全相同的模式复制了标准化远期合约的条款，无论是燃料油市场的远期交割条款，还是抵押贷款凭证的远期交割条款。每当期货合约的具体条款与现行远期合约不同时，这种

---

[1] 变动保证金本身的性质是 Black（1976），Breeden（1979 和 1980），Cox、Ingersoll 和 Ross（1981）等人的文献的核心。远期合同要到交货时才付款，而期货合同涉及变动保证金，其效果是在交货前可以部分付款。因此，人们对远期合同和期货合同之间的区别做了很多研究。虽然在理论上是有效的，但是"远期和期货平均价格的差在统计和经济意义上都不显著地不等于零"，引自研究外汇期货和远期外汇市场的 Cornell 和 Reinganum（1981：1045）。期货市场的历史也支持这一结论。事实上，早期的期货合约允许货币差额被贴现，因为它们代表了合约的早期结算 [例如，参见纽约棉花交易所的规则（1891）]。这些规则已不复存在，这表明远期合约和期货合约之间的这种差异没有什么实际意义。1882 年，利物浦棉花协会（Liverpool Cotton Association）的结算机构、清算所和银行委员会提出了一项提案，将为所有差额设定一个平均折现率，"以方便办公室工作和合同计算"（附于 1882 年 12 月 18 日的会议纪要，380cot 5/I，利物浦档案办公室）。

商品的期货交易就会失败。芝加哥期货交易所的五花肉合约直到其损耗、存储时间、交通津贴和等级方面的规定更贴近贸易惯例（Powers，1967）之后才逐步活跃起来。芝加哥期货交易所在设计胶合板合约（1969年开始交易）时，尽可能地使其与远期合约一致，因此其合约要比纽约商品交易所的胶合板合约［其交割方式与远期合约不同（Sandor，1973）］更成功。对于所有的期货合约，交易所总是试图使它们与交易中占主导地位的远期合约更加一致。

人们还必须要小心不要得出这样的结论：没有完善的清算所的市场是不成熟的，主要是因为无法享受到对冲合约的好处。毕竟，早在芝加哥期货交易所建立官方清算所之前，它就被称为期货市场。19世纪80年代初的芝加哥期货交易所在刚建立时，职员们在一个大房间里，按公司名称的字母顺序排列，互相传递仓单，完成了几乎所有正规清算所做的事情。

从本质上讲，标准化合约和合约对冲不仅在有组织的期货市场中很常见，在许多其他市场也一样。此外，远期市场通常也是通过保证金来保护合约，从这点上看期货合约也并非就与众不同。因此，特尔赛等人对期货市场流动性理论的认同是建立在远期合约与期货合约对比过于鲜明的基础上的，从而夸大了集中交易的贡献。

通过对冲来交易标准化远期合约的事实可以平息期货和远期合约差异的另一场争论。卡尔多（1939）和道（1940）认为，远期合约承诺交付的库存没有提供可获得性的好处（或者用他们的术语来说是便利收益）。如果一个交易商签署了一份远期合约，承诺将特定的一批货交付给特定的人，他似乎没有别的办法，只能持有并交付这批货。如果他将这批货卖给其他人，他永远也拿不回这一批货。另外，如果一个交易商通过一份期货合约承诺交割他的库存，就可以通过对冲期货合约的权宜之计，在需要将库存挪作他用时解除合约。正是这种灵活性促使其在对冲操作中支付低于全额持仓费的价差这一机会成本。

一个例外是，远期合约本身就是一个可通过对冲来交易的标准化合约。由于这个例外同时也适用于大多数期货交易的商品，因此远期市场的价格与期货市场的价格没有什么不同。从更广泛的角度来看，卡尔多和道的观点如果没有涉及活跃的期货市场，可能会被忽略。即使是非常具体的商品远期合约，通常也会指定一个特定的交割等级，而不是一个特定的批次。另一批同样等级的商品可以替代原来的那一批，买者也很难分清。只要商品本身是可替代的，需求有所增长，卖方就可以使用其原来持有的商品，以后在他方便的时候再购买等量的商品。从他的角度来看，不管是购买额外的数量并按照预定的交货时间进行交易，还是通过购买一个对冲合约提前取消交割，这都无关紧要。由于期货交易的商品必须是可替代的，因此对于远期合约而言这些商品本身也完全是可替代的。

五、期货市场与有组织的市场

实际上，强调期货市场的集中化和组织化是错误的，因为有一个更重要的原因。即使借贷市场是显性的而非隐性的，这个问题也会出现。换句话说，即使既没有期货市场也没有远期市场，而是有显性的借贷市场，关于集中的有组织的市场相对于非正式市场的优势的争论也会出现。因此，这一争论的解决只能有限说明期货市场存在的原因。

在20世纪30年代的监管出台之前，纽约证券交易所（New York Stock Exchange）股票借贷市场还是一片宁静，这有力地说明，借贷市场可以高度组织化。股票借贷受保证金保护，并通过一个先进的清算系统清算，这种方式完全符合特尔赛对期货市场的独特看法。可回想一下，纽约证券交易所的显性借贷市场是一个双重借贷市场，在这个市场中，钱被贷出以换取股票的借入。所涉及的金额每天都会根据股票价格的变动方向进行调整，就像期货合约逐日盯市并调整变动保证金一样。从1892年开始，一家高度成熟的清算所既提供直接购买，也提供股票借贷，这大大提高了借贷市场的便利程度（艾玛里，1896）。

如果商品借贷的是小麦或铜，而不是股票，那么类似的合约担保和对冲机制可能会进化。实际上，在19世纪50年代和60年代，那些在芝加哥借入谷物仓单的投机者将仓单的大部分价值作为抵押（类似于初始保证金的存款）用于偿还借款。如果价格对他们不利，他们是否也被要求支付变动保证金（或者如果价格下降，佣金商是否被要求退还部分保证金），从所剩无几的描述中是无法得知的。无论如何，为显性的商品借贷市场构建一个有效的保证金体系显然是可能的。

尽管没有先进的商品借贷清算系统，但利物浦却有一家所谓的棉花银行清算了棉花的现货交易（Elison，1905）。利物浦的现货交易不是在交易达成后几秒钟内交割，而是在次日交割，就像实际上任何商品的多数现货交易在实践中的操作一样[①]。因此，交易者在一天中有时间进行几笔交易，在这种情况下，清算银行将有助于将实际交货量减少到棉花和货币的净额。一旦这一制度在利物浦实行，它就可以像纽约证券交易所的清算所那样，很容易地提供棉花借贷。碰巧的是，期货交易清算所兼并了棉花银行。

人们过去常常并不理会"保证金和清算是期货市场对于投机者的特殊之处"这一观点。以大众视角来看，期货市场的广泛投机并非来自期货市场与未来的特殊联系，而是来自集中监管的交易所为交易提供的极大便利和保证。由于交易烦琐，许多市场几乎没有投机行为。如果存在一个正式的、高流动性的借贷市场和一个隐性的未来交割市场，投机者就会有同样的动机去寻找有关未来的信息。

更具体地说，虽然大规模的卖空交易是市场消化所有已知信息的必要手段，但它并不是期货市场独有的。由于期货市场具有卖空机制，格雷（1979）认为这是它们的主要贡献之一。然而，出借仓单的做法也使大规模卖空成为可能。实际上，似乎正是那些芝加哥仓单的主要借入者是做空的投机者。通过在现货市场卖出借来的票据，他们承诺在未来交付他们不再拥有的东西。同样，期货市场鼓励多头投机的方式也很明显，但出借仓单的体系也会吸引更多的长期投机。做多的投机者可以在现货市场买入并贷出仓单，其净头寸相当于持有一份在借贷到期时交割的期货合约。

通过比较伦敦证券交易所和纽约证券交易所，可以很好地评估投机者在期货市场中的作用。可以回忆一下，在伦敦，交易库存是为了未来交割，而在纽约，贷出或卖出库存是为了即时交割。尽管伦敦市场是个"期货"市场，但这很难说它更倾向于投机。更有可能的是，这两个城市的价格形态是相同的。毕竟，交易的几个方面是相同的，如果价格出现分歧，套利会很快让它们趋同。这种"不管有没有显性的期货市场，价格都会有相同的表现"的判断并不是说，"如果没有投机者，这两家交易所的运作都是一样的"。在这两个交易所，投机者对于市场深度都是至关重要的。重要的信息是，期货市场并不是只与投机相关；任何发达市场都会吸引投机者。因此，只有在

[①] 因此，这种名义上的现货交易是一种期限为一天的期货合约。

投机者的交易增加了市场深度的情况下，投机者才是理解期货市场的关键。

再一次，在这个例子中，大规模的卖空被认为是期货市场的特殊属性，这一观点在期货市场流动性理论中出现的比想象的要普遍得多。这并不是说广泛投机与合约的强制执行、标准化和清算的好处是微不足道的。相反，它们并不能成为期货市场的独特特征。实际上，流动性理论认为有组织的期货市场有优势，更侧重于其在有组织方面的贡献，而不是期货市场方面的贡献。如果是在正式市场和非正式市场这一更广泛的领域来研究期货市场的这些特征将会更好一些。

六、隐性借贷市场的交易原因

与非正式市场相比，较少的探寻正式市场的缘由才是有些市场是显性和有些是隐性的原因。在衡量某些交易体系的优点时，从交易的便捷性就可以轻松看出差异。在对比隐性借贷市场和显性借贷市场的情况下，贷出者是否希望要回其商品似乎偏离了交易体系的确定。一个人在银行定期存款，也就是说，借钱给银行，贷款到期时需要用钱，所以想要回来。潜在的贷出者想要回商品的这种交易，最容易通过借贷以及显性的价格来完成。然而，一个把小麦带到市场上的农民不太可能想要回它。当潜在的贷出者真的不想要回他们的东西，或者至少不想以同样的条件和地点要回时，能够最好地容纳借入者的市场形式是隐性市场。

可以想象在皮奥里亚有一个农民，他把小麦借给了当地的磨坊主，尽管他更愿意把小麦卖掉。农民之所以同意借小麦给磨坊主，是因为他仍然可以间接地出售自己的小麦。他与磨坊主达成了一项协议，磨坊主承诺在一个特定的日期将小麦归还给合约持有人，并支付借入小麦的费用。假设芝加哥有人想在那个时候收到小麦。他可以从农场主那里购买这份借贷协议，然后签订个合同，等小麦运回皮奥里亚时，再把它们运到芝加哥。如果皮奥里亚的许多农民和芝加哥的商人都转让这种借贷协议，一个二级市场就会出现。这样的二级市场将使各方都能得到满足，包括想要出售小麦的农民，想要借入小麦的磨坊主和想要在中央市场买入小麦的商人。

但这种显性借贷市场与此类二级市场的结合，需要额外的交易和指令。这其中涉及一系列的要素环节：（1）借贷协议；（2）向芝加哥的商人出售借贷合约；（3）指导磨坊主运输给芝加哥商人的当地代表（并非农民）；（4）商人将货物运到芝加哥的费用合约。这些交易环节的实际结果是农民在皮奥里亚将小麦交给磨坊主，然后小麦在芝加哥重新出现。如果磨坊主进行套期保值并隐性地借入小麦，则（1）从当地农民手中购买小麦；（2）在芝加哥期货市场上卖出未来交割的期货合约。这对所有各方来说将会有多么的迅速而有效！实际上，磨坊主将从整个市场而不是从单一方借入。尽管磨坊主现在多了第二笔交易的额外费用，如果他必须安排货运，可能还有第三笔交易的额外费用，但从农民和商人的角度来看，交易成本大大降低了。农民和商人可以直接或间接地与磨坊主分享他们的结余。如果磨坊主在加工过程中，决定他的碾磨作业中使用小麦，那么这种安排对他来说会方便多少呢？磨坊主不需要找到农场主，重新协商借贷，然后将其出售，只需解除对冲，取消在芝加哥交货的义务，就可以更容易地购买小麦。如果他想把小麦交给另一个磨坊主，他也可以这样做。无论如何，农民不太可能要回小麦。因此，当商品自然地从一个地方流向另一个地方，从一种形式流向另一种形式，或从一个所有者流向另一个所有者时，隐性借贷节省了所有各方的总体开支，使它们比显性借贷具有更大的灵活性。

这些交易优势似乎解释了19世纪60年代芝加哥的机构形式从显性借贷市场向谷物的隐性借贷市场的转变。回想一下19世纪50年代芝加哥的经理人和19世纪60年代早期谷物仓单的贷出，当经理人在等待自己的产品被托运或等待航运放开以便能够运输这些货物的指示时，他们只能在稍后才能控制所需的仓单。只要他们能把仓单拿回来，就会尝试在这期间把仓单借出。一旦在冬天铁路开始从芝加哥运输产品，以及电报网改善了与客户的沟通，经理人就开始短期的持有仓单。此外，随着粮食从一个地方流向另一个地方，所有权的改变也就变得更为普遍了；当谷物在芝加哥停下时，通常都会经历转手。在这种情况下，显性借贷市场停止运作，取而代之的是期货市场。由于这些情况尚未改变，隐性借贷市场仍保持着交易优势。

一个商品的自然流动是如何促使借贷市场隐性地发挥作用的例子就是货币市场，不管其主要目的是为国内或是国际贸易融资。如果芝加哥的交易商需要借钱来购买他计划运往纽约的商品，而不是与芝加哥的某个人进行一笔显性的借贷，他可以通过向纽约的一个代理行开出汇票来筹集资金。汇票将指示代理行在汇票提交后的特定时间向纽约的持票人支付一定数额的款项。

当交易商的货物在纽约销售之后，他在纽约偿还货款就比把资金汇回芝加哥容易多了。他在芝加哥通过将汇票出售给当地的一个人来获得他所需要的资金。购买该汇票的人将把该汇票送往纽约，在那里将由他的一名代理行代表帮他提交，或者卖给纽约的一名投资者，然后由他提交。

汇票允许一个人在一个地点获得一种商品，即货币，并承诺在另一个地点归还该商品。空头套期保值的原理与此类似，通过一个空头套保的操作，磨坊主在当地得到小麦，并承诺在芝加哥归还小麦，就像皮奥里亚的大豆压榨商在皮奥里亚得到大豆，并承诺在芝加哥还回豆粕和豆油一样。这些借入者，无论是货币、小麦还是大豆，都不直接向任何一方借贷。相反，他们在自己的本地市场与一个人交易，在中心市场与另一个人交易。

毫无疑问，国内汇票的目的就是隐性地借款。这样的汇票对所有的托运人（即使他们的货物不是运往纽约市的）都有很大的好处。他们可以把钱运到纽约来偿还债务，或者更常见的是，把他们的资金在当地卖掉，换取一张纽约的本票，用来抵消自己的债务。伴随国内汇票的是实际销售货物到纽约的运费中隐性的空头头寸。汇票的利率会有波动。例如，对于布法罗来说，尽管利率变化受布法罗和纽约之间运输相对宽松程度和速度的制约，但当当地市场的货币变得特别紧张时利率就会波动。这种签发国内汇票的风险与商品市场的基差风险（特别是交割等级的商品不在期货市场即时交割地点的基差风险）相对应。不属于交割等级的皮奥里亚小麦与芝加哥市场的期货空头头寸之间的基差风险与汇票的风险类似，因为在这两种情况下除了在本地获得的商品外还有一些东西必须回到中央市场。基差风险与汇票附带风险之间的这种对应关系值得深思。重要的是要认识到，这些风险几乎不对汇票的签发形成阻碍，因此基差风险对标准的套期保值并没有太大的意义。在这两种情况下，风险都不应掩盖根据具体情况借入货币或商品这种交易的主要目的。借入者只是使用了一种隐性的方法，因为这种方法对所有相关方都具有集体交易优势。

七、隐性借贷市场的法律原因

对于不想要回商品的潜在贷出人来说，不管隐性市场的优势是什么，该市场的存在都取决于其他因素。在这些因素中，主要的还是法律因素。如果一种交易体系是非法的，或者卷入法庭后出现耗时过长的问题，那么隐性市场就会遭遇很大的发展障碍。如果一种交易体系看起来在交易方面优于其他体系，那么法律体系最终将适应这种交易方式。事实上，在商品市场的法律史上，有很多例子表明法院最终承认了新的做法。然而，也有许多法律持续反对的例子，这通常是因为商品市场的一些特定做法与更高的法律原则相冲突。

虽然法律上的复杂情况会阻止特定的贸易体系，但不合法所形成的障碍不一定是绝对的。例如，期权在19世纪70年代和80年代的伊利诺伊州是非法的，但在芝加哥期货交易所闭市后，期权却蓬勃发展。没有人会起诉这些交易员。同样，在19世纪40年代，纽约的大多数股票交易都是一种未来交割的合同，法院未将其认定为有效。这种交易之所以持续存在，是因为交易员之间达成协议不诉诸法庭，任何违反承诺的人都将被除名。

法律上的禁止可能是一种相当大的威慑，这一点在谷物银行的例子中可以清楚地看到。在19世纪60年代和70年代，伊利诺伊州制定了更加严格的法律，禁止超额印发谷物仓单，最终所有的仓库都保留了100%的库存。不管这是否是明智的公共政策，它肯定对粮食市场的制度安排产生了重大影响。从银行的货币行为来看，由于集中储备的优势，谷物银行之间很有可能形成分支网络。谷物银行可能会减少期货合约的数量，这些合约用来将商品从一个地方隐性地转移到另一个地方（例如，在A城市买入，在B城市未来交割卖出）。至少在货币的问题上是这样的。根据斯卡梅尔（Scammel，1968：164，171）和三村（Mishimura，1971）的研究，英格兰的分行减少了国内汇票的数量。更重要的是，有了蓬勃发展的谷物银行，可能就不会有组织化的谷物中心期货交易所了。诚然，银行通过贴现的方式暗中放贷。但每家银行都在自己的地盘上与客户打交道，通过非正式渠道与其他银行接触。因此，非正式的隐性借贷市场更适合谷物银行。

在19世纪70年代和80年代，通过支付差额来结算的期货合约这一发展中的制度受到了相当大的法律攻击。首先，在法院看来，货币差额的支付是一种赌注，不是有效的合同。其次，差额结算改变了佣金商与客户之间的委托代理关系。如果法律之争的结果有所不同（他们差点就做到了），那么通过对冲来结算期货合约的许多好处就会丧失，而组织化的期货市场很可能会萎缩。

期货合约开始与禁止赌博的法规混淆在一起，因为赌博很难在法律上定义。尽管赌博包含了所有合法合同的必要因素：交易方、应考虑的因素、主题、一致意见［杜威（Dewey），1886：9］。但是，以法律的角度，这样的合同是无效的，因为它不是以双方的共同利益为出发点，而是一方是以另一方的代价来获得的。支付货币以结算差额是履行绝大多数期货合约的方法，在法庭上呈现的似乎是一方以另一方为代价获得利益。从字面的意义上说，期货合约实际上是对不确定事件的一种押注，但几乎每一笔商业交易都是如此。

面对期货合约的盛行，法院费力地构建了两个额外的测试来确定期货是否是赌博［比斯比（Bisbee）和西蒙兹（Simonds），1884］。第一，书面合同必须要求无条件交割，这使得期权不受法律保护，因为它们的交割是有条件的。第二，至少有一方合约当事人必须打算接收或交付货物，因为，如果双方都认为交货条款不会得到执行，那么这份合同就只不过是一场赌博。当然，这将法庭和陪审团置于解释合约方意图的危险境地，当只有一份晦涩难懂的书面证据时，如"以54美分的价格购买5000蒲式耳7月交货的玉米"，这项任务变得更加困难。

不可避免的是，一些新法官会发现，尽管有要求交割的条款，但只有少数期货合约是通过交割结算的，这就会干扰法官的思路，导致其再次宣布期货合约无效，争议就会继续下去[1]。例如，贝弗里奇（Beveridge）诉翰威特（Hewitt）的法案（1881）处理了芝加哥期货交易所的圈内交易，法院坚持认为，"交易所通过差额结算促进虚拟交易，一个推理由此产生：一旦有交易产生，一方就会打算以这种方式结算"。不仅仅是结算程序，期货合约也是无效的[2]。这种司法敌意的痕迹仍然可以从美国交易所对交货条款的重视程度上看出来，而英国法庭表面上更愿意接受期货合约。

另外，一些美国法官认为"这些习俗是建立在商业便利的基础上的；他

---

① 参见 Gregory 诉 Wendell, 39 Mich. 337（1878），Sawyer. Wallace 公司诉 Taggart. 77 Ken. 727（1879），或者芝加哥联邦国家银行诉 Carr，15 Fed. Rep. 438（1883）。

② 8 III. App. 467（1881）；参见 Melchert 诉美国联合电报公司案，II Fed.Rep. 193（1882）。

们没有违反法律"①。在克拉克（Clarke）诉福斯（Foss）案（1878）中，涉及芝加哥期货交易所的玉米合约，法院强调了证词中所说的"这种价差的调整仅仅是为了方便期货交易所的成员和他们的客户……[和]经常节省客户的保险和储存费用。"法院的结论："如果本案披露的交易是非法的，那么我们大型商业中心的银行和清算所的大部分交易也是非法的。我相信，如果这样处理，就会严重损害商业界的利益，不会带来任何相应的好处②。"

这种通过支付价差结算合同的法律矛盾只有在美国最高法院对希金斯和吉尔伯特诉麦克雷（McCrea，1885）的判决中才得以澄清③。这个重要案件的法律逻辑虽然令人难以置信，但也涉及委托人和代理人之间在圈内交易时的关系问题④。1883年6月，芝加哥期货佣金商希金斯和吉尔伯特公司（Higgins & Gilbert）代表麦克雷在6月建立了一份8月猪肉的投机订单。6月下旬的猪肉价格对麦克雷不利，他拒绝追加变动保证金。该佣金商的工作人员按惯例打电话给麦克雷的初始卖家，但取代原来卖家的人在8月把猪肉送来了。希金斯和吉尔伯特公司支付了合约价格，并立即低于当时市价的价格出售了猪肉，对麦克雷提起了诉讼。麦克雷提出反诉，要求赔偿他损失的保证金。首先，他辩称，他有意（希金斯和吉尔伯特公司明知道这一点）让他的交易成为赌博交易。其次，他声称交易圈内的替换违反了他作为委托人的权利，因为在没有得到他允许的情况下替换了另一个卖家。法官指示陪审团，如果他们发现交易是赌博，双方均不可以从另外一方拿到补偿，如果他们发现最初的交易是合法的，那么被告有权要回他的保证金，因为原告没有在圈内交易中维护他的利益。佣金商公司自然反对法官的裁决。在上诉中，美国最高法院推翻了支持麦克雷的裁决⑤。但法院的裁决并不支持原告，他们似乎有圈内交易的习惯并持续记录每个账户的余额。当商品交割时，他们

---

① 出自 Williar 诉 Irwin《联邦判例汇编》第 30 卷第 38 期（1879 年）。美国最高法院错误地向陪审团执行了这个指令，这么做不是因为交易池的习俗显示这种交易是赌博，而是因为交易池的工作极大地改变了委托人的权利和其他各方的义务，法院不能给予他的同意，因为他没有弄清楚这些。

② 《联邦判例汇编》第 5 卷第 955 案（1878 年）。

③ 《联邦判例汇编》第 23 卷第 782 案（1885 年）；也可参见 Bonney（1885）。

④ 也可参见 Oldershaw 诉 Knowles，4 Ⅲ. App. 63（1879）和 6 Ⅲ.App. 325（1880）。

⑤ 116 U.S. 671（1886）。

会将其反映到他们账簿上最老的合约上。法院裁定这一做法不符合芝加哥期货交易所的规定，交易所规定要求在圈内交易后正式更换新的委托人，这样每笔交易都有一个明确的交易对手。在接受芝加哥期货交易所规定的同时，法院宣布净额结算是合法的商业行为①。

如果在有关结算程序的争议过程中，期货市场被确定为非法，那么显性借贷市场很可能会取代它们。事实上，19世纪90年代早期，当国会回应持有期货的农民承担价格下降的责任时，几乎禁止卖空期货合约的交易，当时交易所曾积极考虑建立一个模仿纽约证券交易所股票借贷市场的交易体系②。

特定交易的法律地位也很好地解释了为什么目前一些借贷合同是通过回购协议的方式隐性地签订的。布劳和巴伯（1982）观察发现，期货佣金商通过客户存入原始保证金来管理货币借贷的过程中，存在这种效应——尽管这些资金属于客户，但利息却归期货佣金商所有（相应地降低了经纪费用）。监管经纪人的法律限制他们只能投资到信托账户或最安全的证券，如美国国库券。然而，期货佣金商更愿意投资于银行的存单，因为存单的风险更大，利率更高。由于无法显性的贷出给银行，期货佣金商就安排了一项回购协议，他们从银行购买国库券，并事先同意以规定的价格转售给银行。这一回购协议，即使是以其优质的国库券作为抵押品，但仍然相当于贷出给银行的一笔资金。通过回购协议，期货佣金商可以规避法律问题。重点不在于回购协议应该受到谴责，而是法律的主要影响在于借贷的方式。

破产法也影响着交易的形式。如果A贷出货币或商品给B，而B宣布破产，A可能永远无法收回他的财产。即使A持有足够的抵押品，法院也可能需要数月或数年的时间才能允许其占有。如果他有其他的承诺，比如他借给B的东西是他自己借入的，这种延迟可能会对他造成相当大的伤害。而通过回购协议，A对抵押品有明确的所有权，因为他表面上购买了抵押品。这种

---

① 尽管作出了这一裁定，但围绕圈内交易和净额结算的争议并没有消失。这个问题反复出现在法庭上，直到20世纪30年代。其他著名的案例包括：Ward 诉 Vosburgh 案，《联邦判例汇编》第31卷第12案（1887年）；Clews 诉 Jamieson，182 U.S.461（1901）；芝加哥市贸委员会诉克里斯蒂粮仓公司案，198 U.S. 236（1905）；Gettys 诉 Newburger.《联邦判例汇编》第272卷第209案（1921年）；里昂磨坊公司诉 Gaffe & Carkener 公司案。《联邦判例汇编》第46卷（第二版）第241案（1931年）；Palmer 诉 Love 案，80 S.W.Rep.（第2版）100（1934）。

② 有关反对期货市场运动的历史，请参阅 Dewey（1905）和 Cowing（1965）的著作。

清算速度一直是回购协议隐性放贷的优势。不过，在1982年伦巴第—沃尔公司破产后，破产法官裁定，该公司出售给他人的证券是作为借入资金的回购协议的一部分的抵押品，所有人不得出售这些证券[①]。尽管人们不能指责法官认为回购与向伦巴第—沃尔公司提供的显性贷款是一样的，但他的裁决在很大程度上降低了隐性借贷相对于显性借贷的吸引力。通过执行回购协议来实施货币政策的美联储说服国会通过破产法修正案推翻了法官做出的裁决[②]。

当破产涉及期货合约头寸时，也会出现同样的法律问题。传统上，当事人的行为似乎是，违约方支付的变动保证金是明确属于其期货佣金商的，或者如果破产方是清算会员，则属于清算所（变动保证金是立即支付给他人的）。但在20世纪70年代，有人提起诉讼，称保证金仍属于破产人的资产[③]。如果存入1美元的保证金实际上可能只支付给一般无担保债权人5美分，那么作为确保期货合约履行的一种手段，整个保证金体系就会崩溃。1982年通过的一项新法律改变了这种状况。否则，通过期货市场进行商品隐性借贷的一大优势就会消失。

---

① 《华尔街日报》，1982 年 9 月 20 日。

② 《华尔街日报》，1984 年 5 月 3 日和 6 月 29 日。

③ Seligson 诉纽约农产品交易所案，第 394 页，第 125 页（1975 年）。

第六章　期货市场的最优数量

　　当人们考虑运转正常的商品借贷市场突出的优势和期货市场作为提供此类借贷的主导场所时，可能会疑惑为什么有组织的期货市场的数量会这么少。在全球范围内，交易量充足可以被认定为活跃交易市场的交易所不超过四五十家。像芝加哥期货交易所一样的交易所则数量更少。进一步讲，同样的商品也很少在不同的交易所活跃交易。伦敦金属交易所和纽约商业交易所确实同时存活下来了，但因为纽约商业交易所正好在伦敦金属交易所结束交易后开市，它们也不是直接竞争。同样，伦敦的可可市场和纽约的咖啡市场，尽管交易的品种不同，也很自然地被认为是跟随全球市场日间交易的一个部分。对于金属、可可和咖啡来说，不论是纽约还是伦敦哪个作为主要交易市场，都会吸引大量的成交和持仓。类似地，堪萨斯城（Kansas）和明尼阿波利斯（Minneapolis）的小麦市场提供不同小麦品种的合约，如果与主要交易市场芝加哥期货交易所相比，它们都是比较小的市场。除此之外，某一商品的期货交易大规模地集中于一个地点。在这个市场中，交易一般很少在一两年的跨度内分散在超过五六个交割月内。

　　活跃期货市场数量较少也是理所当然的。很少有商品拥有明显的期限结构。也就是说，很少有商品有足够波动的价差来支撑交割月向未来延伸。同理，对于在多个地点交易的同一种商品和一年中所有的交割月来说也是如此。实际上，有组织的期货市场数量很少，是因为很多相关商品的价格和许多相关交割日期都可以轻易地从少数显性期货价格中推导出来。

　　决定哪些价差具有波动性的因素取决于供求弹性。在大多数情况下，需求或供给是足够灵活的。只有当一些未来的因素已知但是供给和需求都无法调整的情况下，合适的价差和期货合约的存在才具有合理性。不灵活的另一种解释是转换成本高。因此，转换成本再一次成为期货市场存在的主要原因。

　　对期货市场功能的不了解导致了对于期货市场合适数量的困惑。例如，20世纪70年代的商品价格大波动提醒很多人，如果期货交易可以延伸到更远的交割月，价格将会更加平稳①。假如没有远月的期货合约，价格体系无法消化一个远期事件的影响。

更重要的是，许多人将远月期货市场的缺失看成是市场体系自身存在缺陷的一个标志。根据阿罗（Arrow，1978）的观点，"市场的概念和许多赞成市场体系的争论都是基于它能够简化经济代理人的信息问题的观点，它们限制了并购的力量，价格是剩余世界信息的经济总结"（161页）。"最重要的实证观点是大多数未来商品的市场是不存在的"（160页）。如果经济代理人不能观察远月期货价格而是必须要自己计算这些价格，"经济代理人就需要成为出色的统计学家，能够分析未来经济的总体均衡情况"，当然他们做不到。

这些观点严重曲解了期货市场的经济贡献。困惑源于未能区分假设的完整市场集合和具有经济合理性的市场集合。这些观点也对一个新增的远月交割月或一个新增城市的期货市场的边际效用存在争议。事实是，在达到一个少量的合约数后，边际效用几乎为零。这个期货市场的充足数量略大于观察到的数量。

在下一部分展开之后，这个期货合约的充足数量而不是想象中的数量将被应用到以下几方面：第一，交易同一种商品期货合约的交易所数量；第二，不同等级的数量；第三，同一自然年中交割月的数量；第四，期货合约所涵盖的未来的年数。最后一部分将对比上述观点和其他活跃期货市场数量较少的理论解释。

尝试去推断如果有更多的活跃市场的话，期货价格会是多少，这部分分析必须是理论的而非实证。由于这个问题的性质，来自不同期货市场的证据是缺失的。推断缺失的价格会是多少可以通过间接地考虑船运、清理、加工和商品储存的属性和非灵活性。幸运的是，这些服务的属性和非灵活性是足够清晰的，所以这章将不会陷入诸如玉米的干燥机理一类的技术细节中。

一、经济合理的市场数量

由于商品的诸多特点以及价格对资源的配置作用，人们总是期望完善的

---

① 参见 G.W.Smith（1978）。

市场以及价格能够促进资源的配置。例如，农产品的配置曾通过在其他特点中区分重量、清理程度的方式得到提高。与之类似，在储存和使用商品的市场中，一个高质量的时间分配或地理分布可以改进商品的配置。例如，现在是1月1日，可以想象在6月1日、8日和15日交割棉花的各个市场，或者可以想象更极端的情况，一个单独的合约可以在一年中的每一天交割。还可以想象在许多不同城市的运转正常的市场。一个完整的市场集合应包括所有可以想象到的位置、等级和交割日期[①]。

图6.1展示了一个完整玉米市场的集合。这个玉米市场包含在芝加哥和密尔沃基（Milwaukee）西部湖港的所有交割时期，也包括在布法罗（Buffalo）东部湖港的收货方[②]。一个完整的市场集合还包括从密尔沃基到布法罗、从芝加哥到布法罗的玉米运费显性市场，以及远期运费和即期运费市场。因为玉米运输的时间要求，布法罗和芝加哥之间通过货运连接的市场主要是包含在可运输的期间内。玉米的清理类似地也有时滞，尽管可能比湖运的时滞要短。如图6.1所示，清理和运输都需要一定的时间。一般来说，这些服务都可以通过更高的价格更快的完成。图6.1的另一个维度展示了执行合约的时间和执行服务的时间。就其性质而言，仓储和使用，涉及一系列时间；对于仓储和使用，不同地点、不同时间段都是有差别的。

仓储和使用 （s）	s 即期	s	s	s 近期	s	s	··· 远期	
在密尔沃基交割的二等玉米 （d）	d 即期	d	d	d 近期	d	d	d 远期	···
从密尔沃基货运 （f）	f 即期	f	f	f 近期	f	f	f 远期	···
在布法罗交割的二等玉米 （d）	d 即期	d	d	d 近期	d	d	d 远期	···

图6.1　一个完整玉米市场的集合

---

① 还可以包括任一国家涵盖每一种商品的指数期权。讨论涉及这种偶然的合约将会和那些在一个国家内并不偶然的可交割的合约一样运行。正如这里展示的，经济上合理的市场数量小于全系列的市场数量，限制全系列的概念并无害处。

② 引用这三个湖港并非因为它们在谷物贸易中很重要，而是因为它们是非常清晰的终点。

仓储和使用 （s）	s	s	s	s	s	s	s	…
	即期			近期			远期	
从芝加哥货运 （f）	f	f	f	f	f	f	f	…
	即期			近期			远期	
在芝加哥交割的二等玉米 （d）	d	d	d	d	d	d	d	…
	即期			近期			远期	
仓储和使用 （s）	s	s	s	s	s	s		…
	即期			近期			远期	
清洗 （c）	c	c	c	c	c	c		…
	即期			近期			远期	
在芝加哥交割的三等玉米 （d）	d	d	d	d	d	d		…
	即期			近期			远期	
仓储和使用 （s）	s	s	s	s	s			…
	即期			近期			远期	

图6.1　一个完整玉米市场的集合（续）

图6.1包含74个不同的市场：14个运费市场，6个清理市场，25个仓储和使用市场以及29个不同的交割时间（也可以将其描述成为74个不同的合约，不管是否用于运费、清理、仓储或交割，所有这些都包含在一个玉米市场中）。事实上，其中的数量还可以再增加。不同的交割日期，以及各个日期内各种服务的时间都可以更完善或者向未来延伸得更远。对于已经开始的每一个时段来讲，清理和运费可以根据完成服务的时间进行排列形成一系列市场。

当然，一系列显性的市场集合，如图6.1所示的玉米市场，并不可行。首先，在建筑、运营和监管等方面的大额费用限制了期货市场的地域分布。其次，地点、等级和交割日期越分散，愿意交易各合约的人数越少。由于对于单一合约感兴趣的人较少，买卖双方就要等更长时间才有另一方对交易感兴趣。这种非流动性本身会进一步影响交易，使任一合约的报价不再能反映资源的配置，或者出现滞后性，或者仅是对合约交易价格的猜测。

尽管运营成本和非流动性可以消除市场集合中的很多市场，市场也不是轻易就被消除的。那些被消除的市场往往是多余的，因为它们可以由其他市场较为隐性地替代。判断显性市场的合适数量需要重点考虑的不是哪些市场拥有完整的市场集合，而是哪些市场具有经济合理性。当显性市场的缺失导致市场体系失败时，完整性和经济合理性的区别才会特别有意义。显性市场可能不重要，因为它的价格可以非常好地被其他隐性市场大致估算出来。

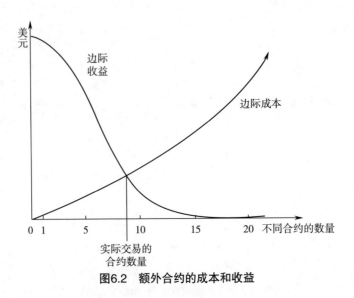

图6.2　额外合约的成本和收益

　　经济合理的市场数量表明市场实现均衡，这时一个额外市场的边际收益等于边际成本。图6.2展示了这种均衡。只要增加一个额外的市场（或交割月）确实就会增加一些成本，不论其是通过实际的交易占用房屋或是相关市场损失的流动性来衡量。一个市场的边际收益可以想象成通过改善后的资源配置所得到结余［卡尔顿（Carlton，1983a）建立了一套严格的方法来评价新增市场的收益］。我们可以考虑一系列市场的逐步增加过程。第一个市场在没有其他市场存在的情况下提供最大的收益，在第一个市场存在的前提下，第二个市场在第一个市场存在的条件下通过竞争提供最大的收益。依此类推，可以形成一条逐渐下降的边际收益曲线。边际收益曲线和上升的边际成本曲线的交点决定了符合经济合理性的市场的数量，如图6.2所示。

　　这个论点比市场必须证明其成本的合理性更微妙，并与边际收益曲线的斜率和形状有关。因为在已知条件的情况下，需求和供给是充满弹性的，较远的交割日期或不同地点的价格在消息面有较大波动时只需要微调。因此，这些主要的价格变化并不会造成严重的资源错配。简言之，超过一定数量的市场，额外新增一个市场的收益就会趋近于零。然而，在这个数量之内，额外新增一个市场的收益是巨大的。结果是，边际收益曲线在一个较小的区间内陡峭的倾斜，然后在零值附近趋于水平，正如图6.2中所示。不管边际成本曲线的形状和位置，经济合理的市场数量几乎一样。这意味着，一些市场是不可或缺的，而那些边际收益较小的市场则是多余的。具体到期货市场，充足数量的市场要比观察到的数量略多一些。当以显性的服务市场为例时，这个论点就显得清晰多了。一个芝加哥交割的玉米合约连同一个在未来合适时间交割的布法罗的玉米合约隐性地定义了一个玉米的运费合约。那些想要参与或者提供玉米运费的人可以在没有正式市场的情况这样做。类似地,清理市场、仓储和使用市场也在隐性地良好运行着。在图6.1的74个合约中,所有45个服务合约可以从在不同地点、条件和时间交割的玉米价格中推导出来。正如在第二章中强调的,关键点是在相关市场中,有的市场有可能是隐性的。所有人都应承认的是,这些服务市场的存在既不意外也不惊人。

虽然不是显而易见的,但剩余的29个供交割的合约确实提供了许多别的地方没有的机会。正如本章剩余部分将要展示的,许多待交割的合约,由于与远期清理和运费价格一致,可能会呈现一种稳定的关系。结果就是,某些合约的价格可以毫不费力地从其他价格中推导出来。其他合约的头寸几乎可以完美地被那些合约所替代,至少在一段时间内可以这样。

一个市场不仅在它的价格可以从与其他价格的价差推导出来时可以是隐性的,也可以是在价格运行呈现一种稳定关系时是隐性的。例如,如果小麦和燕麦都是计重运输,那么它们的运费都可以从一般的每吨运费中导出。由此,即使报出的价格是小麦的运费,运输燕麦的价格也可以推导出来,因为每蒲式耳干小麦和燕麦的重量是已知的。

相同的逻辑可以应用于未来在芝加哥和布法罗交割的期货合约价格上。如果这两个价格运行的步调一致,不管布法罗对芝加哥的升水是多少,升水一旦确定(如通过观察这两个城市间其他合约间的价差),那么这里只需要一个市场。这两个合约间的价差本身就代表着远期的运费价格。需要一个还是两个合约要看远期运费价格相对于即期运费价格是否稳定。因此,必要的显性期货市场数量问题就转变成了哪些价差是可以预测的和持久的变量的问题。如果同一地点两个不同交割日期的价格间关系,如一年后和两年后,是稳定的,两年后交割的合约价格就隐含在一年后交割的合约价格中。这个关系也可以想象成在这一年期间仓储和使用的远期价格。如果这些代表仓储和使用的远期价格的价差是稳定和可预测的,必需的期货合约数量将远少于理论最大化的合约数量。

这个问题也可以通过不同合约价格在某一时间跨度内是如何互相影响的角度来理解,而不是在某一时间点它们是如何联系的。假设一个相信自己拥有此后两年玉米总产量的内幕消息投机者。他希望持有适当的在两年后交割的玉米头寸，并希望持有这些头寸一周时间，直到内幕消息对外公布。如果在他持有头寸的一周内，一年后交割的玉米价格和两年后交割的玉米价格的变化密切相关，那么不论市场出现什么消息，也不论价格协同地向哪个方向变化，这个投机者都将满足于一年后交割的合约。在那一周的时间内，一年后交割的合约将成为两年后交割合约的合理替代品。这样，对这两个合约都进行交易就是多余的。

只要两个价格是紧密相关的，一个价格就很轻易地能由另一个价格所推断。那么问题的关键就是这两个价格相关的时间长度（L）了。这里用P_{T-t}代表在时间t（如1984年的6月1日时）时，在未来时间T（如1992年的11月）时交割的玉米价格，$T-t$就是距离交割日的时间。$P_{(T+1)-t}$与P_{T-t}同理，如这个价格可代表在1984年的6月1日那天1992年12月交割的价格。假设P_{T-t}随着时间的推移而变动，当新作物报告发布时，新的农场计划也将宣布，出口将被控制或者补贴，只要$T-t$比时间L长，那么P_{T-t}就与$P_{(T+1)-t}$紧密相关。直到L个月后，在T时间交割的合约是在$T+1$时间交割的合约的相近的替代品。在$T-L$时，$T+1$时交割的合约就应该开始交易，因为在那个时点，两个不同的合约都是必要的。那些之前使用在T时间交割的合约作为在$T+1$时交割的合约的替代品的，应该移仓到新的合约。即将之前的旧合约平仓，同时在新合约上建立同样的多空头头寸。问题是，怎样才能延长时间L的长度？在1992年12月交割的玉米合约直到1985年5月1日或者更晚的时间，如1991年4月1日，还会和1992年11月交割的合约紧密相关吗？这个答案取决于两个合约是在什么时候开始交易的。那些对于期货合约完整集合的缺失感到迷惑的人并没有意识到并且坚持认为L是非常长的，大约有几十年。在这里，L则被认为是大约只有几个月，最多一年或两年。

对于L的研究显示，不论从在不同时间的相关性或者从价差的角度来推导都可以得到相同的结论。当两个价格的价差稳定时，两个价格紧密相关。当两个价格间的价差波动较大时，两个价格的关系不再紧密。无论这两个合约是同一城市不同交割日期的合约，即价差代表仓储和使用的价格，抑或是这两个合约是在两个不同的地点交割，即价差代表隐性的运费价格，这个观点都是有效的。两个合约间的相关程度取决于它们之间价差的变动情况。一个特定价差的变动情况差不多是可以从某一刻观察几个价差而推导出来的。一个价差必须首先代表的是未来较远的价差，然后，随着时间的推移，变为近月的价差，直到最终变为即期价差。大概在同一时间给即期、近月的以及远月价差的关系拍一张快照，那其中的每一个价差都能讲述单一价差是怎样随着时间的推移而变化的。如果在很多张快照中近月和远月价差总是一样的，而只有即期价差显示出不同的值，那么就可以得出结论，在没有详细统计分析的情况下，时间L的长度，即紧密相关性结束的时间是非常短的。这个推论在下一章里还将反复被用到。

二、交易地点的数量

全部的和经济合理的市场数量的区别可以首先通过同一种商品在不同城市的期货交易来理解。一个全部的市场集合应该包括在一种商品运输路线上每一个重要节点的显性市场。在每一个地点，不同交割时间的价格排列，从即期到远期，可能都和其他地点的价格在两个方面有所区别。首先，如果在一个地点一种商品在一段时间内较早交割的溢价比在其他地点的高或者低，那么报价就不同，因为一个地点的价格排列隐性地定义了仓储和使用费的排列。其次，由于两个城市间的价差排列隐性地定义了即期和远期交割的运费，如果现在签订合约而在未来另一个时间执行的运费不同，那么价格排列的形态也不同。

对于不同地点的期货价格的需要取决于当下不同时间段、不同地点商品的仓储和使用挂牌价格，或者未来不同时间段运费的当下挂牌价格。至少应该是有一些差别的。出于各种原因，某一时点、某一城市、某一种商品的供应都有可能过量或者不足。糟糕的天气情况可能会延迟运输。偶然间，在同一天可能会有很多农民来到市场上，或者在同一天很多出口商可能都安排了大量运输。

从短期来看，没有什么能够改变当地的供给和需求。结果就是，当地的仓储、短期的使用或者铁路车厢、货船的即时运输价格都在很大程度上取决于当地的环境。另外，假以时日，对于当地特定情况的任何补偿安排都是可能的。在即期和远期的期间内，当地的差异是难以维持的，但与此同时，在此之前的一小段时间内，当地的情况仍然很关键。在这一小段时间之后，对于当地交割合约的需求就不再有了。结果就是，一个地区能否保持期货交易取决于这一小段时期的长度。如果这个短期的长度少于两到三个月的跨度，期货交易就不太可能发生，因为同时交易的合约数量会降到低于一个活跃期货市场中所需的不同交割月的最小值。在大多数现实中的例子里，这个短期的长度都会少于几个月，更多的是几天或者几周。

因为怎样定义短期是与一种商品或服务能够多么迅速地转变为另一种紧密相关的。此外，期货市场的关键问题变成了转换成本。就像在实际中发生的那样，将运玉米的货船变成运小麦的，或者改变从爱荷华州（Iowa）到堪萨斯城的货车路线相对容易。因此，对于商品的运输服务来讲，短期一般就是几天的时间。对于像黄金一样的商品，空运更加经济，重新分配库存只需要几个小时。结果就是，对于同一种商品在不同城市的期货市场的需求很低。

消除当地条件影响的力量并非易事，它们对于期货价格排列的影响更大。这些力量主要是套利和一价定理。在同一个价格下，只要有足够的时间从一个地点运输到另一个地点，仓储和使用费在同等时期内就应该是一样的。假设当下的运费不比后期的运费高，如果在城市B的库存价值高于城市A，那很自然的反应是将货物立即从城市A运到城市B。结果当然是城市A的库存减少，城市B的库存增加。如果城市B的价格低于城市A，相同的力量将会延缓装运，直到同期的仓储和使用费一致。如果从城市A到城市B的运输需要一个月的时间，那么城市A从现在到一个月后的时期相当于城市B从一个月后到两个月后的时期，两个城市的仓储和使用费将会一致。超过运输时间，用于区分单独的当地仓储和使用费而在多个地点的期货市场是没有必要的。

剩余的不同地点的期货价格排列不同的可能原因是，当下时期的运价在未来不同时期可能不一致。然而，像玉米之类的商品的运价变化是非常短期的现象。

可以设想一种商品从不同地点被运到一个中心市场的情况。从西部湖港到布法罗的玉米运输是一个非常好的例子，之前在图6.1中已经描绘过。图6.3的上半部分重新展示了图6.1，说明从芝加哥到布法罗的运费是显性的。此外，图6.3也尝试展示从芝加哥到布法罗的各种可能运费排列。即刻装运的玉米运费相对会比后期装运的费用可能低，也可能更高。这两个装运时间的总价在这个装运季可能高，而另一装运季可能低。从密尔沃基到布法罗的运费排列可能具有相似的形态和波动。显然，每个西部港口出发的运费排列都是高度波动的。但是决定在布法罗、芝加哥和密尔沃基不同玉米期货市场需求的并不是这些运费排列的变化，而是密尔沃基到布法罗与芝加哥到布法罗的运费排列的相对表现，更重要的是，玉米运费相对于小麦运费、燕麦运费和大豆运费的表现。这些对比与芝加哥到布法罗的玉米运费排列不同（见图6.3）。在这些对比中，可变性非常小，价差是固定的，不同的期货市场并不是必要的。

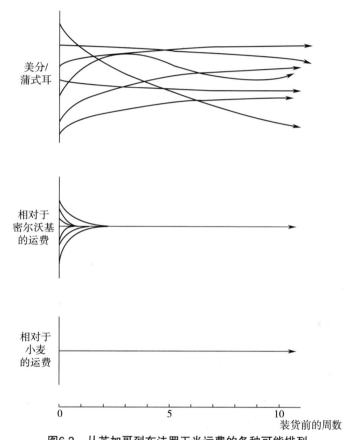

图6.3　从芝加哥到布法罗玉米运费的各种可能排列

　　密尔沃基到布法罗（根据距离调整后）的玉米运费会与芝加哥到布法罗的运费不同吗？这个问题不仅与从密尔沃基或者布法罗出发的即期运费有关，还与远期运费有关。在任一时刻，密尔沃基都会有很多船，而芝加哥的船较少，这导致密尔沃基的即期运费更低。从芝加哥起运的玉米运价更高。然而，这只是暂时的。经过几周的周转，货轮主就肯定会及时地出现在芝加哥来完成各种合约。结果，他们就能够有把握地提前签订从芝加哥起运的合同。同样的原因，只要有足够的时间调度，货轮主也能够避开密尔沃基。因此，在超过必需的将货轮调度到指定港口的时间后，从密尔沃基起运，满载玉米的货轮的预期收益必须与从芝加哥起运的货轮的预期收益一致。运送玉米也是一样的服务，不论从密尔沃基还是从芝加哥。由于相同的商品必须以同样的价格出售，从密尔沃基到布法罗的和从芝加哥到布法罗的远期运费在调整距离后应该是一致的。

在芝加哥或者其他西部湖港运输的货轮调度速度保证了在所有城市的远期运费是一致的。芝加哥和密尔沃基的差别只会存在于玉米的即期运输中，这只能是受到不可预测的事件影响。如果从芝加哥到布法罗可能的玉米运费排列，从即期到远期的，通过与密尔沃基到布法罗运费排列的相对比率来表示，几乎所有可能的形态上的波动都会消失。图6.3最上面那幅图中可能的排列会变为中间那幅图中的平行直线。因为密尔沃基和芝加哥的远期玉米运费是相同的，两个单独的远期运费市场就没有存在的必要了。结果就是，在密尔沃基或者在芝加哥的一个完整的玉米期货市场就成为多余的了。这些玉米市场，回忆一下，隐性地定义了与布法罗玉米期货市场相连的运费排列。如果在某一时刻两者给出了相同的运费并且随着时间的流逝，两者在运费上显示出了相同的变化，那么有一个市场就是多余的。

类似的情况消除了同时代表西部湖港（如芝加哥和布法罗）的期货市场需求。在芝加哥或者布法罗的一个单独的市场就足够了，因为玉米远期运费排列价差的表现隐含在这两个城市期货价格的差异中。

展示这个命题需要利用复杂和人们不熟悉的头寸组合，也需要利用远不被人们所知的不同时间的运费存在价差的思想。运费本身就是芝加哥和布法罗玉米的价格差。运费的价差因此就是价差的价差。因此，为了便于理解，可以将运费率看作一个正式的、显性的合约。

由于7月时的运费不可能保存到9月，因此，看上去似乎在4月时，一份提供在7月玉米运输服务的合约与一份在9月提供服务的合约之间价格的关系不大。并且似乎这两个价格会根据消息而各自独立变化，也就是说两者间的价差应该具有高度的波动性，因此对每个运费独立的报价是有必要的。然而，情况并不是这样。尽管对一项服务（如运输）进行仓储是不可能的，但是仓储玉米以待运输是可能的。储存商品以待运输的能力可以通过限制运费合约关系的范围来影响运费排列间的价差。显然，如果9月运输玉米的价格是7月的两倍，那就值得将芝加哥仓储的玉米取出并运送到布法罗进行仓储。这种可替换性将会在9月运费高于7月运费时，驱使7月和9月的运费逐渐收敛。这种可替换性还可以在7月运费高于9月时，驱使玉米运费收敛。托运人原本打算仅在布法罗仓储他的玉米，现在可以仓储在芝加哥，稍后再运输，使7月相对于9月运费高出的部分逐渐降低。所有这些并不是说远期运价是不变的，而是远期运费间的价差似乎是稳定的。

由于将玉米运输调整为在仓库存储较为容易，只有在布法罗有持续的、可预见的玉米提早运输或者即刻中转要求时，价差才会有持续的差异。当有人想马上在布法罗要玉米时，就会给近期的运输需求施压。一些托运人可能由于较远期的运费较低而被诱导并延迟运输，但只要有足够的人想在布法罗立刻要玉米，运费排列就可能表现出随着距离运输时间增加而价格逐渐下降的趋势。也就是说，它们可能是现货溢价的。

然而，即使在布法罗有持续的即刻运输玉米的需求，不同履约时间的玉米运费也不会相差太多。其他商品运输的使用者会给玉米运费排列的形状设置边界。尽管运费的形态趋势可能没有促使玉米托运人延期运输，但仍可以促使其他的托运人这么做。当小麦、燕麦和大豆的货主稍稍推迟运输计划时，他们就向玉米托运人释放出大量的运输服务，相同的货轮可以用来运送任何的谷物。毕竟，散装货轮从设计之初就考虑了灵活性。在这种情况下，即刻或近期运输玉米的价格将不会比提前签订的玉米运费合约的价格升高太多，玉米运费价差将保持必要的稳定性。由于小麦、燕麦和大豆的运输服务可以较为容易地转变为玉米运输服务，因此即时的玉米运费相对于较远期的运费也很少呈现溢价。

需要再一次说的是，转换成本是非常重要的。在这种情况下，是将一种运输服务转变为另一种。只有在由一种运输服务转为另一种的过程中，产生了持续的、实质性的成本时，在几个地点的针对相同商品的期货市场才是必要的。因为将从密尔沃基到布法罗的运费转换为从芝加哥到布法罗的运费相对较快也很容易，在密尔沃基和芝加哥没有必要建立向前延伸数个交割月的不同市场。由于从普通的散装货轮转为玉米运输也相对容易，在芝加哥或者布法罗，只有一个玉米期货市场是必要的，而通过各种方式特别为玉米构建运费市场是没有必要的。如果散装货船可以像运输玉米一样轻松的运输小麦，那么不管谷物是即期运输还是几个月后运输，玉米的运费必须和小麦一样（视情况调整重量和体积）。相对于小麦，玉米的运费排列必须像图6.3最下面那幅图描绘的一样，即一条水平线。在这些情况下，玉米在布法罗的交割日期都没必要超过将玉米从芝加哥运输到布法罗的时间。

在可以立刻将小麦运输转换为玉米运输的散装货船情况下，关于某种商品在不同地点进行期货交易的数量问题将最终取决于一价定理。在理性的情况下，没有散装货船的所有者会在运输小麦赚的比较多的情况下去运输玉米。在这一章所要涉及的其他背景中，这个合理性也是不言而喻的假设。例如，农民会理性地种植最优品种或者庄稼，仅受到他们所能轻易适应的资源的限制。

也许这个论点的属性可以通过一个例子比较好地总结出来。假设某人基于其在4月时拥有的信息，希望买玉米然后在9月的第一周去布法罗交割。假设布法罗没有玉米期货市场。他会不会受挫？市场体系是不是未能成功地吸收他的信息？只要以下四个条件成立，这两个问题的答案就都是否定的。（1）货轮具备运输玉米或者小麦的同等条件。（2）从4月到9月，小麦和玉米会源源不断地从芝加哥被运往布法罗，耗时一周。（3）尽管没有显性的运费市场存在，布法罗和芝加哥都拥有小麦期货市场，芝加哥拥有一个玉米期货市场。（4）有人会利用一切机会赚取无风险收益。在这些条件下，任何人想要买玉米去布法罗交割都可以隐性地通过其他三笔交易来准确完成。他必须同时建立布法罗小麦的多单、芝加哥小麦的空单和芝加哥玉米的多单。整个论述取决于对这个组合头寸的经济内涵的认识。布法罗的玉米可以定义为芝加哥的玉米加上从芝加哥到布法罗运输附加的价值。因此，交易者可以通过同时建立在8月的最后一周在芝加哥交割的玉米多单，以及在8月最后一周执行的玉米运费的多单，以实现在9月的第一周买玉米在布法罗进行交割的目的。尽管并没有玉米的运费市场，小麦运费是一个完美的替代品。小麦运费的头寸必须同时通过一个在8月最后一周在芝加哥交割的小麦空单和一个在9月第一周在布法罗交割的小麦多单来隐性地建立。尽管不能立即识别出来，一个芝加哥玉米的多单加上一个芝加哥小麦的空单和一个布法罗小麦的多单等同于一个布法罗玉米的多单，总的来说，随着价格变化，两者必须拥有相同的收益。严格地讲，只要有足够的剩余时间能够将谷物从芝加哥运到布法罗，这三笔同时的头寸就相当于布法罗玉米头寸。一旦到8月下旬，交易者会发现他需要到芝加哥交割小麦，同时到芝加哥接收玉米。接下来，他将会结束三个头寸，同时在9月的第一周买玉米到布法罗交割。因为它相对较短的时间跨度，这用现代术语称为一个"到货"（to arrive）市场。9月第一周在布法罗交割的玉米市场最终恰好会在8月的最后一周活跃起来，因为只有一周或者不到一周的时间时，布法罗玉米价格才开始独立于芝加哥玉米价格和运费波动。不再会有额外的供应抵达布法罗了。在6.1节中曾经介绍过，L，即布法罗玉米不再完美地与一些其他价格的线性组合相关的时间，只有一周，较远期交割的布法罗玉米期货都是多余的。

每个商品除有一个完整正式的期货市场之外，还需要一个即期散装货轮市场和一个交割日期覆盖运输时期（如最多几周）的当地商品市场。这些市场常常是高级的"到货"市场。尽管在一个中心期货市场中，额外的当地市场对遥远未来各时期内的信息不产生影响，但如果已有市场网络可传达所有可获得的信息，那么它们在短期内就是必要的。

在不需要每个商品的全部隐性运费排列时，尝试去建立某种商品的多个交易所的做法通常是失败的。例如，从1983年3月开始，芝加哥期货交易所（CBOT）和纽约商业交易所（NYMEX）在开展原油期货方面展开了竞争，但只有一个交易所会幸存。芝加哥期货交易所渴望新的合约成功，鼓励其交易员开展交易以增加合约的流动性。芝加哥期货交易所的这个原油合约需要在墨西哥湾进行交割。然而，纽约商业交易所在俄克拉荷马州库欣地区仓库交割的合约最终胜出了。在1984年早期，纽约商业交易所的日内原油期货交易量通常能有2000手，而芝加哥期货交易所只有30手[①]。

不管芝加哥期货交易所是因为纽约商业交易所在燃料油和汽油市场的经验更丰富，还是因为合约交割程序较差（在1984年早期被修订）而导致失败，事实是两个市场几乎没有机会共存。一个以上的原油期货市场是不必要的，因为墨西哥湾的原油价格排列与在俄克拉荷马交割的原油关系实在太紧密了。

在1975年黄金期货开始在美国交易时，有5家交易所对这项新业务开展

---

① 即使是 NYMEX 的 2000 手，每手代表 1000 桶原油，仅仅是相当于几个大型油轮，油轮一直是公司间原油市场的交易单位。在 1985 年早期，然而，成交量是 1984 年早期的 5 倍，NYMEX 的价格开始影响全球的原油市场。

了竞争。第一年只有两个市场存活了下来。在这两家幸存者中，芝加哥商业交易所（Chicago Mercantile Exchange）的成交量曾经达到每天超过10000手，与纽约商品交易所（Comex）每天40000手的交易量相差不多，但其在1983年开始失败了。随着芝加哥期货交易所的黄金交易下降，越来越多的生意就跑到了纽约商品交易所。芝加哥期货交易所令人吃惊地坚持了很长的时间。黄金的运输成本相对于它的价值来讲是微不足道的。一架装满黄金的包机就可以恢复纽约和芝加哥之间的正常关系。全部的黄金运费价格排列并不是必需的。结果就是，纽约的这一个市场就足够了。

相同的结果出现在金融期货领域。在1981年的同一天，有三家交易所引入了基本相同的由大型银行发行的未来交割的定期存单（CDs）期货合约。三家交易所都竭力开拓市场，在最开始时交易量都相当。到了现如今，交易已经只在芝加哥商业交易所进行了①。只有一个市场存活下来是因为一个员工带着一只装满CDs的公文包在一班航班的时间内就可以结束一个城市的相对短缺②。

伦敦金属交易所（LME）交易的合约起源也解释了为什么某一地点较远期的期货合约仅在一定程度上是必需的③。伦敦金属交易所的会员只能交易即期交割和30天或90天后交割的合约。伦敦金属交易所始建于1876年，其最初主要处理从智利进口的铜④。从南美到英国的船运时间为三个月。每当大于三个月后的一段时期内铜的使用费高于其他时期，富有进取心的交易商就可以安排在智利稍稍提高产量，运到英国，并储藏起来，然后在一个期货合约上交割获利。换句话说，高价难以在三个月后维持，因为有足够的时间将供给运输到英国。因此，未来较远时期的价差是在一个稳定的关系内，只需要一个期货价格来传达未来所有交割日期的价格。伦敦金属交易所的交易在90天的交割期后难以维持不是偶然，因为只有在这段时间里伦敦的仓储和使

---

① 到1984年，国内存单凭证市场即使是在CME也十分疲软，为了交易所自有的欧洲存款凭证市场的利益。国内和欧洲CDs是紧密相连的，只有一个市场应该持续。这是关于市场的经济合理数量在不同等级市场的数量中的一个应用，第六章第三节中的主题。

② 关于未能在多于一个城市持续的市场案例，可以参考Silber（1981）和Carlton（1984）。

③ 纽约纽约商品交易所的铜期货比伦敦的铜期货挂牌更远期的合约。

④ 1876年是伦敦的金属交易商第一次拥有他们自己的组织，尽管第一次朝着一个专业化交易所转变是在1869年（经济学人智库，1958年）。

用价格才会相对于其他地点有所波动。

三、等级的数量

和在不同地点的期货市场数量相关的问题是有多少商品的等级和品种拥有独立的市场。这些问题是相关的，不仅因为回答问题的理论是一样的，还因为不同品种的交易经常出现在不同地点。软质小麦的种植区在芝加哥附近，硬质小麦的种植区在堪萨斯城支流附近，所以这两个期货市场的价格很自然地反映了各自的区域品种。

水分、杂质和颜色是区分等级的基本标准。不同等级成为对干燥、清理和漂白等隐性定价的手段[①]。毫不意外，关于不同等级的期货交割市场是否不可或缺的问题再一次变为了是否这些服务的价格存在差异，是否现在约定的、在现在以及未来不同时间执行的合约，能够预见的无法得到补偿。也许收获季的阴雨天气妨碍了玉米的自然干燥。尽管此刻二等玉米或许比三等玉米的需求更多、供应更紧，但是也许没有办法预测并且提前使天气因素成为价格的一部分。此外，即使天气可以预测，价格间的差别也可能不会出现。如果在交割日期之前的几个月，二等玉米的价格异常地高于三等玉米，还有大量的时间可以干燥、清理和整理，把三等玉米转变为二等玉米。

单一等级的远期价格也许与几周之后交割的多个等级的所有的远期价格紧密相关。然而，几周之内，没有足够的时间调整并改变不同等级商品的供需。结果就是，区分等级的现货市场是不可或缺的。

纽约棉花交易所（New York Cotton Exchange）就是应用这个逻辑来解决期货合约中哪些等级可以被交割的问题。所有合约都是根据"中等"等级的价格来设计的，几乎任何等级的商品都可以用来交割。交割"优质品"和"一般品"会在卖方通知交割的那天根据现货市场的中等价格水平进行升贴水调整，这个惯例极大地扩大了可供交割量。实际上，纽约棉花交易所的规则认定，对于一个还有几周的交割日期来说，不同等级商品间是具有稳定价

[①] 有时较低的等级既需要清理也需要干燥来变为更高的等级。这或许会使那些等级之间的价差作为特定服务的价格的解释变得模糊，但是它并不改变独立的期货市场只有在不同时期价格排列展示出足够的变化时才会出现的结论。

格关系的，只要有一个显性的价格就足够了——尽管任一时刻即时交割商品的价格不一致性都是常见的，而且也必须对其予以考虑。

举个例子，小麦同时在三个不同品种上存在活跃的市场交易。堪萨斯城期货交易所和明尼阿波利斯谷物交易所的小麦期货交易存续了下来，因为它们的小麦种类和芝加哥商业交易所的小麦在相同交割月份的合约价格变化并不平行。这些种类的价格独立波动，是因为蛋白质含量适合做面包的硬质小麦没办法转换成或者替换为主要用于做蛋糕或者曲奇的软质小麦。额外的特定蛋白含量的小麦供给直到下个收获季才能获得，交割价格在这之前很久就可以预测，并且会持续变化。根据一年中的时间，L 的范围可以从6个月到12个月，这是一个提前足够长的时间，可以引发全部三个等级的数个期货合约进行交易（即便如此，芝加哥期货交易所的成交量和持仓量大约是堪萨斯城的四倍，是明尼阿波利斯的十倍）。

准确地说，不同种类的小麦可替代性和可转换性较低，这三种小麦期货市场的价格变化形态可以说明为什么其他商品没有多个品种等级的期货市场。小麦确实是极端个例。然而，即使不同种类的小麦价格在距离交割一年以上时，也几乎具有完美的相关性。近乎完美相关的证据可以从一个频繁间隔的概貌而不是一个完整的时间序列实证检验的对比中推断出来。表6.1展示了在10年间，每年2月初时美国三个小麦期货市场上3月、5月、7月和9月交割品种的相对价格。另外，表6.1还展示了这些相对价格的标准差。如果更远期交割月份的相对价格有较低的标准差（也就是说，间接来看相对于更近的交割月，它们每年都差不多），就可以推断这三个城市的期货价格直到合约到期前的几个月都紧密相关。很明显在表6.1中，随着时间的增长，距离交割越来越近，标准差逐渐下降。例如，明尼阿波利斯10年间的3月交割的价格相对于芝加哥的标准差是0.085，9月交割的标准差是0.040。依此类推，第二年的下一个9月，这个相对价格的方差将会等于零。因此，那些较远的9月合约上没有交易。单独年份的交割月间的形态仅仅是加强了小麦市场的这个观察结论。每当3月交割的相对价格高于平均值，其他交割月就趋向于下降至长期的相对价格。当3月交割的相对价格低于平均值，其他交割月则逐渐上升。

表6.1 1974—1983年（2月第一个交易日的收盘价）小麦的相对价格

时间	3月交割	5月交割	7月交割	9月交割
堪萨斯城与芝加哥相对价格				
1974年	0.967	0.969	1.017	1.018
1975年	0.999	1.000	1.012	1.042
1976年	1.017	1.009	1.012	1.012
1977年	0.987	0.984	0.984	0.987
1978年	1.012	0.993	0.986	0.985
1979年	0.903	0.946	0.982	0.985
1980年	0.953	0.966	0.982	0.983
1981年	0.959	0.968	0.993	0.995
1982年	1.100	1.040	1.022	1.007
1983年	1.114	1.067	1.036	1.03
均值	1.001	0.994	1.003	1.004
标准差	0.062	0.035	0.019	0.020
明尼阿波利斯与芝加哥相对价格				
1974年	0.947	0.969	1.058	1.009
1975年	1.091	1.102	1.097	1.061
1976年	1.141	1.137	1.104	1.072
1977年	1.064	1.050	1.047	1.037
1978年	1.045	1.022	1.007	1.004
1979年	0.879	0.942	0.988	0.987
1980年	0.913	0.920	0.933	0.933
1981年	0.965	0.970	1.008	0.999
1982年	1.083	1.049	1.043	1.024
1983年	1.096	1.091	1.086	1.062
均值	1.022	1.023	1.037	1.019
标准差	0.085	0.069	0.051	0.040
明尼阿波利斯与堪萨斯城相对价格				
1974年	0.978	1.000	1.041	0.992
1975年	1.092	1.102	1.084	1.018
1976年	1.122	1.127	1.091	1.060
1977年	1.078	1.067	1.064	1.050

续表

时间	3月交割	5月交割	7月交割	9月交割
明尼阿波利斯与堪萨斯城相对价格				
1978年	1.033	1.029	1.022	1.019
1979年	0.974	0.995	1.006	1.003
1980年	0.957	0.952	0.950	0.949
1981年	1.006	1.002	1.015	1.003
1982年	0.984	1.008	1.021	1.017
1983年	0.984	1.023	1.049	1.031
均值	1.021	1.030	1.034	1.014
标准差	0.054	0.050	0.039	0.029

在2月初，异常的天气可能已经预示着汹涌的密西西比河将延迟春天的驳船运输了。在2月初，异常天气可能也已经预示着五大湖区将会停运到比以往更晚的时候，堵塞芝加哥的小麦运输，压制3月交割的在芝加哥与堪萨斯城和明尼阿波利斯之间的相对价格[1]。类似地，天气已经预言了特定品种不寻常的提前收获或者延后收获，表现为在2月时，7月交割的期货出现不同以往的价格。在2月的有利形势下，没有人能够在9月之前预见到运输或者收获的瓶颈，而以往所有的小麦在9月前已经收获完毕了。当然，到9月的时候，可能只有一个品种会出现供应短缺。真正影响期货价格形态的是，这些情况在2月是否显而易见。很可能在2月时只有一部分情况是显而易见的，但后面7个月的交通和消费变化足以消除其中的一大部分情况。在2月之前，变化性会更大，预见性则更小。因此，在10月，第二年9月交割的相对价格将会更加趋近于它们的长期平均值。在2月以前，农民可以调整春小麦而不是冬小麦的种植面积。此外，在2月之前，价格可以反映冬天天气对冬小麦收成的影响，以及前一个秋天未能包括在期货价格中的信息。

如果不同品种小麦的期货价格在距离交割6个月以上时表现出相对较小的变化，那么这些品种中具有更强转换性和替代性的品种就只需要6个月内

---

[1] 例如，可预见但是不可回避的运输和仓储瓶颈解释了1979年的极端形态（Gray 和 Peck，1981）。

的不同合约。这里考虑玉米的例子。玉米的等级主要是靠含水量和杂质来区分的，这两项可以通过干燥和清理在更短的时间内改变（较之于小麦）。此外，相对于磨坊主使用不同种类的小麦而言，不同种类的玉米在做动物饲料时都可以更容易的进行替代。如果不同种类玉米的期货市场存在，如果像表6.1那样的表格被建立起来，玉米相对价格的方差，如三等玉米和二等玉米，就会比小麦的下降得更快。一两个月内，方差就会降到零。就是因为这个原因，拥有多个等级玉米的期货市场是多余的。高粱期货市场未能站稳脚跟的原因也源于此。高粱和玉米在做动物饲料时可以互相替代，二者即期交割的相对价格变化非常小，更不用说六个月后交割的合约之间的变化了。

不同等级的期货交易可以维持的条件是一个包含所有加工服务总原则的应用。实际上，干燥、清理和运输是改变一个商品的所用的所有服务。压榨大豆、磨面粉和制造铜是同类活动的其他例子。未来多个时期执行的加工利润的完整排列只有在服务的供给和需求都缺乏弹性时才是必要的。大豆压榨设备的供给是相对缺乏弹性的，因为这些设备不能很快地安装和拆卸，也不能用于加工别的商品。另外，为谷物提供大部分干燥和清理服务的谷仓却可以用同样的方式处理玉米、燕麦、黑麦、大麦、大豆和小麦。当玉米的清理需求非常高时，只需要将其他粮食的清理服务延期就可以快速地释放大量的设施以供清理玉米。因此，尽管有理由拥有一个活跃的大豆压榨期货市场，但可以隐性地通过大豆、豆油和豆粕期货市场的相结合实现，因此不需要一个个单独的针对每种谷物的清理、干燥和仓储市场。

清理、运输和使用不同等级的玉米的灵活性决定了对玉米合约的大量修改，正如图6.1中所示。在图6.1中，有74个不同的市场（或合约），其中45个服务市场可以轻易地从29个未来交割的合约中导出。必要合约的清单现在可以进一步压缩到12个。图6.4展示了这个修订，假设有一个一般散装货运市场，并且芝加哥拥有存活下来的玉米期货市场。在布法罗，比将玉米从芝加哥运到布法罗的时间长的交割日期是没有必要的，因为芝加哥交割价格加上一般散装货运的适当价格就能得到相同的价格。只有密尔沃基的现货市场没有消失，原因相同。图6.4假设玉米即时清理的价格可能与近期清理的价格不同。结果就是，三等玉米有两个交割日期。然而，从更远的时间来看，不同时间的清理价格就是相同的了，结果就是三等玉米的价格可以从二等玉米的价格导出。密尔沃基和布法罗全套期货市场对于短期清理市场、一般散货运输市场和芝加哥二等玉米期货市场所传导的价格溢价很少。

在密尔沃基交割	d							
的二等玉米	即期							
（d）								
仓储和使用								
（s）								
从密尔沃基货运								
（f）								
在布法罗交割的	d	d						
二等玉米	即期							
（d）								
仓储和使用								
（s）								
从芝加哥货运								
（f）								
在芝加哥交割的	d	d	d	d	d	d	d	...
二等玉米	即期			近期		远期		
（d）								
仓储和使用								
（s）								
清洗								
（c）								
在芝加哥交割的	d	d						
三等玉米	即期							
（d）								
仓储和使用								
（s）								

图6.4　一个充足的玉米市场集合

四、一年中活跃交易的月份数量

正如转换的不灵活性决定了某种商品期货市场的数量，它们也影响着交割月数量。在图6.4中，问题现在变为了在剩下的一个期货市场（芝加哥二等玉米市场）中，合约的数量是否能够减少。注意力现在需要从运输和清理服务转移到仓储和使用服务上。仓储和使用的价格隐含在同一地点不同交割时间的两个合约之间。

以同一时点来计量，当一段时期内的仓储和使用费和另一段时期不同时，不同的交割月是必要的。如果商品借贷的供给和需求中断了，仓储和使用费的差异就会出现。多次商品借贷供给的中断都是实际存在的，也是可预见的。最重要的是收获时节。在一个新的收获季，供给变化会打乱一年中特定时期借贷价格排列的连续性。然而，对交易活跃的不同期货合约的数量来说，最重要的不是简单的产量和收获时机的不确定性，而是提前看到关于收获季的一些事实，却无法改变它们。尽管收获的准确时间每年都不固定，但却可以在几个月前就根据种植的时间和天气情况进行合理的预估。在收获前的许多个月，有三个不同的时期，可贷出商品的供给是可预测并且持续不同的：第一是收获开始前的时期，供给被平稳地消费。第二是收获季开始到收获中期。由于受到庄稼的成熟和产量制约，这段时间可贷出的商品供给每年都不同。第三是可贷出的供给会在收获季结束后改变。当然，收获的规模，决定了第三个时期可贷出商品的准确供给，但是在几个月前，根据种植规模和天气情况，与平均供给的偏差就可以被识别和预测了。在这三个时期，可贷出供给的差别将会持续，因为不可能将收获后充裕时的商品转移到收获前的商品短缺时期。

尽管仓储和使用需求的中断显得非同小可，但是却没有供给中断影响大。因为借入商品的需求来源于终端商品的需求，这种借入的需求只有在终端需求变化时才会变化。在许多例子中，这种衍生的借入需求在任何价格下几乎都是恒定的，因为烘焙商品和纺织品的消费是稳定的，磨坊主和纺纱厂会在全时段努力地全负荷运转。与此相反，木材的需求是与建筑行业冬季停工联系在一起的。与之相似地，出口、运输和市场推广活动，根据季节和运输前景，拥有更加多变的需求。此外，季节性的商品借入需求变化是可以预测的。

通过今天的诸多运输方式，商品借入需求的季节性变化比大部分散货商品只能靠水运的时代已经小多了。因此，缺少运输灵活性时代典型的合约条款可能会导致期货价格排列的中断，也正是因此，对不同合约的需求是在那些当运输灵活性有变化的时点上出现的。在1860年之前，如果五大湖区结冰，南方河流发大水，北大西洋有暴风雨，就无法运输商品。结果就是，近期或者远期交割的合约经常被标注上诸如"只要货船可以抵达""湖区运输开放后的十五天""运河开放时"或者"河流开放时"[①]等时间标签。其他合约包含的是"在航运关闭前到货"[②]。尽管那么多合约都直接和具体的自然事件相关,更多的合约需要延期交割。当以月份进行标注时,交易最多的月份一般和交通开放、暂停的时间相重合。远在交易商知道冬天的严寒程度和冰层的厚度之前,那几个月之后仓储和使用的价格就已经和之前几个月的价格不同了。

综上所述,未来不同的借贷价格可能会在作物年度中的这些中断中出现:收获季开始时、收获季完成时、运输开始时、运输暂停时。因为这些自然分隔标志着大多数借贷价格的差异,将一年分隔为不同的交割时期并不会增加太多信息。这些中断中间的价格可以通过一个简单的插值做出严密的推断。

这些关于在仓储和使用市场上不同时期排列中可预见但是无法避免的中断足以解释各种期货市场上特定的交割月份。在当今各种各样的小麦期货市场上,交割月份准确地与持续的和可预测的小麦贷出供给和借入需求时机相重合。交易被限制在五个不同的交割月:3月、5月、7月、9月和12月。这五个交割月是分隔小麦借贷不同重要时期的最小值。5月对应的正好是作物年度的末尾;7月可以反映收获季的提前或延后;9月代表收获后的时期。这3个月展示的是小麦贷出供给的中断。12月和3月,即五大湖区结冰或者解冻,则反映了借入需求的中断。

在棉花期货最初的几个十年中,即在19世纪70年代和80年代,交易在12个月内都可以交割的合约是可能的[③]。尽管如此,仍然有在某些月份交易的明显偏好,就是那些棉花借贷价格突然发生改变时。表6.2列出了在19世纪80年代,从市场日报中整理出的纽约和新奥尔良棉花交易所每个交割月的平均日交易量估计值。这些数字与所有合约每天的平均交易量无关,而是和某

---

① 布法罗早间速递,1847年4月2日;布法罗每日信使报,1848年2月8日;芝加哥日报,1851年4月24日;布法罗早间速递,1847年3月5日,报道了纽约的市场。

② 布法罗论坛,1860年1月2日。

③ 尽管在美国市场,交割一般是包含单独一个月的时期,在利物浦棉花交易所,交割期涵盖两个月。例如,根据卖方的选择交割可以在9月和10月的任一天或者11月和12月的任一天进行。尽管特定的组合非常流行,因为它们代表了作物年度中重要的时机,也没有办法预测单独月份间有持续的价差,因为英国到美国南部的计划船运时间是两个月,而船运到达时间存在不确定性。当船运变得越来越可靠,利物浦的合约变为只在一个月内进行交割。

一合约（如1月交割的合约）在一个完整年度中的平均值有关①。在纽约，1月和8月合约这两个合约特别受欢迎，交易量分别是其交割月前后两个月的两倍。8月是作物年度的末尾，1月代表冬季运输时期的开始。一个作物年度中三个其他的重要划界因此也相对受欢迎：3月、5月和程度稍差一些的10月。根据可以借贷的棉花供给和需求的不同，新奥尔良棉花交易所的平均交易量也呈现出相似的较弱的形态。今天，纽约棉花交易所实际上已经认识到，只有几个交割月的市场是不可或缺的。因此，它允许交易只在3月、5月、7月、10月和12月合约上。

表6.2　1883—1886年棉花合约平均日交易量

单位：手

名称	纽约		新奥尔良	
交割月份	全年	距交割3个月以上时	全年	距交割3个月以上时
1月	106	60	32	17
2月	65	33	21	11
3月	83	47	33	20
4月	63	37	29	15
5月	87	47	29	14
6月	72	33	22	7
7月	48	29	25	13
8月	103	66	15	10
9月	40	13	13	9
10月	47	25	12	7
11月	38	21	12	7
12月	56	38	25	15

数据来源：《新奥尔良先驱报》，1883—1886，新奥尔良皮卡尤内，1883—1885。

---

① 这些值是根据每月最初一周（5天半的交易日）交易的例子估计的。由于所有合约在接近到期日时增长的交易量会扭曲平均交易量，第二列展示的是剔除合约到期前三个月的交易量均值。合约的受欢迎程度不受这个调整的影响。

五、超过活跃交易的年数

一个关于活跃的期货交易在哪几个月份的讨论自然导出了一个最终的问题：期货交易应该覆盖未来多长时间？对于像小麦和棉花之类的商品来说，一系列日历月份的子集是理所当然需要的，但这个子集需要涵盖未来多少年？一年、两年、五年或者十年？一个相关的问题是哪个商品应该拥有期货市场？这两个问题是相联系的，因为更多的商品建立期货市场代表着将大幅提前这些新增商品显性远期价格可获得性的时间。

一个市场的完整集合可能需要对未来若干年的某些特定月份交割的合约进行交易。然而，这些市场中只有一小部分是不可或缺的。回忆一下近期期货合约价格与远期期货价格的差别是这期间的价差。如果价差保持恒定，不随时间变化而变化，这两个期货价格相互平行波动，那么近期合约就充分地传递了较远合约所提供的所有信息。因此，这个关于期货交易应该持续多久的问题的答案再次取决于价差是否是持续地和可以预测地存在差异。如果是这样的话，未来很长时间内不同时期的价差都有很大差别。

这个论点与借入和贷出资金需要的是短期还是长期工具相似。资金可以隔夜借入，或者借下一周、一个月或者一个季度。然而，现实中没有类似的协议使当前能够借入从现在到十年或者十一年以后的隔夜资金。原因是现在安排的十年后的远期隔夜拆借利率和十一年后的将会是一样的。因此，没有理由把它们分开报价。换句话说，因为利率期限结构在十年后和十一年后之间是平的，没有理由分别构建在第十年的每天、每周和每月到期的债券。不同的到期日只在它们帮助定义一个不是平的利率期限结构时才有必要，期限结构可能只在一些年后才会显著，而且只在一些月以后才异常的显著[①]。与之相似，只有当借贷例如小麦和玉米的收益曲线显著变化时，期货合约的不同到期日才有必要。

也许在商品市场的情景中，这个问题可以从投机者的角度得到最好的理

---

① 这个陈述是真实的，尽管很多到期日都在交易因为发行十年期的债券是交错的。在任何时间，都会有九年三十七周的债券同时和九年三十八周的债券在交易。在任一时间，然而，一个借款者将发行 30 天、90 天、180 天、1 年、5 年、10 年和 30 年到期的债券。显然，短期工具的数量更多，因为 30 天债券的利率可能和 90 天债券的利率不同，与此同时，10 年期的债券不太可能和 10 年，30 天的债券利率不同。

解①。想象一个投机者已经知道一个主要的农具生产商刚刚对一个效率提高极大的玉米剥壳机申请了专利。一旦该机器投入市场，需要两年时间为一个工厂更新设备和测试，之后其将显著扩大玉米的供给。这个投机者当然希望从私有消息中获利，几天之后消息就会公开，两年之后的玉米价格就会低于原有水平。如果存在两年的期货合约，这个投机者就可以卖空合约，然后当消息公开，整体市场下行的时候再买入获利。然而，假如最长的到期日只有一年，他没办法卖空两年的合约。这会阻碍这个投机者吗？假如他继续卖空一年的期货合约。通过卖空一个更短的期限，投机者假定，除了所希望的在两年合约上的空头头寸，还有一个一年到两年合约间价差的熊市头寸。这是因为卖出一个一年合约相当于卖出一个两年合约加上（卖出一个一年合约加上买入一个两年合约），括号中的头寸是一个熊市套利组合。当这个消息公之于众，就像最开始就希望卖空的那样，投机者卖空一年合约将会赚到和他的隐性的两年期货合约头寸同样的收益，但是如果价差因为消息的原因波动的太过偏离全额持仓费，他可能会因为熊市价差套利组合产生损失。这可能会发生，主要是因为第二年年初时有大量的玉米供给，从而减少了从第一年的库存中向第二年转移的需求。由于更少的存货被转移，可贷出的玉米供给就会变少，借贷的价格就会升高，这正与那些价差允许其贷出的熊市价差套利者的持仓相反。在实践中，如果该投机者赚到的钱比所有合约都存在的条件下要少，那么（如果可以计量的话）一年期货合约应该比两年期货合约下降得少②。如果这发生在许多投机者身上，他们获取信息的动机就会减少，价格的信号作用就会减弱。

对投机者最重要的是价差的变动，因为这是他损失部分利润的地方。如果价差没有因为消息而改变，投机者将会满足于交易近期的期货合约，在这

① 这个问题也可以从一个想要在未来两年卖掉他所有产品的加工者角度来看。他是否会因为没有一年以后交割的合约而挫败？从投机者的角度来看，重要的证据和结论是相同的。只要远期价差稳定，加工者就可以通过现在交易的最远交割月的合约来"堆码"并且在新的交割月合约挂牌后移仓来实现他的目标。

② 假如在这个消息公布之前，一年后交割的玉米价格是360美分/蒲式耳，两年后的价格是329美分/蒲式耳。这些价格分别下降至347美分和315美分。显然空头头寸在一年合约上赚的钱更少。他的一年合约13美分的利润可以分解为在两年合约上的14美分的收入和熊市跨期套利（空一年合约并多两年合约）1美分的损失。

175

个合约中他的信息将会被适当地应用①。进一步来说，他有同样的动力来寻找未来远期的信息。远期价差是否真正变化决定了价格体系中是否缺少一些重要的市场。根据这个标准，远期期货合约特别重要是不成立的。因为仓储和生产在几年的时间跨度上是灵活的，远期价差只有在实质性新闻出现时才会有轻微的变化。

在这一章关于某种合约需求的其他问题中，调整所需的必要时间决定了是否会出现不同的价差。只要没有足够的时间来增加或减少供给，不同地点的仓储和使用价格就会变化。然而，如果有足够的时间，托运人保证能够将供给运送到最需要的地方去。同样的逻辑应用在一个中心地点的价差差异能够变化多久。在某一特定的作物年度，可贷出的商品供给总量是固定的，等于手中已有的库存加上已种植的总量。很少有机会在现有现货市场价格变化不大的情况下，增加这个作物年度对下一年度的结余。类似地，如果现有的库存规模太大了，可能也非常难能够在价格没有大的变化的情况下，增加现有的消费来显著地减少它们。显然，越是能提前认识到库存规模太大或者太小了，越容易并且越少引起混乱地将库存调整至理想的规模。例如，如果十年后的一个作物年度作物轮作将限制产量，就有足够的时间通过降低消费或者增加生产，来增加接下来九年的结转量。重要的是，这些变化每次都会非常小并且加起来能够实质性增加歉收作物年度的结余量。因为还有足够的时间来增加第十年的库存，第十年的借贷价格不会高于之前的那些年。

尽管不同地点借贷的价格差异不会在远于供给调进或调出之后的时期出现，一般最多需要几周或几个月而不是几天，种植的短期效应一般更长。因为作物一旦种植了，就不能增加或者减少，调整的空间不可避免地被限制了②。现在消费必须承受几乎所有结转的负担。假设在一个比种植周期长的范围内，农民可以更容易的增加他们的产量。因为作物轮作、缺少机器或者

---

① 即使这个消息不是几天后而是几年后公布的，这个论点依然成立。假设一个为生产玉米剥壳机厂商工作的工程师知道他的公司将会在接下来的几年内获得技术突破，但是他不知道具体的时间。他将会卖空玉米，也许是五年的合约，如果有的话。作为替代，他可以卖出一年合约并且可以在足够远的时候向远期移仓。他的最终收益只有在一年合约和五年合约隐性的价差在他向远期移仓时产生波动时才会不同。这么远期的价差波动很小。因此，他满意于使用一年合约替代五年合约。

② 尽管额外的肥料可以在一定程度上增加产量，没有什么可以使作物成熟得更快。

种植新作物的专业技术，他们可能仍然不是完全灵活的，但是可以肯定的是他们现在承诺未来几年的种植是可以做到的。关键点不是什么时候农民可以在种植季到来时控制他们的产量，而是是否假定从现在起三个作物年度后交割的小麦价格相对于两个作物年度后交割的小麦价格或者相对于三个作物年度后玉米的价格更低的条件下，他们不能做调整以减少他们三年后小麦的种植面积。实际上，他们当然可以做调整。因此，三年后交割的小麦较低的相对价格是难以维持的。尽管农民在调整产量和品种方面比托运人受到限制的时间更长，也有足够的农业供给的灵活性可以使一年或两年以后的远期价差的不同不会出现。结果就是，很难发现挂牌的农产品期货合约超过未来的一个作物年度。

在纽约的可可期货合约间的价格形态证实了这些基本论点。可可是一个适合这个检验的作物，它的刚性非常显著。因为可可是一种木本作物，调整供给的范围特别受限，远比小麦和玉米所受的限制更多。在树开始结果实前要经过四到五年，之后他们能够数十年的保持多产。从实践的角度来说，供给弹性是零，天气是引起大部分的年度间产量变化的主要原因①。因为很少有替代品，可可的需求相对来说也不是很灵活。结果就是可可的现货价格是商品中变化最大的。如果没有结余量的调剂，价格将变化更大。

表6.3展示了可可价格排列的变化②。就像理论中那样，随着距交割时间越来越远，变化逐渐下降，与小麦的相对价格变化一样。表6.3的上半部分展示了十年间从3月合约起不同交割时间的可可价格。这些价格已经调整了利息支出，大约为每年4%到20%③。这个调整因此给出了这个价格，例如，9月交割就像它马上就支付的价格而不是到交割期再支付。每月每吨5美元的调整包括仓储和保险费，这些费用从1974年起就相对固定④。可以看到，

---

① 尽管作物年度被正式的认定为10月到第二年9月，可可却没有像玉米一样显著的作物年度。非洲和南美洲的可可可以在不同的时间上市；可可树一年两熟，一次的产量比另一次大。在纽约集中上市的时间是每年的五月到七月。

② 更多关于可可价格排列的内容，参见Weymar（1974）。

③ 使用的是黄金期货的百分比价差，因为它们是私人金融成本的较好估计。在所有年份中的3月，资金利率的期限结构都是相对平缓的。

④ 和Douglas Martoucci总裁的对话，大陆仓库，纽约。仓储费对于可可来说相对重要，可可容易变质并且容易有虫害。

可可价格展现出一个低于全额持仓费的很强的价差形态；即期的3月平均价，即有效的现货价为2502美元，高出下一个3月交割的平均价2114美元约16%。比这种现货升水的形态更重要的是在商品中无处不在的不同交割月价格的标准差。随着距离交割的时间越来越远，标准差平稳下降，从现在的3月合约的881美元下降到最远三月合约的727美元。就好像较远的合约在向一个长期均衡的价格逐渐收敛。

表6.3　1975—1984年可可价差波动情况（3月第一个交易日纽约的收盘价）

时间	3月交割	5月交割	7月交割	9月交割	12月交割	3月交割
调整持仓费用后的美元/吨						
1975年	1153	1329	1241	1183	1121	1063
1976年	1494	1394	1314	1254	1174	1115
1977年	4222	4029	3876	3738	3451	3270
1978年	3260	2991	2854	2744	2610	2497
1979年	3351	3335	3302	3277	3226	3160
1980年	3040	2937	2855	2783	2675	2594
1981年	1945	1921	1915	1910	1891	1875
1982年	1887	1852	1832	1832	1793	1747
1983年	1765	1765	1761	1753	1713	1686
1984年	2547	2409	2343	2293	2209	2132
均值	2502	2396	2329	2277	2186	2114
标准差	881	852	827	804	757	727
不同交割月份间的月度百分比折扣						
1975年	6.94	3.55	2.45	1.85	1.80	
1976年	3.57	3.03	2.41	2.29	1.74	
1977年	2.39	1.98	1.84	2.77	1.85	
1978年	4.48	2.41	2.01	1.71	1.50	
1979年	0.24	0.50	0.38	0.53	0.69	
1980年	1.76	1.44	1.30	1.35	1.03	
1981年	0.63	0.16	0.12	0.34	0.28	
1982年	0.94	0.56	0	0.73	0.89	
1983年	0	0.11	0.23	0.77	0.54	
1984年	2.86	1.40	1.10	1.26	1.2	
均值	2.38	1.51	1.18	1.36	1.15	
标准差	2.06	1.15	0.91	0.76	0.53	

在表6.3的上半部分中，可可价格本身实际上少报了价格收敛。可可价格的全部排列上下波动，由于通胀，大部分时候是上涨。不是可可价格的全部排列怎样波动，而是排列的价差怎样波动决定了远期合约的交易。表6.3的下半部分展示了不同月份间的百分比折扣，即近月合约减去较远月合约后再除以较远月合约[1]。折扣的多变性决定了交易更远合约的需求；多变性越强，需求越强。显然，随着时间的延长，不同折扣的标准差大幅下降，从2.06%下降到0.53%。如果再延长一年，这个可变性就会消失。正是由于这个原因，那些非常远月的合约没有交易。显然，一年后交割的3月合约是所有更远[2]合约的合格替代品。

同样的理由解释了金融期货合约的期限问题。乍一看，弹性缺乏的理论几乎不可能很好地解释金融期货问题。标普500指数，一个现金结算而不是实物交割的期货合约，能有多缺乏弹性？弹性的缺乏增加多少才能够解释政府债券期货市场的爆发式增长，为什么金融期货合约的交割月比任何商品延伸得都远？为什么即使所有的市场似乎都传递了同样的利率期限结构，还会有这么多成功的金融期货市场？事实上，金融期货，并不是反驳了刚才成功解释可可合约的理论，而是支持了那个理论。第一，市场的增长并不是代表对新市场的需求，即市场类型的转移，从非正式的交易商网络转为正式的交易所。第二，不同金融工具间存在持续增长的波动价差，这些价差被发现是通过新的期货合约来进行表达的。第三，大多数金融期货的交易集中在少数近月合约中。

在许多例子中，一个金融期货市场都是出自一个高度活跃的远期市场。不需要通过刚性增加来解释金融期货的增长。而是正如在第五章提到过的这个术语，一个非正式的隐性借贷市场变成了一个正式的隐性借贷市场。更为准确的是，非正式和正式的市场在很多金融工具中都是共存的。之前存在的银行间外汇市场在外汇期货市场的兴起之前和之后都一直保持活跃状态。政府国民抵押凭证期货市场作为首个成功的长期债券期货市场就是从一个银行间的抵押凭证远期市场发展而来。回购协议的交易商市场先于并且在国债期货市场建立之后取得了更为长足的发展，到1983年，成了交易量最大的期货

[1] 那些价差折扣显示 0，即处于全部持仓费的水平。

[2] 有时，当价差在不同时期差别很大时，远期的五月合约就会被交易。

市场。这种共存也许最终将由对正式或非正式市场选择来得到解决。

在20世纪70年代和80年代，利率的高波动性引人注目。但不那么引人注目的是利率期限结构中新的极端情况和更高波动性。这些期限结构中的极端情况，如1980年急速下降或1982年快速升高，意味着远期利率并不是稳定相关的。因为这个原因，交割长期国债或短期国债的合约有理由拥有更长的期限。尽管不那么引人注目，但是对于成功的金融期货市场数量来说更重要的是一个金融工具与另一个工具相比期限结构的波动性。在1982年的例子中，黄金期货的百分比价差本质上是短期国债利率；黄金和短期国债同样表现出上升的期限结构。相反，在1980年的1月和2月，短期国债利率价差约为15%，拥有一个下降的期限结构；黄金的百分比价差接近20%，拥有一个更为快速下降的期限结构[1]。这些黄金和短期国债的区别源于两者在不同时期作为贷款抵押品或多或少的相对受欢迎程度。因为短期国债市场和黄金市场并不是恒定地展现相同的远期利率，两个独立的期货市场应运而生。

标普500指数期货市场展示了关于缺乏弹性和金融期货的最后一点问题。一段时间内，仅有一个标准500指数合约在有效地开展交易。表6.4的最后一列显示了这个期货市场不同交割月的持仓量比例。在表中的日期1983年8月1日，标普500指数85%的持仓量集中于9月合约。实际上，所有其他的持仓量集中在下一个合约中，即12月合约，尽管合约期限名义上延伸到下一个12月。这种集中的情况是股票指数期货所特有的。当第一个合约还有三个月到期而不是在8月初还有两个月时，这种情况更为显著。临近合约持仓量的峰值恰恰是在前一个合约到期后出现的，接下来，随着那个合约越来越接近到期日，它又"移仓"到下一个合约。在这个循环中，只有一个交割月的合约是主导的。在某种意义上，即使一个标普500指数期货合约活跃也是令人吃惊的。毕竟，标普500指数中的头寸可以尽可能接近的从股票组合的现货头寸中构建。实际上，标普500指数期货合约主导了这个现货指数，因为它有较低的经纪费用（每个交易来回约为0.04%，比现货1%到2%的费用

---

[1] 在1980年初美联储积极地劝阻银行不要贷款给商品市场的投机者。因此，那些持有的黄金拥有较高的资金成本。

低）[1]、更高的流动性，以及更低的保证金要求（监管者对于批准股票指数期货交易犹豫不定，因为它们将拥有更低的保证金，合约价值的5%到10%，对于股票来说，正常是合约价值的50%）。实际上，在所有可能的交割日期中，从即期交割到非常远的交割日期，只有一个标普500指数合约（下一个到期合约）交易。与这个解释一致的是股票指数期货异常的成交持仓量比率。在大多数商品中，日成交量大约是持仓量的五分之一到三分之一。股票指数期货的日成交量接近持仓量的两倍水平。在它们短暂的历史中，股票指数期货也十分缺乏交易商的交易，如养老基金[2]。这表明股票指数期货是因为它们的流动性和容易建立头寸而有价值，而并非仅是一种展示全系列的不同交割日期的价格的途径。一次一个合约足以满足这些目的[3]。

表6.4　1983年8月1日指定交割月持仓量百分比

交割月份	玉米[a]	芝加哥小麦	白糖	可可	铜	马克	国债	标普500
1983年9月	16.2	26.7	4.2	21.4	43.7	88.5	53.8	84.7
1983年10月	nt[b]	nt	47.9	nt	nt	nt	nt	nt
1983年12月	56.5	54.4	nt	38.8	32.9	11.2	17.2	14.8
1984年1月	nt	nt	0.3	nt	0.7	nt	nt	nt
1984年3月	17.6	11.2	34	24.1	9.6	0.3	7.4	0.3
1984年5月	4.4	4	9.1	6.2	2.2	nt	nt	nt
1984年6月	nt	nt	nt	nt	nt	0	9.7	0.1
1984年7月	3.6	3.8	2.6	4.0	4.1	nt	nt	nt
1984年9月	0.4	0	0.5	3.8	3.2	0	5.5	0.1
1984年10月	nt	nt	1.3	nt	nt	nt	nt	nt
1984年12月	1.3	0	nt	1.7	1.5	0	3.1	0.1
1985年1月	nt	nt	0	nt	0.3	nt	nt	nt
1985年3月	0	0	0	0	1.2	0	1.5	0

[1] 指数期货合约有另外一个优势，Jaffee（1984）指出。随着指数中个股的价值变化，它们在指数中的份额也在变化。一个从股票构建的现货指数将带来这些小的不断调整的经纪费用。

[2] 华尔街日报，1984年8月10日。

[3] 大部分的合约以未来交割伦敦股票交易所的股票为目的（回忆第二章关于交易方法的讨论），它们都是同一个交割日期，即下一个清算账期。大量的交割日期排列是不必要的。

续表

交割月份	玉米[a]	芝加哥小麦	白糖	可可	铜	马克	国债	标普500
1985年5月	0	0	0	0	0.7	nt	nt	nt
1985年6月	nt	nt	nt	nt	nt	0	0.7	0
1985年9月	0	0	0	0	0	0	1.0	0
1985年12月	0	0	nt	0	0	0	0.2	0
总持仓量	165248	61199	95215	29148	108651	26921	165276	28843
1984年1月的百分比	27.3	18.9	47.5	39.8	22.7	0.3	29	0.5

注：a. 包括中美洲交易所；b. 未交易合约。

    表6.4是关于金融期货和农产品期货[①]不同交割月持仓量的分布。选择表6.4的8种商品是因为它们有许多相同的交割月。表格中最有趣的是最后一行，是在1983年8月1日后超过六个月后到期的合约持仓量占比。就像标普500指数一样，实际上所有西德马克的交易都集中在近月合约中。在金融期货中，长期政府债券市场单独的占比就和六个月以上到期的农产品市场占比相近。这与一个市场就足够展示资金利率的远期期限结构的观点一致。在农产品中，作物年度中的中断形态可以解释大部分较远合约持仓量的比例波动。例如，玉米持仓量，主要集中在第一个12月合约上，新作的第一个交割月。更远期的十二月合约也有一个合理的持仓量占比，至少与马克和标普500指数相比是合理的。糖的作物年度没有玉米那么精确，但是10月和3月也代表重要的阶段。毫不意外，那两个交割月的糖合约拥有更高的持仓量。在表6.4中，小麦持仓量占比比其他农产品下降的速度更快。这是因为8月初正好是在收获后，离下一个种植季之前还有很长时间。8月初，在小麦期货价格的排列中，有一些可预见的但难以调整的中断。相应地，对于较远期合约的需求也较少。在2月，种植已经无法改变，天气对于种植范围和收获时间的效果也已明了，更多的持仓量将会集中在较远期的合约上。

    与之类似，如果在选定的日期某一商品出现升水，则在远期合约上将会有更多的持仓量。例如，在1980年2月初，铜价远低于全额持仓费，29%

---

① 一个相同的日成交量的表格将会比持仓量的表格更为有力地展示这一点，因为成交量比持仓量更加会成比例地增长。

的持仓量是在超过6个月到期的合约上，相比之下表6.4中的持仓量为23%，1983年8月是一个接近铜的全额持仓费的时间。1974年1月，当铜价现货深度升水时（回顾表1.4），相同的占比是37%。而在1980年2月，仍然是美元对马克汇率存在较大的和不同升水的时期。因此，德国马克有对于较远期交割月合约的更高需求。相比于1983年8月最近月合约88.5%的持仓量，只有57.7%集中在与1980年2月相同的合约上。就像1980年的这段时期，当利率期限结构非常陡峭的时候，54%的长期政府债券持仓量都是在六个月以后交割的合约上[①]。

对于农产品来说，生产周期是年度的，如果轮作的话生产周期会更长，因此一年以内的调整是完全没有弹性的。对于从智利运到英国的铜来说，在三个月后调整就是灵活的。然而，对大部分商品来说，改变生产安排或者从一个地方向另一个地方运输供给所需要的时间都很短。对于标普500指数来说，调整几乎可以立刻完成。超过几周以上交割商品的远期价格将会稳定地联系在一起，因为这些价格差异往往难以持续。所以，没有必要建立交割期在未来几周以后的单独的合约。换句话说，对于大部分商品而言，并不需要有一个包含诸多延伸向未来多个月的交割日期的期货市场。期货市场只有在产量缺乏灵活性引发价差变化的时期才是不可或缺的。

尽管这部分研究起始的问题是期货交易应该向未来延伸多久，但却结束于为什么某些商品根本没有期货市场。关于期货交易应该向未来延伸多久和什么商品应该有期货市场这两个问题的答案是一样的：某个期货市场只有在合约间价差与长期均值长期存在差异的情况下才会出现。对大多数商品来说，这个时间仅仅是几天或者几周。结果就是，只有少数几种商品有理由拥有正式期货市场，这些商品的时间长度L能够长十几个月的时间。

六、与其他解释的比较

这个关于为什么只有少量商品有期货市场的解释与现有的三种为什么期货市场数量这么少的理论不同。这三种理论可以大致归结为"价格不确定

[①] 蝴蝶价差包括远期合约，为延期缴税而发起，然而，可能会放大长期政府债券的数值。税法的改变消除了这个价差的优势。

性""流动性成本"和"信息内容"。每种理论都能一针见血地帮助理解期货市场，但也都有实质性的不足。这里提出的理论并没有反驳什么。所有这三种理论都没能够解释市场数量的原因，它们的解释是不完整的。

期货市场存在的最普遍理由是商品价格的波动程度较大。对于那些沉迷于风险厌恶理论和期货市场的人来说，由于高度不确定性的价格产生了更多的风险，因此提高了对于期货市场的需求。如果价格风险较低，对于期货市场的需求也较低［卡尔顿（1984）总结了不断提高的价格风险推动了期货交易的观点］。卡尔顿（1983b）认为，20世纪70年代的通胀可以帮助解释期货交易在这十年里的大规模增长，因为通胀使价格在全部升高的前提下，相对价格的波动性更大。这些相对价格的波动是价格风险的重要来源。

因为那些有期货的商品价值确实波动较大，这个价格不确定性的观点似乎解释了为什么会有期货市场。价格的波动表明了潜在的原因。价格波动的发生是因为在几个月内商品的供给是缺乏弹性的。这个弹性的缺乏和调整的速度才正是商品期货交易的真正原因。实质性的弹性缺乏和一段较长时间的调整，导致即时交割的价格与近期交割的价格不同，和远期交割的价格相差更大。结果就是，需要有一个机构来提供这些价格信号来为商品最好的临时用途提供更准确的方向。更为重要的是，不同交割日期之间的价差将随着条件的变化而改变，波动性越大，就越需要有期货市场。因为价差变化时，现货价格也会变化，因此很容易误解价格风险的重要性。

这个价格风险和弹性缺乏作为期货市场产生原因的区别不仅微妙，也很重要。为了区分它们，想象一个情景，10天后交割的玉米价格总是和30天、90天、180天，甚至360天之后的相同。相反，在10天内，价格相对于其他交割日期却极端波动。根据期货市场价格不确定性的观点，这个可能暗示着现货市场存在极端波动的波动性将会促进期货市场的活跃。但是事实上，期货市场10天以上交割的合约将会休眠。如果30天、90天、180天和360天之后交割的价格关系有变化，期货市场将有可能活跃。这些价差之间的波动取决于供给和需求的弹性缺乏，即那些提前可预见但却难以调整的情况。远期价差波动越大，期货交易就越活跃。不可避免地，从现在起几个月后交割日间波动的价差至少暗示着现货价格的一些波动。但是现货价格的风险并不是期货交易发展的原因。与之类似，两个地点针对同样商品的不同期货市场，或者针对原料或产成品的不同期货市场的出现，并不是因为立即执行的运费或加工价格波动剧烈，而是因为不同时间执行的服务价格的全排列需要表达出来。期货市场可以表达价格的各种差异，即不论是投入和产出之间的差异、两个地点之间的差异，还是两个交割日期之间的差异。当这些价差波动较大，并且在合约执行之前很远的时间就产生显著的不同，期货市场就会活跃。

针对期货市场数量的第二个传统解释强调的是，当有限数量的交易者分散在大量不同的合约时间上会造成流动性成本。特尔塞和希金博瑟姆（Telser和Higinbotham，1977）在对期货市场的实证研究中使用了这个流动性的概念以及某一品种的交易者数量。特尔塞（1981）设想的情况是，交易所有意将交易限制在五六个交割月内，以提升流动性。如果交易者可以选择一百个不同的合约，如未来两年内每周都有一个合约，任一合约就会有很少的买方和卖方，交易者就需要花费大量的时间来寻找交易对手。同样，当一个交易者希望平仓，他没办法找到很多交易对手，就会受制于他的合约的其他对手方。

尽管毫无疑问的事实是，交易者数量少的市场会由于人为操纵、流动性匮乏以及交易成本高而无法存活下来，但这点还是要附属于一个要素，即期货价格是否能够传递新的信息。关键点不是流动性不足的成本对期货市场的数量没有影响，而是在特尔塞的论点中并没有讲述故事的全部。这个争论的性质可以通过图表的帮助来看出。像之前在图6.2展示的一样，图6.5展示了不同合约的边际成本和边际收益（X轴并不是通过合约距离交割的月份数进行排列的，而是通过边际收益进行排列）。流动性理论和本章所阐述理论的区别关系到代表额外一个合约的收益曲线形状（合约的收益就像之前一样，是通过它们在配置资源方面的作用来衡量的）。没有人能够否认额外的合约将带来额外的成本。至少，交易所必须为了额外的一个交割月，要在交易池投入更多的记账、安保和空间。随着做市商和池内交易者分散在更多的合约中，某一合约的买卖价差扩大，订单执行的速度会下降。如果这种流动性缺乏比合约增加的数量提高的比例更高，就可能会导致边际成本曲线陡峭的上升，正如图6.5所示。更困难的是，流动性理论的支持者会怎样描绘边际收益曲线。对此，他们并未说明。像特尔塞和其他人大概会将边际收益曲线画成一条水平的曲线或者稍向下方倾斜。一个12月交割的玉米合约仅仅会比11月交割的合约或者下一个12月交割的合约有用一点。本章中关于弹性和缺乏弹性的争论暗示着一个非常不同的边际收益曲线。合约的边际收益快速下降，在超过一些相对小的合约数量后趋近于零。这个转折发生在边际收益曲线富有弹性的部分，可以保证价差的一致性，并允许一些合约替代其他合约。只有当有持续的和可预测的弹性不足时，额外的合约才有显著收益。

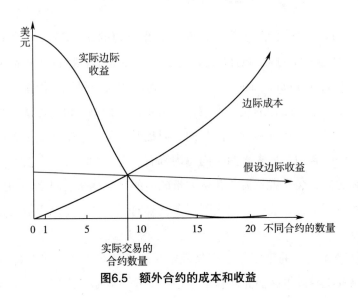

图6.5　额外合约的成本和收益

　　毫无疑问，缺乏弹性的边际成本有助于确定交易的合约数量，如图6.5所示。如果额外的合约成本很低，就会有完全的合约集合。相反，如果最有收益的合约的边际成本都非常高，那么这个合约也不会被交易。也就是说，这一章中有时使用的"不可或缺"（indispensable）这个词并不合适，没有市场是不可或缺的，而是它的边际收益必须与边际成本匹配。"不可或缺"这个词强调的是一些合约具有比其他合约高的实质性收益，边际收益曲线非常陡峭。因为非常陡峭，边际收益曲线基本就决定了经济合理的可交易合约数量。如果边际收益曲线向左移动（如产量或加工变得更具弹性），合约数量也许会降到成熟期货交易停止的那一点。这正是鸡蛋期货市场发生的事情。米勒克尔（Miracle，1972）指出，芝加哥商业交易所（CME）的鸡蛋期货市场并不是因为交易成本的上升而衰败，而是由于产蛋技术的变化消除了产量中缺乏弹性的季节性部分。

　　对玉米和燕麦市场的比较可以确认这一解释的相对重要性。玉米期货市场的持仓量和日成交量是燕麦市场的30~40倍。由于更大的成交量，合约的边际成本更低，流动性理论将会期望一个比燕麦市场更大的玉米合约交易市场。相反，这个理论表明合约数量将不会有太大差别，因为玉米和燕麦弹性缺乏的属性是相同的。恰恰，燕麦市场提供4到5个合约，玉米市场提供5到6个合约。这两个市场的交割月都代表了作物年度中重要的节点。尽管市场对玉米合约交易更感兴趣，那些合约仅需要表明玉米存在可预见的弹性不足问题[①]。

关于期货市场数量的相关解释强调期货价格的信息含量，即在价格发现中的作用。许多最近的关于期货市场的文献暗示它们最关心的是未来而不是现在。确实，很多期货市场的纯理论研究想象认为期货市场只与对未来的期望有关。这始于一个基本假设，即仅存在一个现货市场，但是没有仓储市场也没有期货市场。然后，这些理论开始加入期货市场，以观看其对信息传递的作用。这个方法在期货市场的著作中特别显著，被表述为所谓的理性预期。最新的期货市场实证研究也假设期货市场的存在是为了传递未来的信息。例如，莱比斯（Labys）和格兰杰（Granger）的研究（1979：89）是"为了决定期货价格是否能够反映市场预期的变化，并且预见现货价格。"

尽管将期货价格与未来联系起来似乎是有道理的，但是这个强调期货市场对于未来期望的表达却建立在错误的假设基础之上，即没有显性的市场可供仓储和使用。如果有一个与现货市场相连的仓储和使用市场，就没有一个显性期货市场存在的必要了。现货市场以及仓储和使用市场将会全面地反映未来的所有信息。

格罗斯曼（Grossman）一直致力于期货市场与对未来的预期紧密相关的思想。其在一篇有影响力的文章（1977）中提出，期货市场是一个交换信息的市场，并认为人们有动力交易期货，主要的原因是一些交易者掌握着其他人没有的信息，也就是掌握着那些信息匮乏交易者难以从现货价格中推导出来的信息。根据格罗斯曼的理论，期货价格向信息不足交易者揭示了有信息交易者对下一阶段现货价格的预期。这个公开传递价格的特点就是格罗斯曼认为的期货市场所具有的信息角色。但是，一旦期货价格传递了信息已知交易者的期望，市场上就没有动力再去交易期货合约了。如果观察发现一些交

[①] 卡尔顿（1983a）调查了相关的问题，是否整体玉米期货市场使整体燕麦期货市场变成多余的。他也从价格相关性的角度试着研究这个主题，得出结论是因为燕麦价格开始不像以前一样和玉米价格的变动紧密相关了，20世纪70年代恢复了燕麦期货市场。

易者在较低价位迫切地卖出期货，其他交易者就会知道这些交易者知道价格将会下降，缺乏信息的交易者就会停止交易。因为已知信息的交易者不再能够在吸引人的价位上找到交易对手，他们就失去了搜寻信息的诱因。自相矛盾的是，根据格罗斯曼的解释，期货市场通过公开可见的价格恰恰消除了它建立的理由，即关于价格的不同信息。格罗斯曼相信，这个问题就是为什么只有这么少的期货市场是活跃的原因。

格罗斯曼的观点是，期货市场既来自交易信息的刺激，又抑制了交易信息，这与人们直觉所认为的期货市场越多越好的观点正是相反的。格罗斯曼的分析恰恰受其仓储和使用市场假设所存在缺陷的影响。格罗斯曼的全部模型都取决于仓储和使用市场的不均衡[1]。

格罗斯曼不仅假设没有期货市场，而且假设没有仓储和使用市场运行，他把期货市场的引入归结于仓储和使用市场的不均衡[2]。如果已经有一个运转正常的仓储和使用市场，那么期货市场就没有明显收益。这点应该是很明显的，因为一个拥有仓储和使用市场的现货市场提供了一个隐性的期货市场。一个显性期货市场在那种情况下将是多余的。一个期货市场可以通过建立一个连接现货市场的隐性仓储市场来代替一个显性的仓储市场。然而，不管仓储市场是显性的还是隐性的，格罗斯曼都在研究一个运转正常的仓储市场的好处，它重新分配库存直到所有地方的仓储使用费都是相同的，这并不像他声称的那样，最特别的优势是获取未来的信息。

更重要的是，在格罗斯曼的理论中看似对收集信息的动力有害的影响，实际上对那些机构并没有什么特别之处。如果有一个显性的、充满竞争的仓储市场，所有交易者（不论已知还是未知信息）都将拥有相同的边际仓储成本。因此，很容易从当期现货价格中计算出来哪些已知晓信息的交易者所期望的未来现货价格。格罗斯曼确实仔细探究了市场理论中的一个敏感部分，即当人们怀疑一个交易者知道一些他们不知道的信息而拒绝交易时，这个交易者收集信息的动力将会怎样变化。尽管理论如此，事实仍然是这个困境能够在没有期货市场，而只有现货和仓储市场的体系中产生。如果人们知道

---

① 对于这个观察结果，我希望向 Brian Wright 表示感谢。

② 格罗斯曼关于仓储市场的困惑可以在他关于仓储数量的脚注中看到，他没能弄清楚是否仓储成本总额是针对个人的、一群已知信息的交易者还是所有交易者的。

这个交易者希望购买他们的存货并储存起来，以只有他自己知道的情况而获利，他们就更愿意在现货市场卖货，而不再卖期货了。

这个将期货与未来信息相联系的倾向主要是基于期货价格是一个对未来现货价格合理估计的观察。乍一看，期货价格等于预期价格的均衡条件似乎是肯定了期货价格和对未来期望的关系。然而，对于一个均衡条件而言，首先并且最重要的并不是要证明一个特定的价格等量关系，而是所有价格是怎样联系在一起的。如果仓储价格和使用价格总是等于零，那么现货和期货价格将会相等。哪一个价格可以反映对未来的预期呢？显然两个价格都会。在更一般的条件下，所有三个价格——现货价格、借贷价格和期货价格都反映了对未来的预期。因此，如果有关未来情况的新信息为人所知，不仅是期货价格会改变，现货和借贷价格也会发生变化。确实，如果它们价格间要保持均衡，就必须是这样的。在那种情况下，期货价格可以和现货价格、借贷价格一样反映当下情况。如果一个装满棉花的大仓库烧掉了，现货价格肯定不会是唯一受影响的，期货价格也将会变化。所有价格都将反映所有相关信息。期货合约仅在信息影响价格排列的具体程度上是必需的。

格罗斯曼分析的问题广泛存在于大量的期货市场的论文中［例如，考克斯（Cox，1976），彭斯（Burns，1979），博雷（Bray，1981），卡瓦（Kawai，1983a），托洛维斯基（Turnovsky，1983），布兰嫩（Brannen）和乌尔维林（Ulveling，1984）］。太多学者通过假设现货市场已经存在来评估期货市场的价值，并检验引入期货交易的效果。尽管可以基于复杂的现货市场早于期货市场的假设来很好地反驳以上方式，但也可以强烈地反对未对正常运转的仓储和使用市场缺失的假设状态。如果在现货市场外，已经有一个仓储市场了，期货交易的引入将不会对分配和价格产生影响。因此，所有都始于价格并未处于均衡状态的假设。消除不均衡的好处都应该归功于期货市场。因为未对一个显性仓储和使用市场的不可能性进行假设是站不住脚的，整个研究步骤都是错误的，并且其还是一个关于期货市场存在原因的极端误导性指标。如果更多商品拥有存在于交易所的正式借贷市场，那么很少有人将会被误导去研究预期或者信息中的市场，而忽略对有组织市场优势的研究了。

七、总结：经济合理的期货市场

一个市场的完整集合应包括所有可以想到的交割日期、地点、等级和其他任何商品特性的市场。例如，1876年，利物浦棉花交易市场（Liverpool Cotton Exchange），通过交割月、起航时间、船型（帆船或蒸汽船）、作物（新作物或旧作物）以及等级来区分合约[①]。然而，相关的经济问题是哪些独立的市场是经济合理的。

因为市场存在的目的是交流价格，因此只有在价格没办法从别处得到满足的时候，一个显性市场才是有用的。这个逻辑排除了大部分形成一个完整市场集合的内容。在不同地点上相互分离的期货市场并不是必需的，这是因为不同地点的期货价格不可避免地会形成一种稳定的关系。在有充足时间的条件下，通过清理和干燥来改变等级是容易做到的，这就使不同等级的相互独立期货市场没有存在的必要。许多不同交割日期的单独合约也是没有必要存在的，原因是仓储价格与其长期均衡的差异很少具有持续性和可预测性。

实际上，具备经济合理性的市场是很少的。市场体系必须能显性地交流传递以下这些价格：（1）不同等级和种类的现货价格（在一些个案中，几个不同品种的小麦远期价格可能是不可或缺的）；（2）当地当下的仓储和使用价格；（3）中心市场的期货交割价格，且交割日期只在供需有显著变化的那几个月，如收获季节或开航季节；（4）中心市场价格不具备完全弹性，也就是说只有少量超过一两年的显性交割价格。

尽管具备经济合理性的市场很少（特别是与一个完整的市场集合来比较时），许多价格缺失了，但这并不能说明市场体系的失败。大多数缺失的价格是隐性的，而且很容易从少量显性价格中计算得出。实际上，交易集中于重要的市场是最优的选择，因为那样会使流动性增加，交易成本降到最低。

[①] 1876年10月19日，《纽约邮报》。

第七章　总结：期货市场的经济功能

长期以来，作为一种程式化的表述形式，商品持有者使用期货市场的原因一直流行的是这样一幅画面：磨坊主因为担心小麦库存价值波动而卖出期货合约。如果小麦现货和期货价格上涨相同幅度，磨坊主在期货空头头寸上的损失就等于其在库存价值上获得的收益；如果价格下跌，则会发生相反的情况。因为不管价格如何变动，净值都是零，就好像磨坊主买了可以防止价格变动的保险一样。尽管那些实际使用期货市场的交易商以及对期货市场进行深入研究的学者们都知道，这种程式化的表述形式扭曲了现实，现货和期货价格实际上并不同步变动。尽管如此，他们仍然坚持使用这种形式，并认为它表现出了期货市场的根本目的。

在观察了期货合约中的实际套期保值（与其他市场的交易同时进行）并分析了交易商持有库存的原因后，我们就会发现，这种标准化的表述形式比忽视实际套期保值操作中的一些细微之处要糟糕得多。磨坊主想要取得价格保险的典型方式是个根本性的错误，因为它歪曲了期货市场的功能。期货市场不是价格保险市场。

当然，也有人对期货市场提出了其他解释，以取代简单的价格保险观点。但这些理论均有不足。就信息理论而言，期货市场作为信息市场的理论观点也曲解了期货市场。这是因为所有的市场都传递着关于未来的信息，而不仅仅是期货市场。对于流动性理论来说，问题是其过于极端地建立在对期货合约和远期合约的一分为二基础之上。与价格保险理论、信息理论和流动性理论截然不同的是，期货市场的主要目的是充当隐性的商品借贷市场。

一、风险的作用

对期货市场目的的理解取决于非灵活性和非线性在经济系统中的重要性。基于风险厌恶观的传统分析认为，世界上重要的非线性关系是商品交易商对风险的偏好。本书所提的观点是，此体系中的凸度（convexity）更深，这是因为存在三个方面因素：（1）加工过程中存在的高比例的固定成本、快速运输或快速加工商品成本会大幅增加；（2）与作物年度周期性相关的农产品供应极端缺乏弹性；（3）公司管理能力限制。在将期货市场作为价格保险市场的理论中，生产和加工中的非线性关系完全被忽略了。不管公司在其效用函数中是否存在非线性，生产中的非线性对期货市场来说都是重要的。很可能是终端消费者的风险厌恶情绪导致了快速运输和加工商品的压力。然而，也有两个事实，一是即使是风险中性的商品交易商也有理由使用期货市场，二是正是商品交易商对于期货市场的使用才是最有趣的。

所有这些并不是说风险与期货市场无关。相反，农业生产、运输和加工的风险与厂商持有库存和使用期货合约之间有着很大的关系。因为像磨坊这样的厂商在加工中有大量的固定投资，材料的可获得性风险足以使其管理者感到烦恼，而不管他们对风险是否厌恶。这些原材料可获得性的风险不同于投资组合理论核心内容中的个人风险，投资组合理论认为个人可以通过分散、集合或以其他方式将风险头寸转移给他人，以消除大部分风险。然而，商品中的重要风险更难分散。小麦收成差会影响到该地区所有的磨坊主，把这种风险在他们中间集合起来并不能减少这种风险，因为冰塞会影响到该地区所有的托运人。因此，价格保险和投资组合理论的观点并不适用于商品市场。

即使一家厂商在偏好上是风险中性的，他也需要在一个具有不确定性的世界中作出诸多决定。他总是被迫押注，是该提前很久获得原材料借贷还是该等待以期出现有利价格走势。无论是3个月还是6个月，其所决定的库存大小和借贷期限都是一场不可避免的赌博。在使用储备的原材料时，其永远无法确定是否有更紧急的情况会在之后出现。这些关于库存的商业决策与那些关于长期和短期融资的选择、借款金额的选择以及预先安排融资的选择是类似的。持有存货，就像持有货币一样，许多选择将被证明是错误的，一些厂商将始终比其他厂商更明智。然而，不能因为存在商业风险，就一定意味着风险厌恶在解释厂商采取应对措施时会占据主导地位。

所有的这些也不是说厂商不是风险厌恶的。最有意思的一点是，在商品价格方面，不管厂商对风险的实际偏好是什么，都可以不用风险厌恶的复杂分析来解释。毕竟，通过简化风险中性假设，人们在理解货币需求方面已经取得了重大进展。当为商品公司的复杂行为建模时，可以用一个简化的技术和业务范围视角来取代它们风险偏好的复杂视角，或者可以强调技术和公司业务范围的复杂性，同时对风险偏好的视角进行简化。第二种方法可对商品市场的行为提供更深入的见解。

不管在何种情况下，即使在分析中加入了风险厌恶因素，我们也完全不清楚厂商是会更多地还是更少地使用期货市场。假设厂商已经拥有一家面粉厂，其对风险厌恶的第一反应可能是增加借入小麦的数量，接受借款溢价带来的一定损失，以此作为降低高额短缺成本的一种手段。如果磨坊主通过买入现货和卖出期货的双重交易隐性地借入小麦，其借入小麦的操作就会增加对期货市场的使用。无论如何，对风险厌恶的分析表明，一个厌恶风险的磨坊主会想在事先决定的制粉仓位上增加小麦远期的多头仓位，其会通过卖出与库存相比较少的期货合约。期货市场使用的净效应是正还是负，取决于面粉商所面临的具体情况。如果他不愿冒险，很可能会减少对期货市场的利用。

二、各种理论的检验

不管期货市场理论可以在没有风险厌恶的情况下建立起来这一观点是否有说服力，但要取代将期货合约视为防范价格波动风险的保险这一观点，还有很多工作要做。如果一个理论严格符合所有观察到的行为，而其他理论不能解释一些关键的事实，那么很明显这个理论是最强的。但由于内在动机不容易衡量，因此似乎不可能收集证据来检验任何有关商品交易商为何使用期货市场的理论。即使如此，特定的理论还是可以解释在商品市场中可观察行为的特定结果。

前几页已经介绍了许多关于商品市场的事实，这些事实本身往往并不重要。现在是时候把这些证据汇集在一起了。其中所涉及的术语包括交易者、活跃的期货市场数量、交易活跃的交割月、全行业的库存行为、期货价格的偏差程度、价差的形态以及诸如粮食银行等看似无关的机构。总的来说，这些证据有力地支持了期货市场的功能是隐性的商品借贷市场。

回顾一下，相关证据强烈反对期货市场风险厌恶理论。第一，一次又一次的研究都没有发现期货价格存在明显的偏差，更不用说现货溢价理论所要求的偏差幅度了。此外，现货溢价理论不能解释所观察到的期货价格之间价差的模式和波动性。期货价格偏差很小或为零的结论，也对套期保值的投资组合理论提出了质疑，该理论也要求期货价格存在偏差。第二，更重要的是，观察到的制粉回报与持有小麦的回报之间的负相关关系意味着一个厌恶风险的磨坊主希望持有小麦和事先决定的制粉头寸，或者，换句话说，一个厌恶风险的磨坊主将选择留有未套保的小麦库存。与此相反，套期保值的投资组合理论假设风险厌恶会促使像磨坊主这样的交易商通过出售期货合约来对冲库存并以此作为其分析的出发点。因此，即使就其本身而言，现货溢价理论和套期保值投资组合理论也存在缺陷，因为它们的基本假设是不正确的。同理，流动性理论也令人怀疑，因为它假定期货合约和远期合约之间存在一条并不存在的鸿沟。

由于没有哪个期货市场在不受到某种特定商品持有者的关注的前提下就能够长久地生存下来，这些持有者中的大多数将期货合约与他们的库存联系起来，因此期货市场存在的原因与交易者持有库存的原因有关。因此，这肯定不利于期货市场的流动性理论，因为它没有解释交易商的库存行为。将流动性理论视为一种关于实际市场操作难度的表述会更恰当。它并不是独立存在的，只解释了其他市场体系的相对成本。这就需要一个更广泛的理论来解释为什么需要某种市场体系，或者为什么厂商要遵循特定的令人费解的库存操作（因为在价差低于全额持仓费的情况下，库存仍然存在）。尽管现货溢价理论和套期保值的投资组合理论对期货市场的使用给出了一个解释，但它们也没有解释为什么交易商一开始就持有商品。另外，由沃金发展而来的仓储供应理论恰恰解决了这一问题，它解释为，这就好像是交易商在提供服务，因为持有库存可以带来便利收益，所以他们愿意在负回报的情况下提供服务。而实际持有许多不同商品的所谓仓储价格曲线（即适当的现货价格和期货价格之间的价差）恰恰显示了这一理论所预测的规律性关系。隐性借贷市场理论是对仓储供应理论的扩展，深入研究了厂商以貌似亏损的价格持有库存的原因。隐性借贷市场理论不仅表明，人们更容易将仓储供应理解为对可获得性的需求，而且还更清楚地表明，交易商通过利用期货合约借入商品是其一系列复杂交易的一部分。这也解释了为什么他们应该借入而不是直接拥有。

仓储供给理论没有强调、其他理论又完全忽视的是，期货市场上的交易是与其他交易同时进行的。与现货溢价理论和套期保值投资组合理论的表述相反，厂商不会首先在现货市场上购买存货，然后在考虑其头寸的风险后，通过卖空期货合约进行套期保值。相反，该厂商设想并执行这两笔交易，就好像它们是一笔交易一样，这就像人们在普遍的基差交易实践中看到的那样，交易者只讨论现货价格和期货价格之间的价差。这种行为模式与隐性借贷理论是完全一致的，隐性借贷理论的主要原则是，这些不同的交易组合隐性地等同于借入商品的显性头寸。

将活跃的期货市场中的特定商品与没有期货市场中的同一商品进行比较，对于将一种理论与另一种理论区分开来并没有什么用处。隐性借贷市场理论预测认为，在生产、运输和加工方面缺乏灵活性的商品最有可能发展活跃的期货交易，而期货市场的保险观点则预测，价格波动最大的商品将拥有期货市场。不幸的是，供应和需求的不灵活性，就其本质而言，正意味着现货价格的巨大变化。然而，如果没有较大的非灵活性，就没有活跃的商品期货市场，这是农产品在期货市场上占主导地位的最好证明。

虽然活跃期货市场的名单只能勉强区分各种理论，但每个活跃期货市场的指定交割月却提供了一个有力的检验。隐性借贷理论可单独解释观察到的交割月分布情况。与此同时，期货市场的保险观点并未提及期望中的交割月数量，部分原因是该理论很少考虑套期保值所涉及的合约。合约交割月的数量是流动性理论的核心，该理论宣称普通期货交易所故意限制交易合约的数量来增加流动性。隐性借贷市场的理论为流动性理论补充了进一步预测，特定交割月标志着生产周期和商品需求中的中断，通常都不会超过一年左右的时间，即大幅增加供应灵活性的时间。这种交割月的模式正是在期货市场上所发现的，尤其是芝加哥期货交易所在无意识的情况下发展起来的像粮食这样的历史悠久的市场。此外，当交易商有多种交割月可供选择时，就像19世纪80年代的棉花市场一样，他们会倾向于用月份来标记作物年度中的重要时段。

支持隐性借贷市场理论，特别是反对期货市场保险观点的另一个证据是商品市场本身。在期货市场发展很久之后，"套期保值"一词才开始流行，并带有风险厌恶的意味，与其他所有的习惯用语都不一样。另外，诸如"未来交割合约的交割时间由卖方选择""某时刻即将到货"和"现货"等术语，除了彼此一致之外，自然地表达了隐性借贷市场理论所依据的库存管理实践。

曾经，包括从粮食到股票，再到铀在内的各种商品的借贷显性市场都存在过，并且常常代替期货市场。想象这些机构取代所有的期货市场并不难。虽然各种理论的目的是解释期货市场，但这些理论应该能够允许这种机构形式的变化。然而，除了隐性借贷理论外，没有任何一种期货理论能够适应显性借贷市场。显性借贷市场的可能性尤其会破坏期货市场作为信息市场的理论，因为显性借贷市场消除了期货市场所有直接的信息作用。同样，所有的理论，除了隐性借贷理论外，都找不到像粮食银行这样的机构，如果伊利诺伊州的公民没有抵制粮食银行的部分准备金制度，粮食银行很可能是粮食贸易的主导机构。

简而言之，以上证据只支持一种理论。期货市场的功能是充当商品的隐性借贷市场。不管是货币还是商品的借贷市场，都会将稀缺的库存分配给那些目前最需要这些库存的厂商。在期货交易的喧嚣中，商品借贷的利率价格以惊人的次序和复杂的配置方式出现了。

三、期货市场功能的典型表现

期货市场用途的一个更准确的、程式化的表现形式，是一个担心小麦供应中断的风险中性的磨坊主，而不是一个希望为其库存价值采用价格保险的风险厌恶型的磨坊主。为了避免设备的闲置成本，他计算出，为安全获得一些原材料的供应而支付一些费用是值得的。获得小麦临时使用权的一种方式是在一段时间内从别人那里借入小麦，按照小麦借贷的利率支付利息。另一个人满足于把小麦贷给别人，因为磨坊主愿意花更多的钱把小麦暂时放在自己手上。如果碰巧磨坊主不需要小麦，就可以把它还回去；如果突然需要小麦，就可以立即使用。当然，他必须找到其他相同等级的小麦才能归还给贷出人，但他仅能在剩余的借贷期限内完成。另一种借贷方式为磨坊主和贷出人签署回购协议，规定持有小麦的一方立即卖小麦给磨坊主，原始拥有者再以提前约定好的固定价格在一段时间后买回小麦。无论小麦的价格如何，协议中回购部分的价格都将低于原购买价格。由于这种价格上的差异，磨坊主支付使用费，也就是小麦的利息。从他的观点来看，与一方还是两方打交道并不重要。一旦买了小麦，他就有了一份未来交割小麦的合同。用期货市场的行话来说，他是空头套保者，因为其根据小麦库存卖出了一份小麦期货合约。因此，磨坊主做空期货合约，并同时进行小麦现货买入交易，以便隐性地借入小麦。

即使是程式化的，这种对期货市场功能的陈述也应该引起对期货市场的研究。期货市场的功能与货币市场的功能密切相关。货币市场研究中出现的许多问题都可以在商品市场的背景下进行有益的探讨。例如，可以更仔细地调查快速加工商品所涉及的转换成本，从而更好地了解库存的需求。人们还可以研究期货市场作为金融中介的能力，以及其相对于显性借贷市场的相对优势。人们还可以研究商品利率随时间的变化的表现以及在任一时点的期限结构。很少有研究机构能向期货市场发起理论和经验的挑战。

贸易术语表

实货（actuals）：实货这个术语包括一个商品的所有交易，不论是立即交割还是延后交割。实货对立于期货合约。与这个术语本身的含义相反，实货卖出者不需要实际拥有商品，但大多数情况下卖出者是持有商品的。

套利（arbitrage）：套利是在一个市场以低价买入，同时在另外一个市场以高价卖出，其差价要大于相关的运输、仓储、利息等费用之和。对于商品交易者来说，套利有时被认为是跨式套利和价差套利等风险头寸的同义词。"套利"这个术语更适合那些没有任何风险的头寸组合。按照这个定义，风险套利是一个对立的概念。

现货溢价（backwardation）：商品的远期交割价格低于近期交割价格时会发生现货溢价。该术语起源于英国，源于从一个交付期延续到另一个交付期的债务的实践。如果卖方想推迟交割到下一结算日，他就会通过向买家支付一种叫作现货溢价的费用来促使买家延后交割，即现货溢价。其可与反向持仓费相比，而与期货溢价（contango）相反。

基差（basis）：基差描述了一个商品的价格相对于另外一个商品的价格差异。通常第二个商品为期货合约。因此，基差就是现货价格较于期货合约价格的溢价或折价。基差能反映出商品交割地点、等级以及时间的差异。

熊市套利（bear stradlle）：熊市套利是指近期合约为空头头寸而远期合约为多头头寸的跨期套利组合。熊市套利的交易者可以先交割商品，然后再买回。有时熊市套利也称"熊市价差"（bear spread）或"购回价差"（back spread）。其与牛市套利和蝶式套利相对应。

投机商号（bucket shop）：（1）投机商号是一个小型的经纪公司，持有同他们客户相反方向的头寸，而不是代表客户与其他机构交易来赚取佣金。投机商号希望买入订单基本等于卖出订单，从而使自己的净头寸可以忽略不计。通过保持低保证金要求和允许小额订单交易来寻找短期交易者。（2）当一家普通的经纪公司在内部撮合订单，而不是让交易池内的每个人都参与竞价时，它也被称为投机商号。

牛市套利（bull stradlle）：牛市跨期套利是指近期合约为多头头寸（近腿），远期合约为空头头寸（远腿）的套利组合。牛市套利的交易者可以先接收商品然后再卖出。一个牛市套利合约可以拆分成两个独立的期货合约交易或者一个交易，其交易者擅长于跨期套利。与"熊市套利"和"蝶式套利"相对应。

蝶式套利（butterfly spread）：蝶式套利是牛市套利和熊市套利的组合。牛市套利中的一个期货合约与熊市套利中的一个期货合约重叠，因此形成一个蝴蝶型的价差，例如，一个5月交割的多头合约，两个7月交割的空头合约以及一个9月交割的多头合约的组合。如果绘制图表，这些头寸从正面看起来就像蝴蝶的形状。

看涨期权（call）：看涨期权赋予买入者以合同规定的价格从另一方买入的权利，而不是义务。如果买方行使了这种权利，卖出看涨期权的人就有义务卖出。

持仓费（carring charge）：参见价差。

现货（cash）：现货是指立即以货币或货币等价物支付。由于大多数合同规定货到付款，所以立即交货的购买价格通常被称为"现货价格"。然而，有时现货价格既不指立即交货，也不指立即付款。从这个意义上讲，现货及其同义词实货仅仅是用来与期货合约相对比的。

CIF：CIF是到岸价的缩写，指货物到达目的地，已将成本、保险费和运费包括在内，其由卖方负担。但是，买方必须承担把货物运到他的仓库或船上的额外费用。与FOB相反，与"到轨价"（track）相对应。

清算所（clearinghouse）：最初是清算协会会员的职员为结算账户而办公的中心场所，现在已演变成辅助期货交易的场所。一个交易所的清算所通过匹配售出和购买的过程来结算交易所执行的交易。清算所还监督交割程序，包括记录交割通知和传递仓单。

清算会员（clearing member）：一些期货佣金商，既是商品交易所的会员，也是交易所清算所的会员。非清算成员的所有交易都必须注册并最终通过清算会员进行结算。

佣金商（commission merchant）：佣金商为他人进行买卖。其职责无非是以自己的会员身份在交易所里执行一笔交易。另外，佣金商也可能负责处理货物的托运，根据持有者的指示依次监督货物的到达、检验、入库、销售或转运。在任何情况下，其都只是委托人的代理人，并不享有货物的所有权，可兑现的票据如仓单除外，这些属于实际占有方。

托运（consignment）：托运是交付给他人照管的货物。参见佣金商。

期货溢价（contango）：这个词起源于英国，指的是晚交货的商品价格高于较早交货的同种商品的价格。该术语源于从一个会计期间到另一个会计期间的持续债务的做法。与现货溢价（backwardation）相反。

合约等级（contract grade）：对于每一种期货合约，交易所都指定一种特定等级的商品进行交割。一些交易所为可交割合约等级以外的等级设定溢价和折扣，因此有时也被称为"升贴水"。有时几个等级均有资格作为合同等级，尽管做空者通常会发现只有一个才是明智的。交割必须在一个官方指定的交割地点进行。

多逼空（corner）：当几个人控制了所有可用的供应，从而能够以高价卖出，迫使曾承诺要交割的另一方交货，但对方已经无法交货，因此给对方带来严重的损失。参见逼仓（squeeze）。

压榨（crush）：压榨是指大豆被转化成豆粕和豆油的过程。"压榨利润"是在期货合约间的一个复杂价差，特别是体现在10份大豆多头合约，12份豆粕空头合约和9份豆油空头合约之间，这些合约需要乘以各自的价格可计算出压榨利润。这种复杂的价差相当于压榨服务的远期销售。"反向压榨利润"将这三个头寸（多头和空头）反转，相当于在远期购买服务。

日内交易者（day trader）：日内交易者只在白天持有头寸，在交易日结束前对其进行平仓，以避免隔夜风险敞口。因此，日内交易者希望在几个小时内的价格波动中获利。相比之下，抢帽子者（scalper）只会持有头寸几分钟。

已交割（delivered）：参见离岸价（FOB）。

交割月（delivery month）：期货合约的交割月是指空头必须交割的时间段，具体日期由空头决定。随着商品市场的发展，第一个通知日和最后一个通知日并不总是跨越一个确切的日历月，尽管为了方便起见，这个时间跨度被称为"5月""6月"等。参见交割通知（delivery notice）。

交割通知（delivery notice）：期货合同中的空头向清算所发出书面通知，并通过清算所向多头发出交割实物商品的意向，以便结算合约。通常在交割通知后一两天，空头就会发出商品或仓单。

交割地点（delivery points）：是商品交易所指定的交割地点，以便结算期货合约。例如，芝加哥期货交易所的大豆合约可以在芝加哥交割或俄亥俄州的托莱多交割。

期转现（exchange for physicals）：期转现通常缩写为EFP，是两个商品期货交易商在期货市场以外进行的交易。例如，一个铜交易商可能在期货合约中持有大量废铜和一份空头合约。另一家想买废铜的交易商可能会持有同一合约的多头头寸。当第一个交易商把废铜交割给第二个交易商的同时，他们各自对期货合约进行平仓。在粮食市场，这种交易被称为"场外交易"（ex pit），而在其他一些市场则是"商品交换"（exchange for product）。

场外交易（ex pit）：参见期转现。

场内交易员（floor traders）：场内交易员是商品交易所的会员，他们为自己的账户进行交易，而不是像期货佣金商那样为他人充当经纪人。大多数场内交易员都是抢帽子者或日内交易者。他们也被称为"本地人"（locals）。

FOB：FOB为"离岸价"的缩写，意味着把货物装上船的费用由该货物的卖方承担。当买方取得所有权时，只对货物的价格负责。"已交割"（delivered）与FOB差不多，只是卖方负责将货物运到仓库而不是船上的费用。与CIF和到轨价（on track）不同。

远期合同（forward contract）：一般来说，远期合同是要求在未来执行某种行为的任何协议，包括但不限于期货合同。有时，这个术语指的是那些根据合约双方的特殊条件需要而制定的合约，而不是期货合约的标准化条款。

全额持仓费（full carrying charges）：当价差正好包括仓储费、保险费和持有商品的资本费用时，就称为全额持仓费。

期货佣金商（futures commission merchant）：期货佣金商专门为客户买卖期货合约。参见佣金商（commission merchant）。

期货合约（futures contract）：期货合约是"未来交割合约"的简称，通常是指在中央交易所大量交易的标准化合约。可与远期合约（forward contract）相对比。

套期保值（hedge）：套期保值是商品交易商在期货合约中的头寸。当交易商买进期货合约时，被称为多头套期保值。当他卖出期货合约时，称为空头套期保值。

套期保值者（hedger）：套期保值者是指持有期货合约头寸的商品交易商。

反向持仓费（inverse carrying charges）：也称现货溢价，当临近交割月的商品价格高于该商品的期货合约价格时，反向持仓费就产生了。

腿（leg）：腿是指构成价差或套利的两个头寸之一。

涨跌限制（limit move）：商品交易所和商品期货交易委员会根据前一天的收盘价限制价格的最大涨跌幅度。当价格超过"上限"或"下限"时，卖方或买方就会发现价格不现实，交易停止。涨跌限制与限价委托（limit order）无关。

限价委托（limit order）：与市价委托相反，限价单会指定经纪人执行交易的条件。例如，经纪人执行以1.1美元卖出的限价单，只有当价格上涨到或高于该价格时才会卖出。与止损委托相对应。

保证金（margin）：保证金是一种存款，通常是现金或特别安全的流动性资产，如国库券，可以保证合约的执行。在未来交割合约中，如果市场价格对买方或卖方不利，那么卖方或买方都有可能违约，因此交易双方通常会存入一笔固定金额，称为"初始保证金"。当价格变动时，就会通知追加保证金。为了保证合同的安全，价格不利变动的一方需要额外缴纳"变动保证金"。

追加保证金（margin call）：如果价格对客户不利，期货佣金商会要求追加额外的资金，也就是保证金，以确保经纪商代表客户建立的期货合约如约履行。如果客户未能追加保证金，经纪商可以强制平仓。

市价委托（market order）：市价委托指示佣金商尽快买进（或卖出），没有任何限制，除非他作出合理努力以获得最佳价格。与限价委托（limit order）形成对比。

盯市（marking to market）：（1）盯市是一种惯例，以确保在价格波动时，买方和卖方的义务得到履行。盯市的作用是通过调整保证金，使其等于合同的原始价格和当前市场价格之间的差额来重新谈判合同。（2）盯市也指将所有资产或负债按其当前价值重新列示的会计惯例。

对冲（offset）：对冲是指通过反向交易消除期货合约中的头寸。卖出同一个交割月的合约对冲了之前的多头头寸，买入合约就对冲了空头头寸。

到轨价（on track）：到轨价是指买方必须承担将货物从铁路货场转移到目的地的运输费。与到岸价和离岸价相对应。

持仓量（open interest）：持仓量是指某一特定时刻未平仓的期货合约数量，即未被对冲交易取消的合约数量。官方数据给出了每天交易结束时的持仓量。

期权（option）：期权是一种允许一方当事人选择是否继续履行协议的合约。因此，期权是条件性合约。虽然期货合约是无条件的合约，但它们有时也被称为期权，特别是在19世纪晚期，因为空头可以有权选择在交割月的某一天进行交割。参见特权（privilege）。

初始保证金（original margin）：见保证金。

交易池（pit）：交易池是在商品交易所的地面上特别建造的一组台阶，通常是六边形的。在一些交易所，这个区域被称为圆形限制台后的"交易圈"（ring）。

委托人（principal）：委托人是最终负责支付买入或交割卖出的个人。他经常指定一个佣金商作为他的代理人。

特权（privilege）：特权是一种合同，其中一方可以选择是否继续执行协议的剩余部分。期权是特权的同义词，在现代用法中更为常见。有关特权和期权的示例，请参见看跌期权、看涨期权和双向期权。

看跌期权（put）：是一种期权，看跌期权赋予其持有者以合约中规定的价格向另一方出售的权利，而非义务。另外，如果行使了这种权利，那么卖出期权的人就有义务买进。与看涨期权相反。

双向期权（put-and-call）：双向期权是一种期权，允许持有者从卖出期权的人手中买回商品，或向卖出期权的人卖出商品。因为看涨期权是买入的权利，而看跌期权是卖出的权利，所以双向期权赋予的是以合同中规定的价格买入或卖出的权利，而不是义务。

回购协议（repurchase agreement）：回购协议（缩写repo）是一种合同，其中一方向另一方出售某种商品（或债券、股票），并承诺在以后的某个日期以约定的价格买回该商品或其等价物。购买和回购的价格不必相同。实际上，回购协议相当于双重借贷，一方暂时使用商品，另一方暂时使用货币。

交易圈结算（ringing up）：交易圈结算是一种结算合同的方法。如果A

卖商品给B，B又卖给C，而C又反过来卖给A，他们的交易就形成了一个环。因为货物会回到它开始的地方，所以交易圈的成员会为了经济利益而同意取消他们的合同，只支付他们的应付的差额。

展期（rollover）：展期即为推延发起交割或接受交割义务，通常发生在期货合约中。将现有头寸平仓，同时在另一个交割月合约上恢复头寸。这可以通过以下两种方法完成：（1）持有一个对冲的头寸，实际上取消了即时的义务，而在较远交割月建立等量的头寸。（2）安排适当的跨期套利。在最普遍的意义上，展期意味着指定类别的"远期延展"，即把一个近期期货合约展成一个较远期的合约。"展回"，与通常的用法相反，是指将远期交割的期货合约展回到一个更近月份的合约。当合同即将到期时，转移即为展期。

抢帽子者（scalper）：抢帽子者试图以略低于市场价格的价格买入，然后通过预测价格变化的方向以略高于市场价格的价格卖出。在其他时候，短线投机者充当批发商的角色，购买（或出售）大量订单，然后将其分解成较小的数量。短线投机者持仓时间只有几分钟，并且希望在每次交易中都能赚取少量的利润。

结算价格（settlement price）：结算价格是在一天的特定时间内被选择为代表价格的报价，它为价差的支付、变动保证金的应用和实际交割的票面价格提供了一个标准。通常情况下，结算价格是收盘价[①]。

结算（settling）：一般来说，结算是指履行合同所采取的行动。例如，仓单的交割相当于结算了未来交割粮食的合同。

做空（short）：做空描述某人卖出某物（通常是期货合约）的市场头寸。

卖空（short selling）：卖空是卖出一种尚未买入的商品。一个卖空者希望商品的价格会下降，这样当他买入商品交付时，其价格就会低于他卖出时的价格。

投机者（speculator）：在商品市场上，投机者一词是指那些不持有商品而希望从价格波动中获利的人。实际上，一些交易商在实践中确实是在投机。

---

① 译者注：中国商品期货结算价不是收盘价，而是指某一期货合约当日交易期间成交价格按成交量的加权平均价。

现货（spot）：现货是指一种商品就在手边，可以立即交割。当货物立即交割时，为该货物支付的价格称为"现货价格"（spot price）。

现货月（spot month）：现货月是指与现在最接近的期货合约的交割月，是下一个到期的合约。不是所有的12个月都是交割月，例如，小麦期货市场，只有3月、5月、7月、9月和12月。因此，在4月初，5月交割的合同被指定为现货月。参见现货。

价差（spread）：价差是指一种商品在两个不同的交货日期或两个不同地点的价差。这个术语也被用来描述为了在市场上获得隐性头寸所必需的交易，例如，购买近期期货合约同时出售远期期货合约。迟交和早交之间的差价就是该商品的"持仓费"，在极端情况下是全额持仓费。参见跨期套利。

止损委托（stop order）：设置止损委托是为了保全利润或限制损失。当持有当前价格为1.00美元的商品时，交易者可能会以 0.9美元下止损单，以便在价格下跌时平仓。相比之下，限价委托将高于当前价格。如果交易者做空而不是做多，限价委托将低于当前价格，止损委托将高于当前价格。

挤仓（squeeze）：价格挤压是多逼空（corner）的一种形式，指做多者利用自己在期货合约上的主导头寸的优势获利，更何况他持有实物商品本身。

跨期套利（stradlle）：跨期套利是价差套利的同义词，指同时持有同种商品不同交割日期期货合约中的多头和空头头寸。在期权市场中，跨期套利与双重期权有着完全不同的含义。

换月（switch）：换月是展期（rollover）的同义词。

移仓（transfer）：当一份期货合约到期时，卖方可以通过将其义务转移到下一个月来推迟交割。在实践中，他常常会买回合约，然后卖出一份要求在一个月后交货的合约。通过这种操作，他支付（或收取，视情况而定）这两个交割日期的价格差。参见展期。

在途（transitu）：在途描述了从一个地方到另一个地方的在途商品销售。

变动保证金（variation margin）：见保证金。

仓单（warehouse receipt）：仓单是仓库保管员在接受入库货物时的确认凭证。仓单上列出了货物的情况和数量以及储存的时间。通常情况下，这些仓单是可替代的且可以流通的，允许持有者通过将仓单交给别人从而出售其商品。

参考文献

[1] Aigner D J, Sprenkle C M.On Optimal Financing of Cyclical Cash Needs [J]. Journal of Finance,1973, 28: 1249-1254.

[2] Anderson Ronald W,Danthine Jean-Pierre.Hedging and Joint Production: Theory and Illustrations [J].Journal of Finance,1980,35:487-501.

[3] Anderson Ronald W,Danthine Jean-Pierre.Cross Hedging [J].Journal of Political Economy,1981, 89: 1182-1196.

[4] Anderson Ronald W,Danthine Jean-Pierre.Hedger Diversity in Futures Markets [J].Economic Journal,1983a,93:370-389.

[5] Anderson Ronald W,Danthine Jean-Pierre.The Time Pattern of Hedging and the Volatility of Futures Prices [J].Review of Economic Studies,1983b,50:249-266.

[6] Armstrong William.Stocks and Stock-Jobbing in Wall Street[M].New York:New York Publishing,1848.

[7] Arrow,Kenneth J.The Future and the Present in Economic Life [J].Economic Inquiry,1978,16:157-169.

[8] Arther,Henry B.Commodity Futures as a Business Management Tool [D].Boston:Graduate School of Business Administration,Harvard University,1971.

[9] Baesel,Jerome,Grant,Dwight.Optimal Sequential Futures Trading [J].Journal of Financial and Quantitative Economics,1982,17:683-695.

[10] Baltensperger,Ernst.Alternative Approches to the Theory of the Banking Firm [J].Journal of Monetary Economic,1980,6:1-37.

[11] Batlin,Carl Alan.Production under Price Uncertainty with Imperfect Time Hedging Opportunities in Futures Markets [J].Southern Economic Journal,1983,49:681-692.

[12] Benninga,Simon,Eldor,Rafael,Zilcha,Itzhak.The Optimal Hedge Ratio in Unbiased Futres Markets [J].Journal of Futures Markets,1984,4:155-160.

[13] Benston George J,Smith Clifford W.A Transaction Cost Approach to the Theory of Financial Intermediation [J].Journal of Finance,1976,31:215-231.

[14] Bisbee Lewis H,Simonds John C.The Board of Trade and the Produce Exchange:Their History, Methods and Law [J].Chicago:Callaghan,1884.

[15] Black Fischer.The Pricing of Commodity Contracts [J].Journal of Financial Economics,1976,3: 167-179.

[16] Blau Gerda.Some Aspects of the Theory of Futures Trading [J].Review of Economic Studies,1944,12:1-30.

[17] Blau Leslie A,Barber James S.Proposed Amendment of Section 4d(2) of the Commodity Exchange Act:Concerning Investment of Customer Funds [J].Journal of Futures Markets,1981,1:657-658.

[18] Bobst Barry W.The Effects of Location-Basis Variability on Livestock Hedging in the South[M].Commodities Markets and Futures Prices,Raymond M.Leuthold(ed.),1979,171-201.

[19] Bonney C C,Higgins Gilbert V.McCrea,Statement of the Case with Brief and Argument for Plaintiffs in Error[N].Chicago:Chicago Legal News,1885.

[20] M C Brackenbury&Co.Dealing on the London Metal Exchange [J].London,1968.

[21] Brannen Pamela P,Ulveling Edwin F.Condiering an Informational Role for Futures Markets [J].Review of Economic Studies,1984,51:33-52.

[22] Bray,Margaret.Futures Trading,Rational Expectations and the Efficient Market Hypothesis [J].Econometrica,1981,49:573-596.

[23] Breeden Douglas T.An Intertemporal Asset Pricing Model with Stochastic Consumption and Investment Opportunities [J].Journal of Financial Economics,1979,7:265-296.

[24] Breeden Douglas T.Consumption Risk in Futures Markets [J].Journal of Finance,1980,35:503-520.

[25] Britto Ronald.The Simultaneous Determination of Spot and Futures Prices in a Simple Model with Production Risk [J].The Quarterly Journal of Economic,1984, 99:351-365.

[26] Burns Joseph M.A Treatise on Markets:Spot Futures and Options [J].Washington D.C.:American Enterprise Institute,1979.

[27] Callier Philippe.One Way Arbitrage,Foreign Exchange and Securities Markets:A Note [J].Journal of Finance,1981,36:1177-1186.

[28] Campbell Tim.A Model of the Market for Lines of Credit [J]. Journal of Finance,1978,33:231-244.

[29] Carlton Dennis W.Equilibrium in Markets where Price Exceeds Cost：Uncertainty,Production Lags and Pricing [J].American Economic Review ,1977,67:244-249.

[30] Carlton Dennis W.Contracts Price Rigidity and Market Equi librium [J].Journal of Political Economy,1979,87:1034-1062.

[31] Carlton Dennis W.The Cost of Eliminating a Futures Market,and the Effect of Inflation on Market Interrelationships[R].University of Chicago Law School Program in Law and Economics Working Paper No.18,1983a.

[32] Carlton Dennis W.Futures Trading,Market Interrelationships,and Industry Structure [J]. American Journal of Agricultural Economics, 1983b,65:380-387.

[33] Carlton Dennis W.Futures Markets: Their Purpose,Their History,Their Growth,Their Successes and Failures [J].Joural of Futres Markets, 1984,4:237-271.

[34] Carter Colin A, Rausser Gordon C, Schmitz Andrew.Efficient Asset Portfolios and the Theory of Normal Backwardation [J].Journal of Political Economy,1983,91:319-331.

[35] Castelino Mark G, Vora Ashok.Spread Volatility in Commodity Futures: The Length Effect [J].Journal of Futures Markets,1984,4:39-46.

[36] Chicago Board of Trade.1972.Introduction to Hedging.

[37] Chicago Board of Trade.1982.Grains:Production,Processing,Marketing.

[38] ContiCommodity.Seasonality in Agricultural Futures Markets.Chicago.1983.

[39] Cootner Paul H.Returns to Speculators: Telser vs. Keynes;and Rejoinder [J].Journal of Political Economy,1960,68:396-404,415-118.

[40] Cootner Paul H.Common Elements in Futures Markets for Commodities and Bonds [J]. American Economic Review,1961,51:173-183.

[41] Cootner Paul H.Speculation,Hedging,and Arbitrage [J].International Encyclopedia of Social Science,1968,15: 117-120.

[42] Cornell Bradford Reinganum,Marc R.Forward and Futures Prices: Evidence from the Foreign Exchange Markets [J].Journal of Finance,1981,36:1035-1045.

[43] Cowing Cedric B.Populists, Plungers, and Progressives:A Social History of Stock and Commodity Speculation1890-1936[M].Princeton:Princeton University Press.1965.

[44] Cox Charles C.Futures Trading and Market Information [J].Journal of Political Economy,1976,84:1215-1237.

[45] Cox John C,Ingersoll,Jonathan E, Stephen A.The Relation between Forward Prices and Futures Prices [J].Journal of Financial Economics 1981,9:321-346.

[46] Cukierman Alex.The Effects of Uncertainty on Investment under Risk Neutrality with Endogenous Information [J].Journal of Political Economy,1980,88:462-475.

[47] Dansby Robert E.Capacity Constrained Peak Load Pricing [J].Quarterly Journal of Economics,1978,92:387-398.

[48] Danthine Jean-Pierre.Information,Futures Prices,and Stabilizing Speculation [J].Journal of Economic Theory,1978,17:79-98.

[49] Deardorff Alan V.One-Way Arbitrage and Its Implications for the Foreign Exchange Markets [J].Journal of Political Economy,1979,87:351-364.

[50] Dewey T Henry.A Treatise on Contracts for Future Delivery and Commercial Wagers [J]. NewYork:Baker, Voorhis,1886.

[51] Dewey T Henry.Legislation against Speculation and Gambling in the Forms of Trade [J]. New York: Baker,Voorhis,1905.

[52] Dow J C R.A Theoretical Account of Futures Markets [J].Review of Economic Stud-

ies,1940,7: 185-195.

[53] Duddy Edward A.Grain Elevator Storage and the Interior Terminal Markets: Chicago [J].
Journal of Business,1931,4: 1-25.

[54] Dusak Katherine.Futures Trading and Investor Returns: An Investigation of Commodity
Market Risk Premiums [J].Journal of Political Economy,1973,81: 1387-1406.

[55] Economist Intelligence Unit.The London Metal Exchange[M].Tonbridge:Whitefriars
Press,1958.

[56] Ederington Louis H.The Hedging Performance of the New Futures Markets [J].Journal of
Finance,1979,34: 157-170.

[57] Edwards Franklin R.The Clearing Association in Futures Markets: Guarantor and Regula-
tor [J].Journal of Futures Markets,1983,3: 369-392.

[58] Ellison Thomas.Gleanings and Reminiscences[M].Liverpool: Henry Young,1905.

[59] Emery Henry Crosby.Speculation on the Stock and Produce Exchanges of the United
States[M].New York: Columbia University Press, New York: Greenwood Press ,1969.

[60] Exxon Corporation.World Oil Inventories[R].New York: Exxon Corporation Public Af-
fairs Department,1981.

[61] Feder Gershon,Just Richard E,Schmitz Andrew.Futures Markets and the Theory of the Firm
under Price Uncertainty [J].Quarterly Journal of Economics,1980,94: 317-328.

[62] Feiger George M.Divergent Rational Expectations Equilibrium in a Dynamic Model of a
Futures Market [J].Journal of Economic Theory,1978, 17:164-178.

[63] Fisher Anthony C.Resource and Environmental Economics[M].Cambridge:Cambridge
University Press,1981.

[64] Frenkel Jacob A,Levich Richard M.Covered Interest Arbitrage:Unexploited Profits? [J].
Journal of Political Economy,1975,83: 325-338.

[65] Gardner Bruce L.The Farm-Retail Price Spread in a Competitive Food Industry [J].Ameri-
can Journal of Agricultural Economics,1975,57: 399-409.

[66] Gibson George Rutledge.The Stock Exchanges of London,Paris,and New York[M].New
York:Putnam's Sons,1888.

[67] Gibson-Jarvie Robert.The London Metals Exchange[M].Cambridge:Wood-head-Faulk-
ner,1976.

[68] Goldberg Victor P.Relational Exhange:Eonomics and Complex Contracts [J].American Be-
havioral Scientist,1980,23:337-352.

[69] Goss B A.A Note on the Storage Market Equilibria of Brennan and Telser[N].Australian
Economic Papers,1970,9:273-278.

[70] Gray Roger W.The Characteristic Bias in Some Thin Futures Markets[R].Food Research
Institute Studies,1960,1:296-313.

[71] Gray Roger W.The Search for a Risk Premium [J].Journal of Political Econo-my,1961,69:250-260.

[72] Gray Roger W.Risk Management in Commodity and Financial Markets [J].American Jour-nal of Agricultural Economics,1976,58:280-285.

[73] Gray Roger W.The Emergence of Short Speculation[R].International Futures Trading Sem-inar,1979,6：77-100.

[74] Gray Roger W.Commentary.Review of Research in Futures Markets [J].Chicago Board of Trade,1984, 3:80-81.

[75] Gray Roger W,Peck Anne E.The Chicago Wheat Futures Market：Recent Problems in His-torical Perspective [J].Food Research Institute Studies, 1981,18:89-115.

[76] Grossman Sanford J.The Existence of Futures Markets, Noisy Rational Expectations and Informational Externalities [J].Review of Economic Studies,1977,44:431-449.

[77] Gupta Manak C.Optimal Financial Policy for a Firm with Uncertain Fund Requirements [J].Journal of Financial and Quantitative Analysis,1973, 8:731-747.

[78] Hartman Richard.Factor Demand with Output Price Uncertainty [J].American Economic Review,1976,66:675-681.

[79] Hayenga Marvin L,DiPietre Dennis D.Hedging Wholesale Meat Prices：Analysis of Basis Risk [J].Journal of Futures Markets,1982,2:121-130.

[80] Heifner Richard G.The Gains from Basing Grain Storage Decisions on Cash-Future Spreads [J].Journal of Farm Economics,1966,48:1490-1495.

[81] Hicks J R.Value and Capital[M].Oxford:Clarendon Press,1946.

[82] Hieronymous Thomas A.Economics of Futures Trading[R].New York：Commodity Re-search Bureau,1971.

[83] Higinbotham Harlow N.The Demand for Hedging in Grain Futures Markets[D].PhD.dis-sertation,University of Chicago,1976.

[84] Holthausen Duncan M.Hedging and the Competitive Firm under Price Uncertainty [J].American Economic Review,1979,69:989-995.

[85] Horsefield J Keith.The Beginnings of paper Money in England [J].Journal of European Economic Hitory,1977,6:117-132.

[86] Houthakker Hendrik S.The Scope and Limits of Futures Trading.The Allocation of Eco-nomic Resources:Essays in Honor of Francis Haley[M].Stanford:Stanford University Press,1959.

[87] Houthakker Hendrik S.Normal Backwardation.In J.N.Wolfe(ed.),Value, Capital,and Growth:Papers in Honour of Sir John Hicks[M].Edinburgh:Edinburgh University Press,1968:193-214.

[88] Irwin H S.Seasonal Cycles in Aggregates of Wheat Futures Contracts [J].Journal of Politi-

cal Economy,1935,43:34-49.

[89] Jaffee Dwight M.The Impact of Financial Futures and Options on Capital Formation [J]. Journal of Futures Markets,1984,4:417-447.

[90] Johnson Leland L.The Theory of Hedging and Speculation in Commodity Futures [J].Review of Economic Studies,1960,27:139-151.

[91] Jones Frank J.Spreads:Tails,Turtles,and All That [J].Journal of Futures Markets,1981,1:565-596.

[92] Kaldor Nicholas.Speculation and Economic Stability [J].Review of Economic Studies,1939,7:1-27.

[93] Kallard Thomas.Commodity Spreads[M].New York:Optosonic Press,1982.

[94] Kaplan Robert S.A Dynamic Inventory Model with Stochastic Lead Times [J].Management Science,1970,16:491-507.

[95] Kawai Masahiro.Price Volatility of Storable Commodities under Rational Expectations in Spot and Futures Markets [J].International Economic Review,1983a,24:435-459.

[96] Kawai Masahiro.Spot and Futures Prices of Nonstorable Commodities under Rational Expectations [J].Quarterly Journal of Economics,1983b, 98:235-254.

[97] Keynes John Maynard.A Treatise on Money:The Applied Theory of Money[M].London:Macmillan,1930.

[98] Keynes John Maynard.The General Theory of Employment, Interest,and Money[M].London:Macmillan,1936.

[99] Klein Benjamin,Crawford Robert G,Alchian Armen A.Vertical Integration,Appropriable Rents,and the Competitive Contracting Process [J].Journal of Law and Economics,1978,21:297-326.

[100] Liberatore Matthew J.Planning Horizons for a Stochastic Lead Time Inventory Model [J]. Operations Research,1977, 25:977-988.

[101] Lurie Jonathan.The Chicago Board of Trade,1859-1905:The Dynamics of Self-Regulation[M].Urbana:University of Illinois Press,1979.

[102] Maccini Louis J.On Optimal Delivery Lags [J].Journal of Economic Theory,1973,6:107-125.

[103] Marcus Alan J.Efficient Asset Portfolios and the Theory of Normal Backwardation:A Comment [J].Journal of Political Economy,1984,92:162-164.

[104] Marcus Alan J,Modest David M.Futures Markets and Production Decisions [J].Journal of Political Economy,1984,92:409-426.

[105] Martin Larry,Groenewegen John L,Pidgeon Edward.Factors Affecting Corn Basis in Southwestern Ontario [J].American Journal of Agricultural Economics,1980,62:107-112.

[106] Mayers David,Smith Clifford W.On the Corporate Demand for Insurance [J].Journal of

Business,1982,55:281-296.

[107] Mayers David,Thaler Richard.Sticky Wages and Implicit Contracts:A Transactional Approach [J].Economic Inquiry,17:539-574.

[108] Miracle Diane S.The Egg Futures Market:1940 to 1966 [J].Food Research Institute Studies,1972,11:269-292.

[109] Mishimura Shizuya.The Decline of Inland Bills of Exchange in the London Money Market 1855-1913[M].Cambridge:Cambridge University Press,1971.

[110] Oldfield George S.Forwards Contracts and Futures Contracts [J].Journal of Financial Economics,1981,9:373-382.

[111] Paul Allen B.Pricing below Cost in the Soybean Processing Industry [J].Journal of Farm Economics ,1966,48(Part II) :2-22.

[112] Paul Allen B.The Pricing of Binspace-A Contribution to the Theory of Storage [J].American Journal of Agricultural Economics,1970,52:1-12.

[113] Paul Allen B,Wesson William T.Short-Run Supply of Services-The Case of Soybean Processing [J].Journal of Farm Economics,1966, 48:935-951.

[114] Peck Anne E.Hedging and Income Stability: Concepts, Implications and an Example [J]. American Journal of Agricultural Economics,1975,57:410-419.

[115] Peterson Richard L.Investor Preferences for Futures Straddles [J].Journal of Financial and Quantitative Analysis,1977,12:105-120.

[116] Phaup E Dwight.A Reinterpretation of the Modern Theory of Forward Exchange Rates [J]. Journal of Money,Credit and Banking,1981,13:477-484.

[117] Pindyck Robert S.Uncertainty and Exhaustible Resource Markets [J]Journal of Political Economy,1980,88:1203-1225.

[118] Plisker Stanley R.Supply of Storage Theory and Commodity Equilibrium Prices with Stochastic Production [J].American Journal of Agricultural Economics,1973, 55(Part 1) :653-658.

[119] Powers Mark J.Effects of Contract Provisions on the Success of a Futures Contract [J]. Journal of Farm Economics,1967,49:833-843.

[120] Protopapadakis Aris,Stoll Hans R.Spot and Futures Prices and the Law of One Price [J]. Journal of Finance,1983,38:1431-1455.

[121] Richards R D.The Early History of Banking in England[M].London:P.S. King,1929.

[122] Rockwell Charles S.Normal Backwardation,Forecasting,and the Returns to Commodity Futures Traders [J].Food Research Institute Studies ,1967,7(Supplement):107-130.

[123] Rolfo Jacques.Optimal Hedging under Price and Quantity Uncertainty:The Case of a Cocoa producer [J].Journal of Political Economy,1980, 88:100-116.

[124] Rutledge David J S.Hedgers' Demand for Futures Contracts:A Theoretical Framework

with Applications to the United States Soybean Complex [J].Food Research Institute Studies,1972,11:237-256.

[125] Sandor Richard L. Innovation by an Exchange：A Case Study of the Development of the Plywood Futures Contract [J].Journal of Law and Economics,1973,16:119-136.

[126] Saving T R,De Vany Arthur S.Uncertain Markets,Reliabilty and Peak-Load Pricing [J]. Southern Economic Journal,1981,47:908-923.

[127] Scammel W M.The London Discount Market[M].London:Elek Books,1968.

[128] Schrock Nicholas W.The Theory of Asset Choice:Simultaneous Holding of Short and Long Postions in the Futures Markets [J].Journal of Political Economy,1971,79:270-293.

[129] Shefrin H M.Spot Trading,Effciency,and Differential Information [J].Journal of Economic Theory,1979, 20:281-299.

[130] Shefrin H M.Transaction Cost,Uncertainty and Generally Inactive Futures Markets [J]. Review of Economic Studies,1981,48:131-137.

[131] Silber Willam L.Innovation, Competition and New Contract Design in Futures Markets [J]. Journal of Futures Markets,1981,1:123-155.

[132] Smith Courtney.Commodity Spreads[M].New York:Wiley,1982.

[133] Sraffa Piero.Dr.Hayek on Money and Capital [J].Economic Journal ,1932,42:42-53.

[134] Starr Merritt.The Clearing House in the Grain and Cotton Exchange [J].American Law Revirw,1886,20:680-697.

[135] Stein Jerome L.The Simultaneous Determination of Spot and Futures Prices [J].American Economic Review,1961,5l:1012-1025.

[136] Stein Jerome L. Spot,Forward and Futures [J].Research in Finance,1979, 1:225-310.

[137] Stoll Hans R.Commodity Futures and Spot Price Determination and Hedging in Capital Market Equilibrium [J].Journal of Financial and Quantitative Economics,1979,14:873-894.

[138] Stonham Paul.Major Stock Markets of Europe[M].New York:St.Martin's Press,1982.

[139] Taylor Charles H.History of the Board of Trade of the City of Chicago[M].Chicago:Robert O.Law,1917.

[140] Telser Lester G.Safety First and Hedging [J].Review of Economic Studies,1955,23:1-16.

[141] Telser Lester G.Futures Trading and the Storage of Cotton and Wheat [J].Journal of Political Economy,1958,66:233-255.

[142] Telser Lester G.Reply. [J].Journal of Political Economy,1960,68:404-415.

[143] Telser Lester G.Reasons for Having an Organized Futures Market [J].Chicago Mercantile Exchange,1980.

[144] Telser Lester G.Why There Are Organized Futures Markets [J].Journal of Law and Economics,1981,24:1-22.

[145] Telser Lester G,Higinbotham,Harlow N.Organized Futures Markets:Costs and Benefts [J]. Journal of Political Economy,1977,85:969-1000.

[146] Teweles Richard J,Bradley Edward S.The Stock Market[M].New York:Wiley,1982.

[147] Thiessen G.Willard.Spread Trading in the Grains [J].Review of Research in Futures Markets,1982, l:189-194.

[148] Tomek Wiliam G,Gray Roger W.Temporal Relationship:among Prices on Commodity Futures Markets:Their Allocative and Stabilizing Roles [J].Futures Markets,1977,2:137-189.

[149] Treat John(ed.) .Energy Futures[M].Tulsa:PennWell,1984.

[150] Tsiang S C.The Precautionary Demand for Money:An Inventory Theoretical Analysis [J]. Journal of Political Economy,1969,77:99-117.

[151] Turnovsky Stephen J.The Determination of Spot and Futures Prices with Storable Commodities [J].Econometrica,1983,51:1363-1387.

[152] Vaile Roland S.Inverse Carrying Charges in Futures Markets [J].Journal of Farm Economics,1948,30:574-575.

[153] Venkataramanan L S.The Theory of Futures Trading [J].Bombay:Asia Publishing House,1965.

[154] Vollink William,Raikes Ronald.An Analysis of Delivery-Period Basis Determination for Live Cattle [J].Southern Journal of Agricultural Economics,1977,7:179-184.

[155] Ward Ronald W,Dasse Frank A.Empirical Contributions to Basis Theory:The Case of Citrus Futures [J].American Journal of Agricultural Economics,1977,59:71-80.

[156] Ward Ronald W, Fletcher Lehman B.From Hedging to Pure Speculation:A Micro Model of Optimal Futures and Cash Market Positions [J].American Journal of Agricultural Economic,1971,53:71-78.

[157] Weymar F Helmut.The Supply of Storage Revisited [J].American Economic Review,1966,56:1226-1234.

[158] Weymar F Helmut.The Effects of Cocoa Inventories on Price Forecasting [J].The Economics of Cocoa Production and Marketing,1974.

[159] Willams Jeffrey C.The Economic Function of Futures Markets[D].Ph.D.dissertation,Yale University,1980.

[160] Willams Jeffrey C.The Origin of Futures Markets [J].Agricultural History,1982,56:306-316.

[161] Williams Jeffrey C.Fractional Reserve Banking in Grain [J].Journal of Money Credit and Banking,1984,16:488-496.

[162] Williamson Oliver E.Transaction-Cost Economics:The Governance of Contractual Relations [J].Journal of Law and Ecunomics,1979,22:233-261.

[163] Working,Holbrook,Price Relations between May and New-Crop Wheat Futures at Chica-

go Since 1885 [J].Food Research Institute,Wheat Studies,1934,10:183-228.

[164] Working,Holbrook.Theory of the Inverse Carrying Charge in Futures Markets [J].Journal of Farm Economics,1948,39:1-28.

[165] Working,Holbrook.The Theory of Price of Storage [J].American Economic Review,1949,39:1254-1262.

[166] Working,Holbrook.Futures Trading and Hedging [J].American Economic Review,1953a,43:314-343.

[167] Working,Holbrook.Hedging Reconsidered [J].Journal of Farm Economics,1953b,35:544-561.

[168] Working,Holbrook.Whose Markets?Evidence on Some Aspects of Futures Trading [J].Journal of Marketing,1954,19:1-11.

[169] Working,Holbrook.New Concepts Concerning Futures Markets and Prices [J].American Economic Review,1962,52:431-459.

[170] Wright Brian D,Williams Jeffrey C. The Economic Role of Commodity Storage [J].Economic Journal,1982,92:596-614.

[171] Yamey B S.Short-Hedging and Long-Hedging in Futures Markets:Symmetry and Asymmetry [J].Journal of Law and Economics,1971,14:413-434.

[172] Yamey B S，Peston M H.Inter-Temporal Price Relations with Forward Markets:A Method of Analysis [J].Economica,1960,27:355-367.

后 记

经过一年多的精心组织和紧张工作，《期货市场的经济功能》终于付梓。本书运用一般经济学原理就期货市场价格形态和交易模式进行了分析，认为期货市场与货币市场存在一定的共性，并据此提供了一个关于期货市场功能的新解释，是为数不多的关于期货市场基础理论分析的专著，具有较好的研究借鉴意义。我们翻译此书，正是希望读者能从不同的视角理解期货市场的经济功能，理解期货市场的运行规律。

参与本书翻译及审校的人员有：赵亮、孟祥怡、王孟娜、刘国欣、高春雨、陈兰君子，在此，对上述研究员们的辛勤付出表示感谢！

本书在翻译和审校过程中得到了多位领导、专家的亲切关怀和帮助。大商所理事长冉华、总经理席志勇、副总经理朱丽红及王伟军等对本书出版给予了大力支持和悉心指导；中国农业大学经济管理学院金融系安毅教授对书稿进行了专业细致的审校；大商所研究中心副总经理何欣、总经理助理谢亚、梁晶就图书的翻译组织付出了大量心血；中国金融出版社对书稿全文进行了精心编校。在此，我们向支持本书翻译、审校和出版工作的各级领导、专家和相关参与人员表示衷心感谢！

最后，特别感谢大连商品交易所丛书编委会的各位领导一直以来的高度重视和关怀指导！

由于时间紧迫，翻译人员水平有限，书中难免有失当之处，敬请批评指正，我们会在今后的工作中不断完善改进。

北京大商所期货与期权研究中心有限公司

2020年10月